Ofimática
PROFESIONAL

Microsoft®

EXCEL 2016

Domine las funciones avanzadas
de la hoja de cálculo de Microsoft®

ISBN: 978-2-409-00171-0
Edición original: 978-2-7460-9822-0

Ediciones ENI
P° Ferrocarriles Catalanes, 97-117, 2a pl. of. 18
08940 - Cornellà de Llobregat (Barcelona)

Tel: 934 246 401
Fax: 934 231 576

e-mail: info@ediciones-eni.com
http://www.ediciones-eni.com

Edición española: Anna SÁNCHEZ LASIERRA
Colección **Ofimática Profesional** dirigida por Corinne HERVO

Prefacio

Este manual está destinado a los usuarios de Excel 2016 que deseen ampliar sus conocimientos descubriendo las funcionalidades más complejas de esta conocida hoja de cálculo. Ha sido concebido con el fin de ayudarle a localizar rápidamente las opciones que se deben activar y las operaciones que se deben realizar para llevar a cabo acciones determinadas. Las imágenes propuestas a lo largo de estas páginas permiten detallar la operación en curso mostrando el cuadro de diálogo correspondiente al comando o proponiendo un ejemplo concreto. El libro consta de 10 partes:

Esta primera parte presenta las funciones avanzadas de la visualización de ventanas y gestión de libros.

Esta parte presenta los datos específicos que puede insertar en sus hojas de cálculo (ecuaciones, hipervínculos, listas desplegables...), las operaciones que le permiten importar datos y las funciones copiar/mover.

Aprenderá en esta parte cómo insertar y eliminar celdas, usar zonas con nombre y algunas técnicas avanzadas de configuración de página (marcas de agua y vistas).

En esta parte descubrirá las funciones de cálculo complejas (función SI, cálculos sobre fechas, funciones de búsqueda, tabla de doble entrada, fórmula matricial) y aprenderá a utilizar las herramientas que le permitirán realizar múltiples simulaciones (escenarios, solver) y auditar sus hojas de cálculo.

Esta parte presenta las funciones avanzadas que permiten dar formato a los datos: forma personalizados, condicionales, estilos y temas.

Esta parte aborda las funciones avanzadas de la gestión de los libros: cómo ordenar los datos, filtrar y optimizar el trabajo con tablas grandes mediante esquemas.

En esta parte descubrirá las opciones avanzadas de los gráficos y los objetos gráficos.

En el Anexo encontrará una lista con los principales métodos abreviados de teclado. Las últimas páginas del libro presentan un índice temático, muy útil para encontrar rápidamente las operaciones correspondientes a temas concretos.

Convenciones tipográficas

Para que el usuario pueda localizar e interpretar con facilidad las informaciones que más le interesen, hemos adoptado las siguientes convenciones tipográficas.

Los siguientes estilos de caracteres se utilizan para:

negrita indicar una opción del menú o de un cuadro de diálogo que hay que activar.

cursiva un comentario que introduce una operación o que explica las modificaciones que aparecen en pantalla.

Ctrl representar las teclas del teclado que deben pulsarse. Cuando dos teclas aparecen juntas, deberá pulsarlas a la vez.

Los siguientes símbolos introducen:

la operación que hay que efectuar (activar una opción, hacer clic con el ratón, etc.).

una observación de orden general sobre el comando actual.

un truco que conviene conocer y memorizar.

Tabla de contenido

Microsoft Excel 2016

Los datos

Tabla de contenido

Importación de los datos

Copiar y mover

Las hojas de cálculo

Filas, columnas y celdas

Rangos con nombre

Diseño de página

Tabla de contenido

Los cálculos y herramientas de análisis

Cálculos

Escenario y valor objetivo

Auditoría

Solver

Tabla de contenido

Presentación de los datos

Reorganización de los datos

Gráficos y objetos gráficos

Opciones gráficas

Gestionar objetos

Tablas de datos y tablas dinámicas

Tablas de datos

Tabla de contenido

Tabla de contenido

Mostrar un libro en dos ventanas distintas

Existe la posibilidad de crear varias vistas diferentes del libro, cosa que permite, por ejemplo, visualizar a la vez dos zonas apartadas de una misma hoja de cálculo o incluso dos hojas de cálculo de un mismo libro.

- En la pestaña **Vista**, haga clic en el botón **Nueva ventana** del grupo **Ventana**.

  Inmediatamente, una nueva ventana con el nombre ***Nombre de libro:2*** *se superpone a la ventana de origen.*
- Muestre las ventanas en mosaico (véase Organizar la vista de las ventanas).
- Desplace el contenido de cada ventana con el fin de visualizar en cada una de ellas una zona diferente del libro.

Al trabajar en una ventana u otra se modifica todo el libro, no solo la hoja activa en la ventana.

Organizar la vista de las ventanas

Otra posibilidad que existe es ver en pantalla al mismo tiempo las ventanas abiertas de uno o de varios libros.

- Active la ventana deseada.
- En la pestaña **Vista**, haga clic en el botón **Organizar todo** del grupo **Ventana**.

  Aparece un cuadro de diálogo en el que puede seleccionar la disposición de las ventanas.

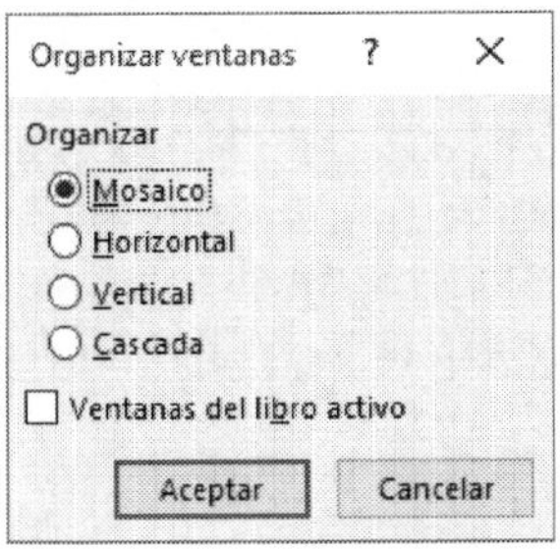

- Seleccione la disposición de las ventanas. La opción **Mosaico** muestra las ventanas unas al lado de otras, mientras que la opción **Cascada** permite superponer las ventanas con una pequeña separación, de forma que la barra de título de cada una de ellas esté accesible.
- Si tiene abiertos varios libros y el libro activo contiene varias ventanas, active la opción **Ventanas del libro activo** si solo desea ver las ventanas creadas para el libro activo (véase Mostrar un libro en dos ventanas distintas).
- Haga clic en **Aceptar**.

> Dado que ahora cada libro dispone de su propia ventana independiente, también puede hacer clic y, sin soltar el botón del ratón, arrastrar la ventana de Excel que elija a uno de los lados de su pantalla (o de sus pantallas).

Mostrar u ocultar una ventana

Excel permite ocultar las ventanas sin necesidad de cerrarlas.

- Para ocultar una ventana, empiece por activarla.
- En la pestaña **Vista**, haga clic en el botón **Ocultar** del grupo **Ventana**.
- Para ver una ventana oculta, haga clic en el botón **Mostrar** del grupo **Ventana**.
- En el cuadro de diálogo **Mostrar** que aparece a continuación, haga clic en el nombre de la ventana y luego en el botón **Aceptar** o haga doble clic sobre su nombre.

Dividir una ventana en varios paneles

Siguiendo el mismo principio descrito en el apartado anterior, también es posible dividir la ventana en dos o cuatro paneles. Esta función ofrece la posibilidad de desplazar de forma independiente el contenido de cada panel de la ventana.

- Para dividir la ventana, haga clic en la celda situada a la derecha y debajo del lugar donde desea dividir la hoja de cálculo.
- Active la pestaña **Vista** y haga clic en el botón **Dividir** del grupo **Ventana**.

Cada panel dispone de sus propias barras de desplazamiento: puede hacer que se desplace el contenido de cada panel con independencia de los demás.

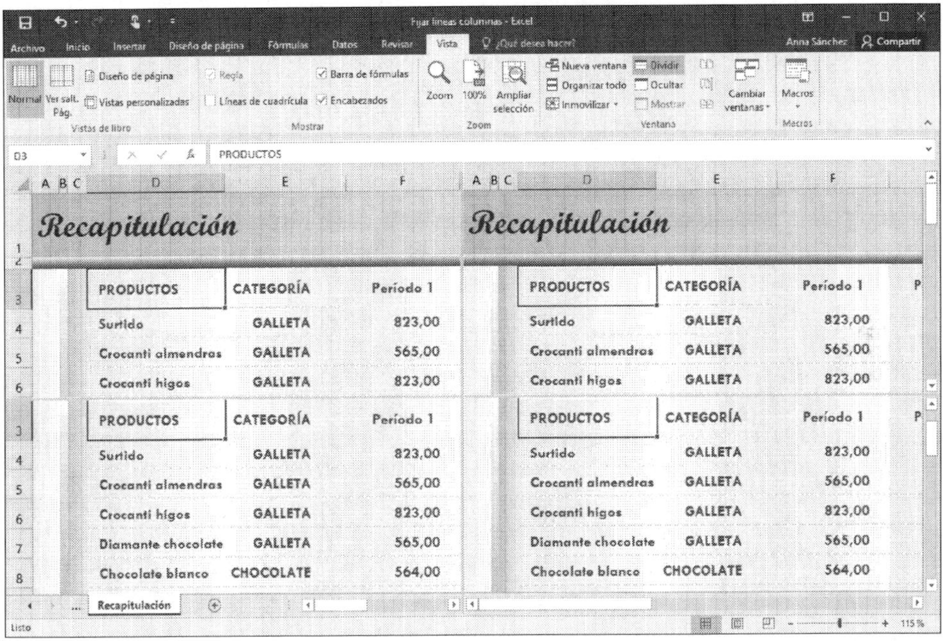

- Para modificar una división, haga clic en la barra de separación y, sin soltar el botón del ratón, arrástrela hasta ubicarla en el lugar que desee.
- Para suprimir la división, haga clic de nuevo en el botón **Dividir**  del grupo **Ventana** de la pestaña **Vista**.

  También puede hacer doble clic en la barra de división (horizontal o vertical) para suprimir la separación.

Observe que los **Controles de división** que le permitían, en versiones anteriores de Excel, dividir la ventana en paneles en cualquier punto de la hoja de cálculo se han eliminado de las versiones Excel 2013 y Excel 2016.

Crear una plantilla de libro personalizada

Una plantilla es un documento que contiene hojas de cálculo, datos con formato, fórmulas de cálculo, etc., que pueden aprovecharse para crear nuevos libros.

- Elabore el libro-plantilla integrando en él los elementos que tendrá en común con los futuros libros que se crearán a partir de dicha plantilla; proteja, si es preciso, hojas o celdas (véase el capítulo Protección).
- Haga clic en la pestaña **Archivo** y luego en la opción **Guardar como**.
- Haga clic en el botón **Examinar** del panel central.
- Abra la lista **Tipo** y escoja la opción **Plantilla de Excel (*.xltx)**.

  *La carpeta de almacenamiento por defecto es **Plantillas personalizadas de Office**, situada en la carpeta **Documentos** del disco duro.*

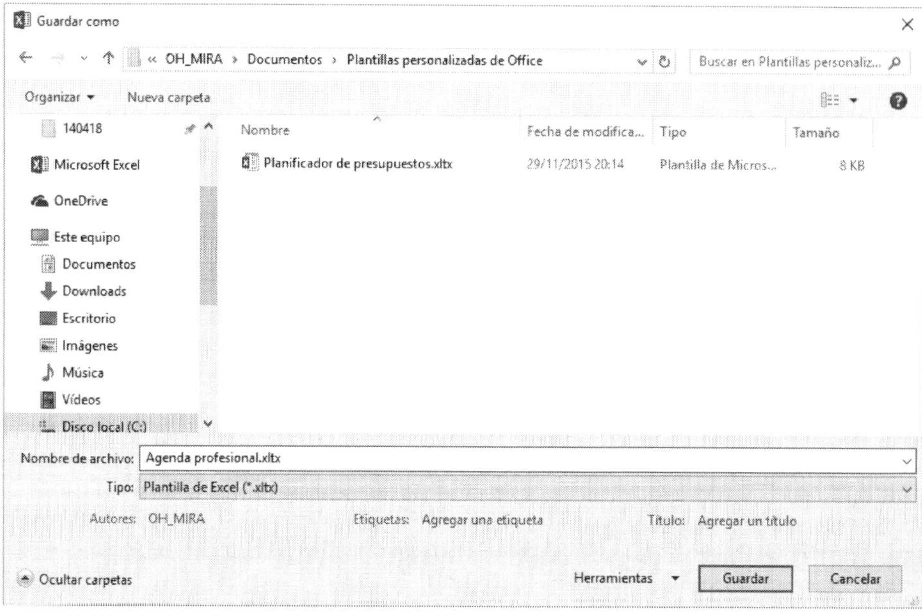

*La ubicación predeterminada de las plantillas está definida (aunque puede modificarse) en las **Opciones de Excel** (pestaña **Archivo - Opciones** - categoría **Guardar** - zona **Guardar libros** - campo **Ubicación predeterminada de plantillas personales**).*

- Especifique el nombre de la plantilla completando la zona **Nombre de archivo**.
- Haga clic en el botón **Guardar**.

La extensión atribuida a los archivos de plantilla es **.xltx** (dependiendo de la configuración de Windows, la extensión puede estar oculta).

Para modificar una plantilla personalizada, ábrala y proceda como si se tratase de un libro cualquiera.

Las plantillas personalizadas aparecen en la lista **PERSONAL** de la ventana de **Inicio** de Excel y de la ventana **Nuevo** (pestaña **Archivo - Nuevo**).

Guardar un libro en formato PDF o XPS

Los formatos de archivos PDF y XPS son formatos que permiten distribuir documentos electrónicos (documentos transmitidos por correo electrónico). Dichos formatos conservan las fuentes, imágenes, gráficos y formato de los documentos tal y como se crearon en sus aplicaciones de origen. Un usuario puede ver, compartir e imprimir archivos PDF si tiene el programa Acrobat Reader (disponible de forma gratuita en el sitio web de Adobe) y archivos XPS si cuenta con Microsoft .NET Framework (disponible de forma gratuita en el sitio de Microsoft).

No obstante, debe saber, antes de adquirir un programa especializado, que Word 2016 permite modificar directamente los documentos PDF.

Una vez se ha guardado el archivo en los formatos PDF o XPS, ya no puede convertirse de nuevo al formato de Excel (.xls, .xlsx...) con el programa Excel, sino que solo podrá hacerse con una aplicación especializada.

- Haga clic en la pestaña **Archivo** y luego en la opción **Exportar**.
- Si es preciso, elija la opción **Crear documento PDF/XPS** en el panel central y haga clic en el botón **Crear documento PDF/XPS**.

  *También puede usar la opción **Guardar como** de la pestaña **Archivo**.*
- Si es preciso, verifique o modifique la carpeta de almacenamiento y el **Nombre de archivo** en el cuadro de texto correspondiente.
- Abra la lista **Tipo** y, en función del tipo de archivo que desee crear, seleccione la opción **PDF (*.pdf)** o **Documento XPS (*.xps)**.

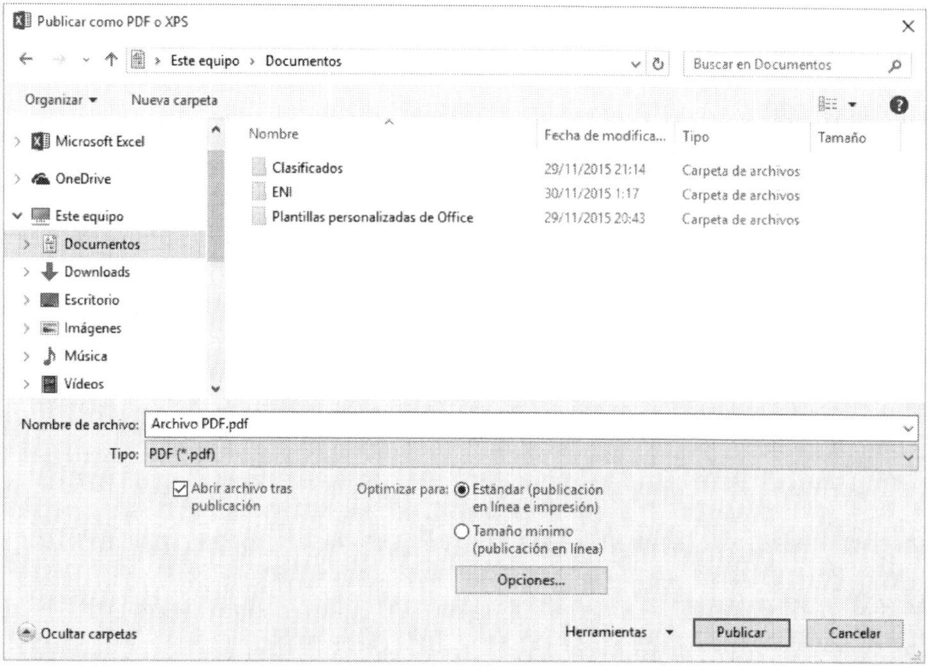

- Marque la opción **Abrir archivo tras publicación** si desea abrir el archivo (**PDF** o **XPS**) inmediatamente después de haberlo guardado.
- Active una de las opciones asociadas a la opción **Optimizar para:**

Estándar (publicación en línea e impresión)	Para obtener una buena calidad de impresión del documento: se aumenta el tamaño del archivo.
Tamaño mínimo (publicación en línea)	Si el archivo no está destinado a ser impreso: se reduce el tamaño del archivo (su calidad de impresión será menor).

- En caso necesario, modifique las **Opciones** asociadas al formato **PDF** o **XPS** haciendo clic en el botón correspondiente.

*Aquí puede ver las opciones vinculadas al formato **PDF**. Estas opciones son las mismas que las incluidas en el cuadro de diálogo del formato **XPS**, exceptuando las pertenecientes al apartado **Opciones**, situado en la parte inferior del cuadro de diálogo.*

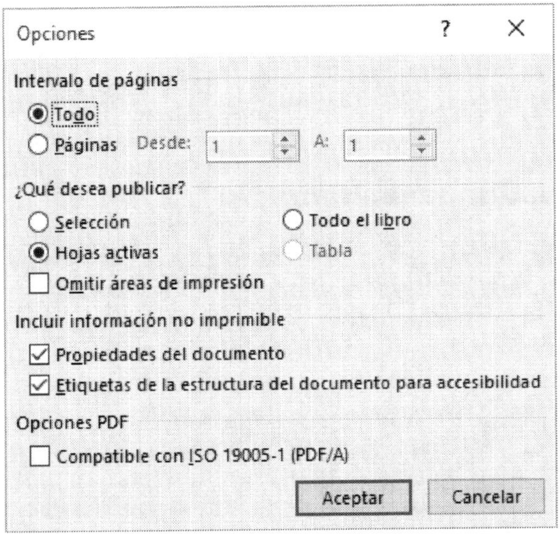

- Especifique la parte del libro que desea publicar activando una de las siguientes opciones:

Todo	Publica todas las páginas del libro.
Páginas	Publica las páginas especificadas en los cuadros **Desde** y **A**.
Selección	Publica las celdas seleccionadas.
Hojas activas	Publica la hoja u hojas seleccionadas.
Todo el libro	Publica todos los datos del libro.
Tabla	Publica la tabla seleccionada.

- Marque la opción **Omitir áreas de impresión** para imprimir toda la hoja, sin tener en cuenta las zonas de impresión existentes.
- Deje marcada la opción **Propiedades del documento** si desea incluir las propiedades del libro (título, asunto, autor...) en la versión PDF o XPS.
- Deje marcada la opción **Etiquetas de la estructura del documento para accesibilidad** si desea publicar un archivo más accesible para los usuarios con alguna discapacidad. Si se desmarca esta opción, el archivo publicado será más pequeño porque no contendrá los datos que contribuyen a mejorar la accesibilidad.
- En los archivos PDF puede activar la opción **Compatible con ISO 19005-1 (PDF/A)** si desea que el archivo esté en ese formato (exigido en algunas administraciones).

- Haga clic en el botón **Aceptar** del cuadro de diálogo **Opciones**.
- Haga clic en el botón **Publicar**.
- Si ha solicitado abrir el archivo después de su publicación, el contenido publicado se muestra en una página del navegador de Internet o en el lector de Windows.

Ver y modificar las propiedades de un libro

Las propiedades, también llamadas metadatos (es decir, datos que describen a otros datos; por ejemplo, las palabras de un libro son datos y el número de palabras que contiene es un metadato), es información relativa a un archivo, que lo describe o lo identifica. Comprende información como el título, el nombre del autor, el objeto, etc.

- Haga clic en la pestaña **Archivo** y luego en la opción **Información**.

A la derecha de la ventana, el panel ***Propiedades*** *presenta, en forma de lista, el nombre de cada propiedad, seguido de su contenido.*

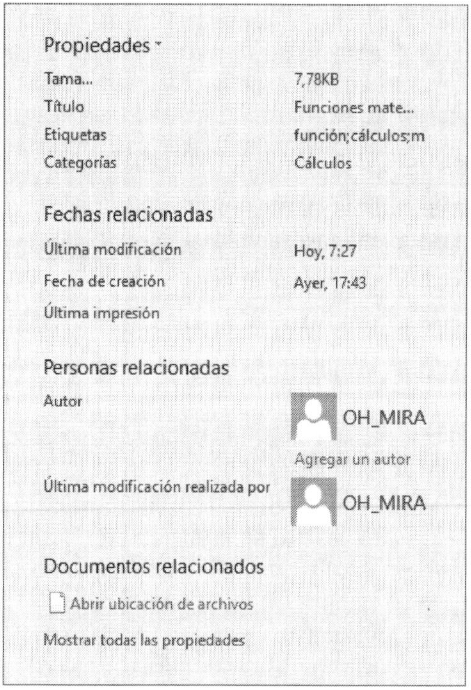

- Para mostrar todas las propiedades, haga clic en el vínculo **Mostrar todas las propiedades**; haga clic en **Mostrar menos propiedades** para reducir su número.
- Para modificar una de las **Propiedades**, haga clic en el campo asociado al nombre de la propiedad e introduzca el título de la etiqueta que desee. Para añadir varias etiquetas, sepárelas con punto y coma (;). Confirme mediante la tecla ⏎.
- Para volver al libro y guardar automáticamente los cambios efectuados, haga clic de nuevo en la flecha .

Administrar las propiedades avanzadas

- Para mostrar las propiedades específicas, abra la lista **Propiedades** y escoja la opción **Propiedades avanzadas.**

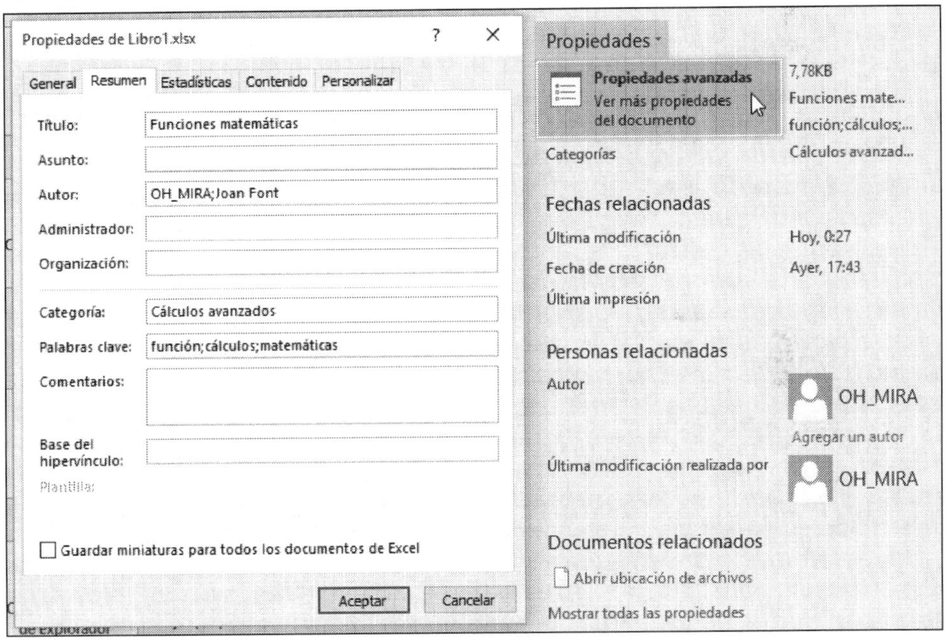

- Efectúe las modificaciones que desee y confirme con **Aceptar**.

Comparar libros en paralelo

- Si es preciso, active uno de los dos libros: en la pestaña **Vista**, haga clic en el botón **Cambiar ventanas** y luego en el nombre del libro que desea ver.

  También puede hacer clic en la ventana correspondiente para activarla.

- En la pestaña **Vista**, haga clic en el botón **Ver en paralelo** del grupo **Ventana.**

  *Si hay más de dos libros abiertos, aparece el cuadro de diálogo **Comparar en paralelo**.*

- Haga clic en el nombre del segundo libro que desea comparar.

  *Los dos libros aparecen en ventanas distintas, dispuestas una debajo de otra. De forma predeterminada, el contenido de los libros se desplaza a la vez, es decir, cuando se desplaza el contenido de uno de los libros, el otro lo hace al mismo tiempo (el botón **Desplazamiento sincrónico** de la pestaña **Vista** - grupo **Ventana** está activado).*

- Si la disposición de las ventanas no es la más conveniente, active el botón **Organizar todo**, active la opción **Vertical** y haga clic en **Aceptar**.

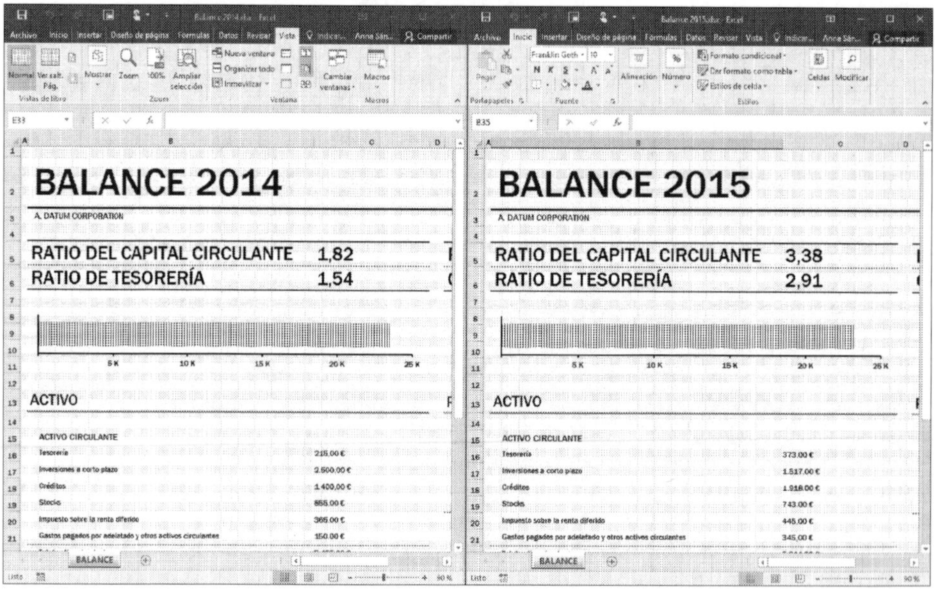

- Para desplazar el contenido de las dos ventanas de forma independiente, haga clic en el botón **Desplazamiento sincrónico** para desactivarlo.
- Si ha modificado el tamaño o la posición de las ventanas, haga clic en el botón **Restablecer posición de la ventana** en la pestaña **Vista** de uno de los documentos.
- Cuando haya terminado de comparar los documentos, haga clic en el botón **Ver en paralelo** de la pestaña **Vista** de uno de los dos libros para cerrar la vista en paralelo.

Elegir la carpeta local de trabajo predeterminada

Esta carpeta será la que se proponga automáticamente al guardar o abrir el libro.

- Haga clic en la pestaña **Archivo**, en **Opciones** y seleccione la categoría **Guardar**.
- Especifique la carpeta de trabajo que desea usar de forma predeterminada en el área de escritura **Ubicación predeterminada de archivos locales** de la zona **Guardar libros**.
- Haga clic en **Aceptar**.

Configurar la recuperación automática de los libros

A veces puede ocurrir que Excel sufra una interrupción (corte de electricidad, fallo del sistema, etc.) sin que haya tenido tiempo de guardar el trabajo en curso. El sistema de recuperación automática, activo de forma predeterminada, permite guardar los datos y el estado del programa automáticamente. Este sistema puede configurarse.

- Haga clic en la pestaña **Archivo** y, a continuación, en **Opciones** y seleccione la categoría **Guardar**.

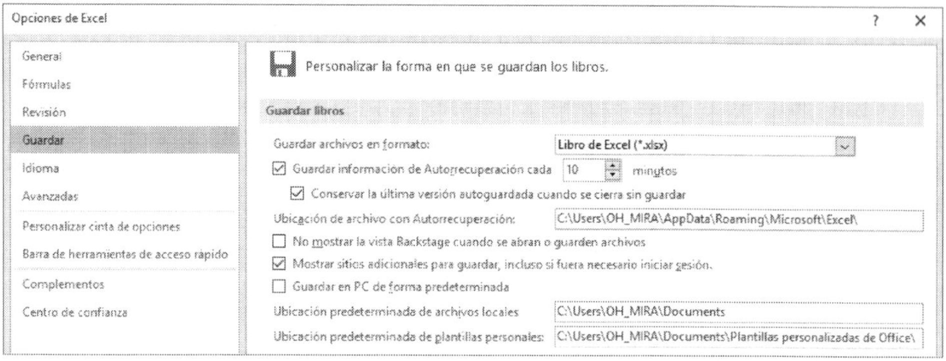

- Para activar la recuperación automática, active, en caso necesario, la opción **Guardar información de Autorrecuperación cada x minutos.**
- Especifique la frecuencia con la que desea que el programa guarde los datos en la lista **minutos.**
- Si la autorrecuperación está activada, puede marcar, en caso de que sea necesario, la opción **Conservar la última versión autoguardada cuando se cierra sin guardar** para poder restaurarla la próxima vez que se abra.
- Si es preciso, modifique la carpeta en la que el programa guarda automáticamente las versiones de los archivos con los que está trabajando en el cuadro de texto **Ubicación de archivo con Autorrecuperación.**
- Haga clic en **Aceptar**.

Recuperar una versión anterior de un archivo

Si se han activado las funciones de autorrecuperación (véase Configurar la recuperación automática de los libros), puede abrir fácilmente una versión anterior del archivo con el que trabajaba para verificar su estado o recuperarlo. Dependiendo de si ese libro se ha guardado o no por lo menos una vez, el procedimiento de recuperación es ligeramente distinto.

Recuperar un libro guardado por lo menos una vez

- Asegúrese de que el libro cuyas versiones guardadas desea visualizar esté activo.
- Haga clic en la pestaña **Archivo** y luego en **Información**.

*La lista con las versiones guardadas se muestra al lado del botón **Administrar libro**.*

- Haga doble clic en la versión que desee abrir.

*Puede constatar mediante el botón **Cambiar ventanas** de la pestaña **Vista**, por ejemplo, que las dos versiones del archivo están abiertas:*

- Tras efectuar la comprobación, si desea reemplazar el archivo actual por esa versión anterior (cuyo nombre y fecha en la que fue guardado aparecen en la barra de título), haga clic en el botón **Restaurar** de la barra de información denominada **VERSIÓN AUTOGUARDADA**, situada encima de la barra de fórmulas.

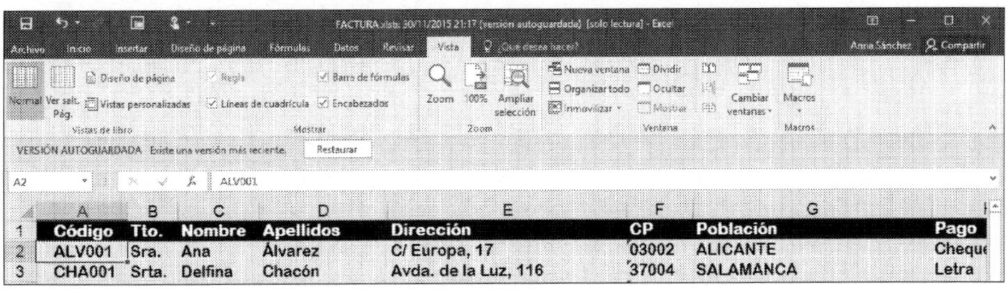

- Haga clic a continuación en el botón **Aceptar** para confirmar el reemplazo de la última versión guardada por la versión seleccionada.

Recuperar un libro que aún no se ha guardado

Si el libro se ha cerrado sin que se haya guardado ni una sola vez, debe saber que Excel, a pesar de todo, conserva una copia.

- Active la pestaña **Archivo** y luego el botón **Abrir**.
- Active si es preciso la opción **Recientes** del panel central.
- Active el botón **Recupera libros no guardados**, situado debajo de la lista de los libros recientes.

*También puede utilizar la pestaña **Archivo - Información** - botón **Administrar libro** - opción **Recupera libros no guardados**.*

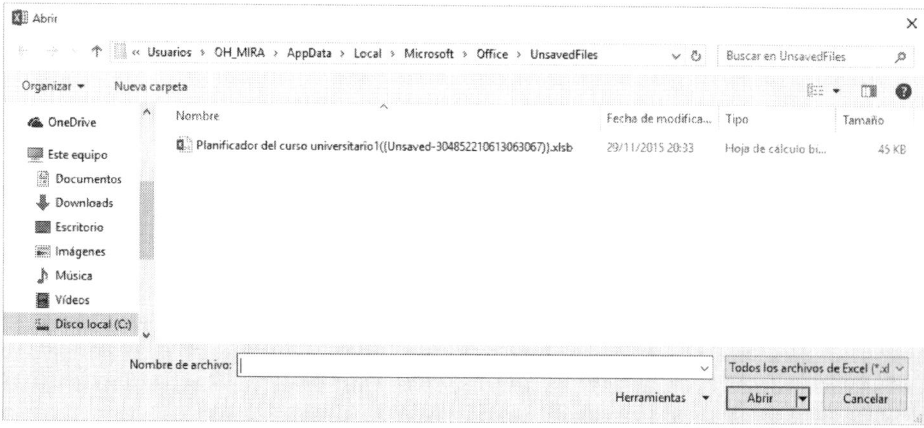

*Excel efectúa estas copias de seguridad de emergencia en la carpeta AppData\Local\Microsoft\Office\UnsavedFiles. Observe que la extensión de estos archivos de seguridad es **.xlsb**.*

- Seleccione el archivo que desea recuperar y haga clic en el botón **Abrir**.

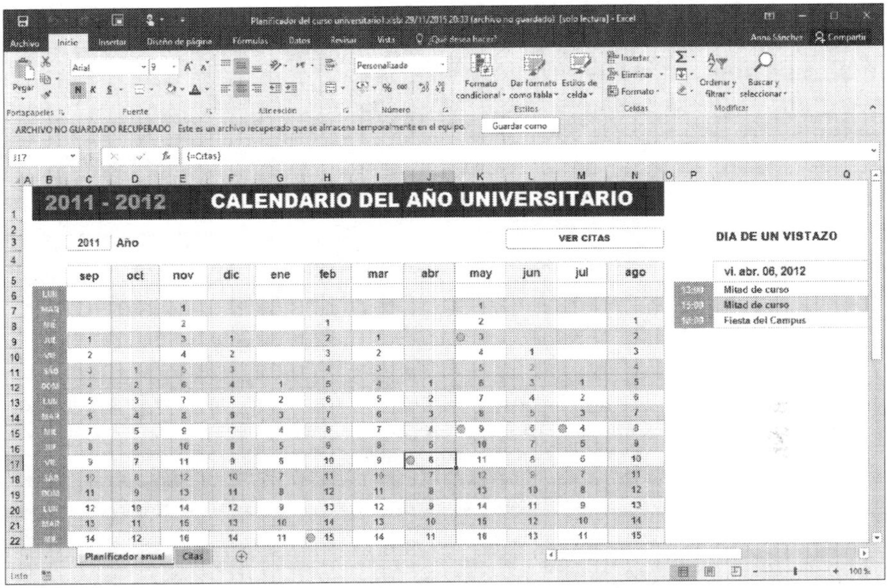

*Excel le recuerda en la barra de título el nombre del libro recuperado, seguido de la fecha y la hora en que fue guardado. También especifica que se trata de un **archivo no guardado** y que es de **solo lectura**.*

- Si desea conservar este libro, haga clic en el botón **Guardar como** de la barra de información situada bajo la cinta de opciones.
- Prosiga con el procedimiento de guardado de este archivo como si se tratase de un libro nuevo.

Utilizar el comprobador de accesibilidad

Esta función permite comprobar si el libro puede ser utilizado por personas minusválidas que dispongan de un dispositivo específico que les permita trabajar en el ordenador a pesar de su discapacidad.

- Haga clic en la pestaña **Archivo** y luego en la opción **Información**.

*Si la utilidad que comprueba la accesibilidad del archivo detecta problemas potenciales, muestra los correspondientes avisos bajo el título **Inspeccionar libro**.*

*En este ejemplo, una de las advertencias es «**Contenido que no pueden leer los usuarios con discapacidades**».*

- Para comprobar o reparar el problema o los problemas de accesibilidad, haga clic en el botón **Comprobar si hay problemas** y luego en la opción **Comprobar accesibilidad.**

  *Se abre a la derecha de la pantalla el panel **Comprobador de accesibilidad**, el cual muestra los resultados de la inspección, clasificados en dos categorías según la importancia del problema:*

  - ***Errores**: detalla los elementos que dificultan enormemente (o imposibilitan) el hecho de que una persona minusválida trabaje con el libro.*
  - ***Advertencias**: detalla los elementos que dificultan parcialmente el hecho de que una persona minusválida trabaje con el libro.*

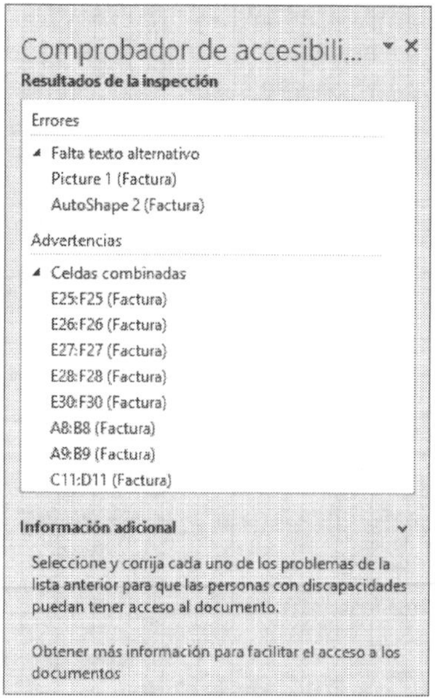

- Para mostrar **Información adicional** sobre un problema específico, haga clic, dentro del cuadro **Resultados de la inspección**, en el problema correspondiente.

Introducir un mismo contenido en varias celdas

- Seleccione el rango de celdas (estas pueden ser contiguas o no).
- Introduzca el contenido común a todas las celdas (fórmula o texto).

  Cuando el contenido es una fórmula, teclee la fórmula relativa a la celda activa.
- Confirme con las teclas [Ctrl] [↵].

  La introducción de datos y la copia de estos se efectúa en una sola operación.

Utilizar el Editor de ecuaciones

El Editor de ecuaciones permite documentar una fórmula en una hoja de cálculo de Excel insertando una ecuación matemática en tanto que objeto.

Insertar una ecuación prediseñada

- Active la pestaña **Insertar** y, en el grupo **Símbolos**, haga clic en el botón **Símbolos** y abra la lista asociada al botón **Ecuación** para mostrar la lista de las ecuaciones disponibles.

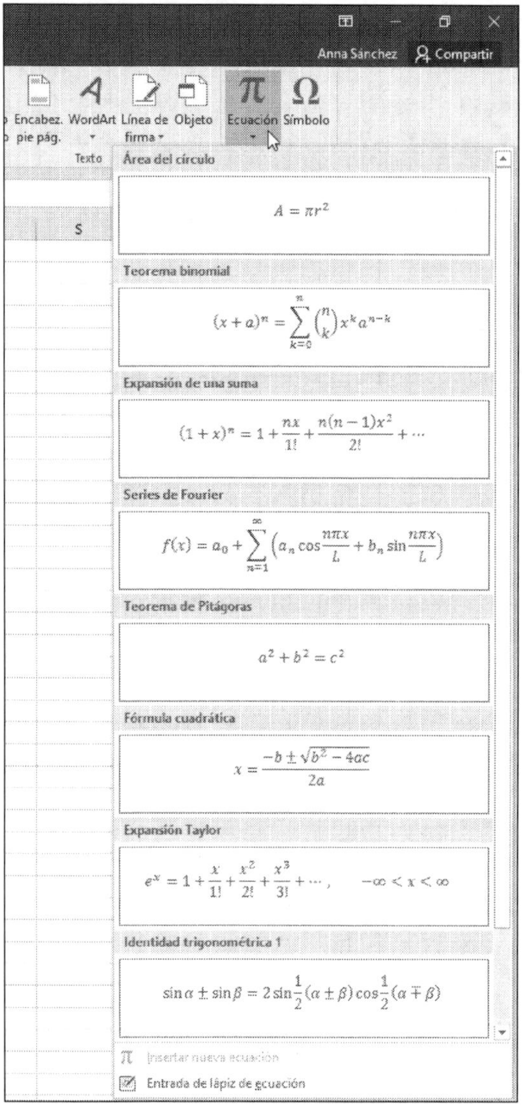

Haga clic en la ecuación que desee utilizar.

La ecuación se inserta en forma de objeto en la hoja de cálculo; la pestaña ***Diseño*** *ofrece herramientas para trabajar con ecuaciones:*

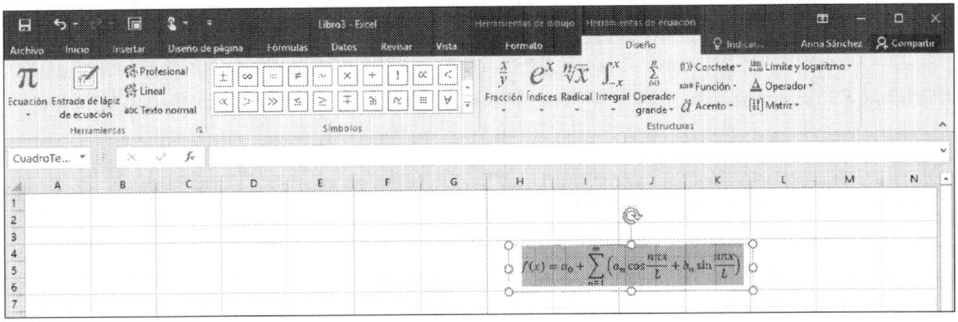

- Para convertir la selección en formulario de una dimensión, de manera que se pueda efectuar una edición simplificada, haga clic en la herramienta 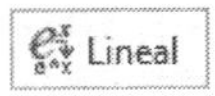 del grupo **Herramientas.**
  Nuestra ecuación pasa a tener esta forma:

f(x) = a_0 + ∑24_(n = 1)^∞▒(a_n cos⁡〖nπx/L〗 + b_n sin⁡〖nπx/L〗)

- Y el caso contrario: para convertir la selección en un formulario 2D que ofrezca un aspecto profesional, haga clic en la herramienta 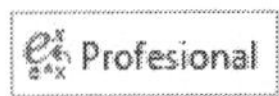 del grupo **Herramientas.**
  Nuestra ecuación tiene ahora este aspecto:

$$f(x) = a_0 + \sum_{n=1}^{\infty}\left(a_n \cos\frac{n\pi x}{L} + b_n \sin\frac{n\pi x}{L}\right)$$

Crear una ecuación

- Active la pestaña **Insertar**, haga clic en el botón **Símbolos** y luego en la parte superior del botón **Ecuación.**

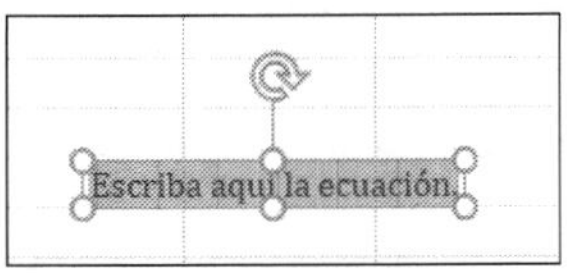

- Utilice las herramientas de la pestaña **Herramientas de ecuación - Diseño** para escribir las variables de la ecuación. También puede hacer clic en los botones del grupo **Estructuras** para insertar una serie de símbolos preestablecidos o bien hacer clic en uno de los símbolos del mismo nombre.
- Para modificar uno de los componentes de la ecuación, selecciónelo y escriba el texto o haga clic en el símbolo que desee, según la modificación que deba efectuar.
- Para activar el objeto Ecuación, haga clic en este último.

Aparecen alrededor del objeto los controles de selección, representados por círculos blancos. Ahora puede mover el objeto, cambiar sus dimensiones, modificar el formato de las variables, etc.

Para saber más acerca de la gestión de los objetos, vaya al capítulo correspondiente de este libro.

Crear una ecuación con la entrada de lápiz

Excel 2016 ofrece la posibilidad de crear ecuaciones manuscritas usando un ratón o un lápiz óptico.

- Active la pestaña **Insertar**, abra la lista del botón **Ecuación** y escoja la opción **Entrada de lápiz de ecuación**.

Se abre el editor de ecuaciones manuscritas:

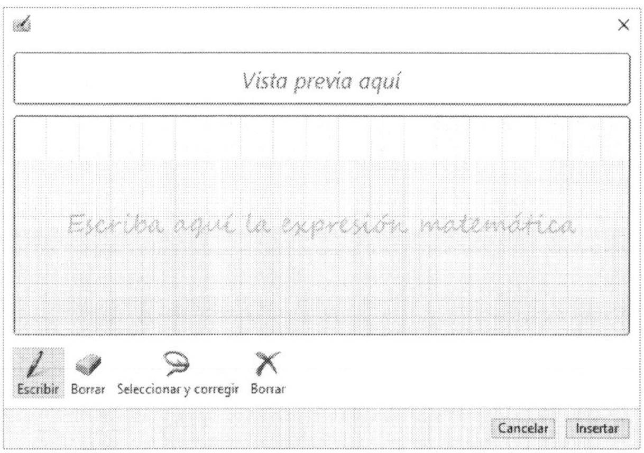

- Usando el ratón o un lápiz óptico, escriba la ecuación en la zona **Escriba aquí la expresión matemática**.

Aparece la vista previa de la ecuación encima de la zona de escritura.

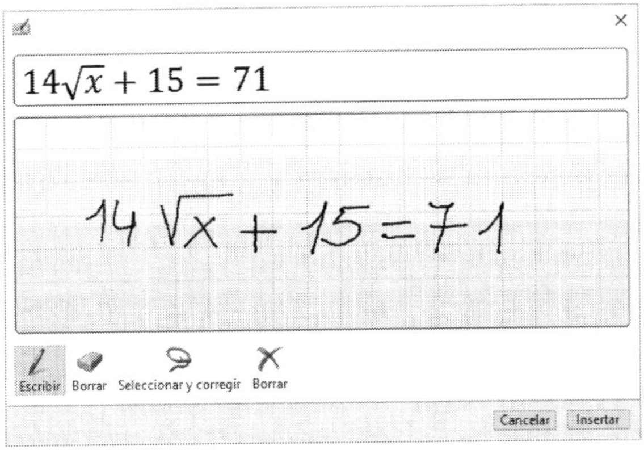

Para editar la ecuación, utilice las herramientas siguientes:

Para borrar una parte de la ecuación; active esta herramienta, señale el elemento que quiera borrar y haga clic o clic y arrastrar en la parte que desee suprimir.

Para corregir un carácter que se ha transcrito incorrectamente; active esta herramienta, seleccione el carácter o la parte de él que se debe modificar trazando un cuadro de selección y, en la lista que se muestra, elija el carácter por el que se reemplazará.

La parte seleccionada aparece en rojo:

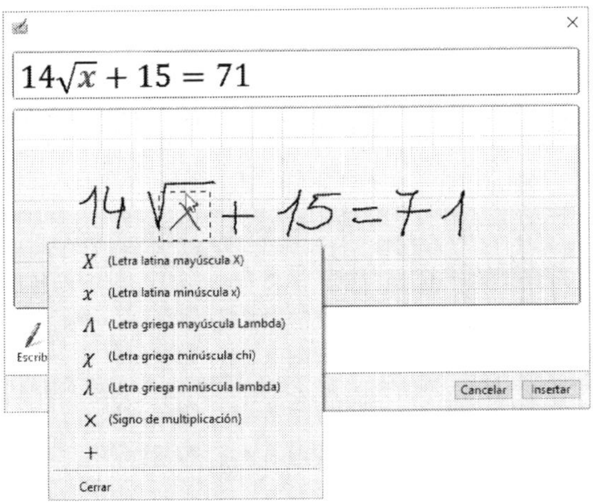

Para borrarlo todo.

- Cuando la ecuación esté lista, haga clic en el botón **Insertar**.
- Puede utilizar las herramientas de la pestaña **Herramientas de ecuación - Diseño** para modificarla, como si se tratase de cualquier otra ecuación.

Crear y administrar los hipervínculos

Para acceder rápidamente a información situada en otra ubicación del libro, en otro archivo o en una página web, puede insertar un hipervínculo en una celda o en un objeto gráfico.

- Para crear un hipervínculo, haga clic en la celda o seleccione el objeto gráfico que debe asociarse al hipervínculo que se va a crear.

  Si se trata de una celda, esta puede contener datos, así como tener formato.
- Active la pestaña **Insertar** y haga clic en el botón **Hipervínculo** del grupo **Vínculos** o pulse Ctrl Alt **K**.

Crear un vínculo a un nuevo archivo

- Haga clic en la opción **Crear nuevo documento**, situada en el panel izquierdo del cuadro de diálogo.

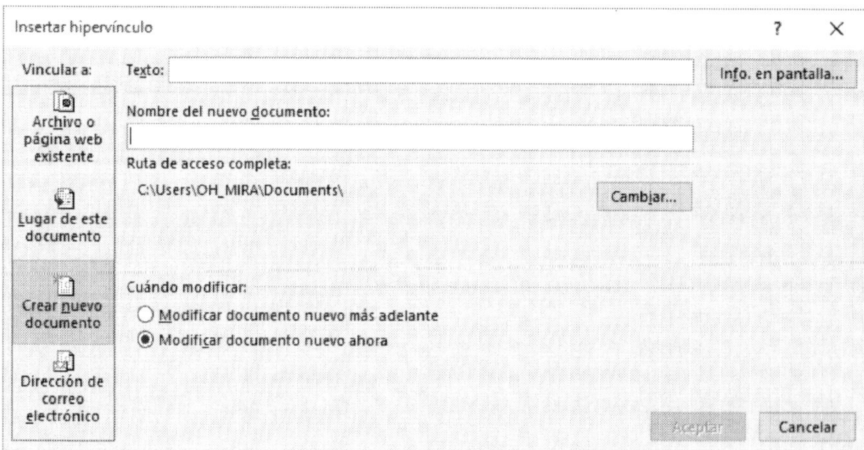

- Si la **Ruta de acceso completa** propuesta corresponde a la carpeta en la que desea crear el nuevo libro, introduzca su nombre en la zona **Nombre del nuevo documento**; en caso contrario, haga clic en el botón **Cambiar** para elegir otra carpeta.
- Dependiendo de si prefiere modificar el nuevo documento ahora o más adelante, active la opción correspondiente en la sección **Cuándo modificar**.
- Si lo desea, haga clic en el botón **Info. en pantalla** y escriba el texto que quiera que se muestre (en una etiqueta informativa) cuando el puntero se encuentre sobre el hipervínculo. Confirme haciendo clic en el botón **Aceptar**.

  Si no especifica el texto de la información en pantalla, Excel mostrará por defecto la ruta de acceso completa del nuevo documento.
- Haga clic en el botón **Aceptar** para confirmar la creación del vínculo y del nuevo documento.

  Si ha especificado modificar el documento inmediatamente, el libro que contiene el nuevo hipervínculo permanece abierto y el nuevo libro aparece en otra ventana.
- En ese caso, cree el contenido del libro y guárdelo.

Crear un vínculo a un archivo que ya existe o a una página web

- Haga clic en la opción **Archivo o página web existente**, situada en el panel izquierdo del cuadro de diálogo **Insertar hipervínculo**.

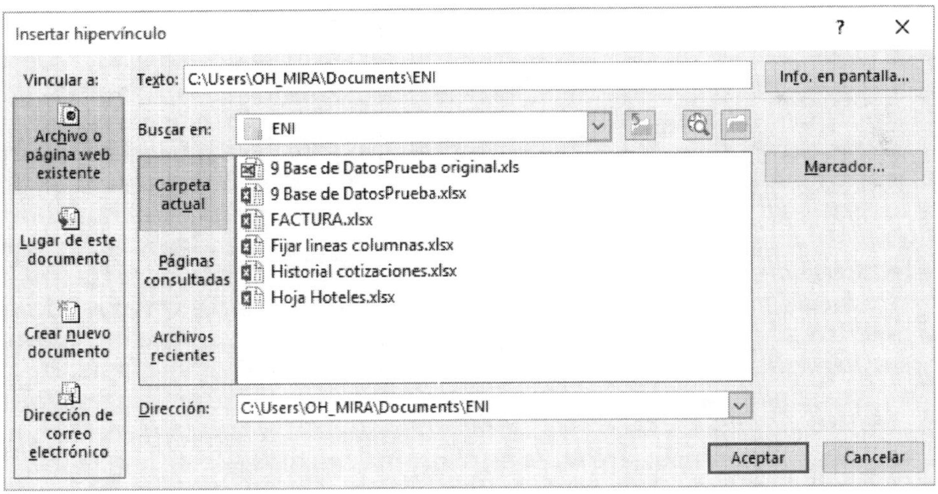

- Según el tipo de documento hacia el que desee crear un vínculo, haga clic en el botón:

  Carpeta actual: a fin de seleccionar el archivo de destino del vínculo en la carpeta activa.

  Páginas consultadas: a fin de seleccionar, en la lista de las últimas páginas examinadas, la página web de destino en el vínculo.

  Archivos recientes: a fin de seleccionar, en la lista de los archivos recientemente utilizados, el archivo de destino del vínculo.

- Si conoce la **Dirección** exacta del documento hacia el que desea crear un vínculo, puede escribirla directamente en la zona correspondiente.
- Si lo desea, haga clic en el botón **Info. en pantalla** y escriba el texto que quiera que se muestre (en una etiqueta informativa) cuando el puntero se encuentre sobre el hipervínculo. Confirme haciendo clic en el botón **Aceptar**.

  Si no especifica el texto de la información en pantalla, Excel mostrará por defecto la ruta de acceso completa del nuevo documento.

- Haga clic en el botón **Aceptar** para confirmar la creación del vínculo.

Crear un vínculo hacia una ubicación específica del libro

- Haga clic en el botón **Lugar de este documento**, situado en el panel izquierdo del cuadro de diálogo **Insertar hipervínculo**.

  La lista con las hojas creadas y los nombres definidos en el libro activo aparece en la parte central del cuadro de diálogo.

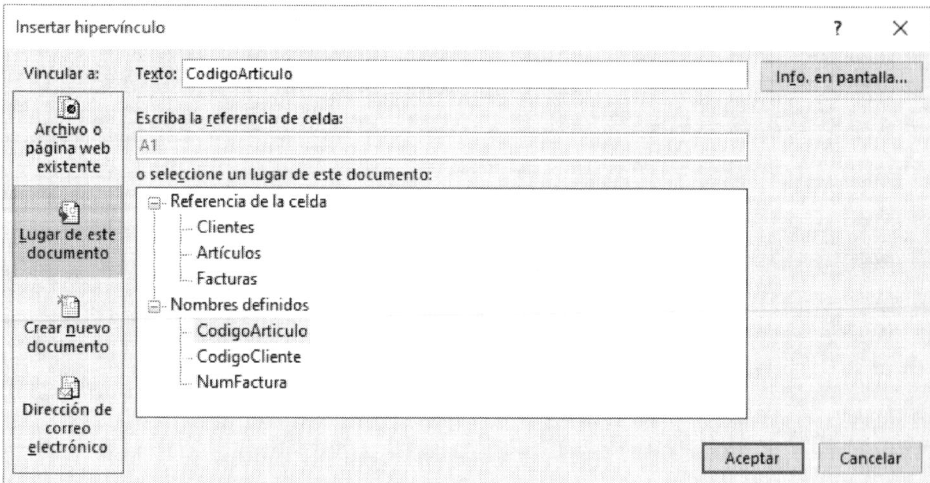

- Introduzca la referencia de la celda de destino del vínculo o seleccione, en la lista **o seleccione un lugar de este documento**, el nombre de la hoja o el nombre definido al que dirigirá el vínculo.
- Haga clic si es necesario en el botón **Info. en pantalla** y escriba el texto que debe mostrarse cuando el puntero señale el vínculo; confirme el texto con el botón **Aceptar**.
- Haga clic en el botón **Aceptar** del cuadro de diálogo **Insertar hipervínculo** para confirmar la creación del vínculo.

Crear un vínculo a una dirección de correo electrónico

En este caso, un clic en el vínculo abre la ventana de un nuevo mensaje con la dirección de correo definida como destino.

- Haga clic en el botón **Dirección de correo electrónico** situado en el panel izquierdo del cuadro de diálogo **Insertar hipervínculo**.

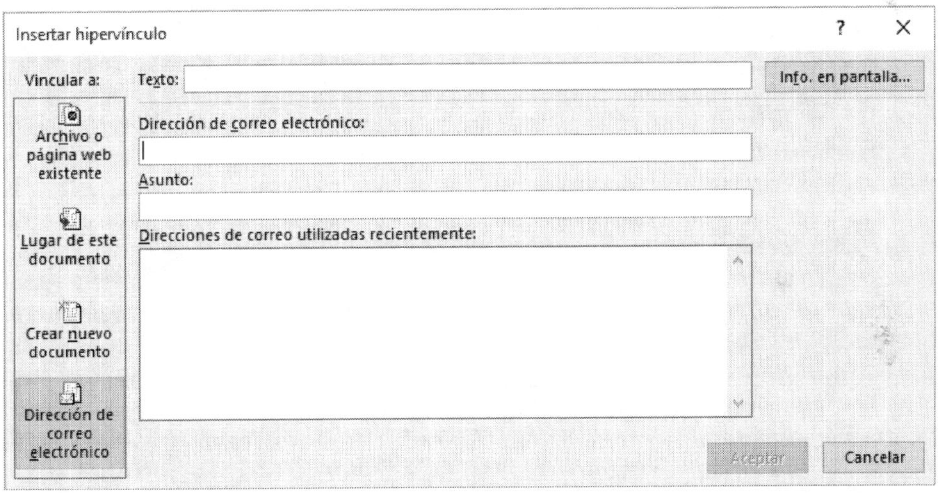

- Especifique la **Dirección de correo electrónico** y el **Asunto** del mensaje.
- Haga clic en el botón **Aceptar** del cuadro de diálogo **Insertar hipervínculo** para crearlo.

  Cuando haga clic en ese vínculo, se abrirá una ventana de su programa de correo electrónico para que pueda completar el mensaje y enviarlo (la dirección y el asunto del mensaje ya aparecerán especificados).

Si ha insertado un hipervínculo en una celda vacía, el texto correspondiente al contenido del vínculo (ruta completa del archivo o ubicación en el libro) se insertará en esta celda.

También puede crear un hipervínculo a una dirección de correo electrónico escribiendo directamente esta dirección en la celda.

Activar un hipervínculo

- Señale el hipervínculo que debe activarse.

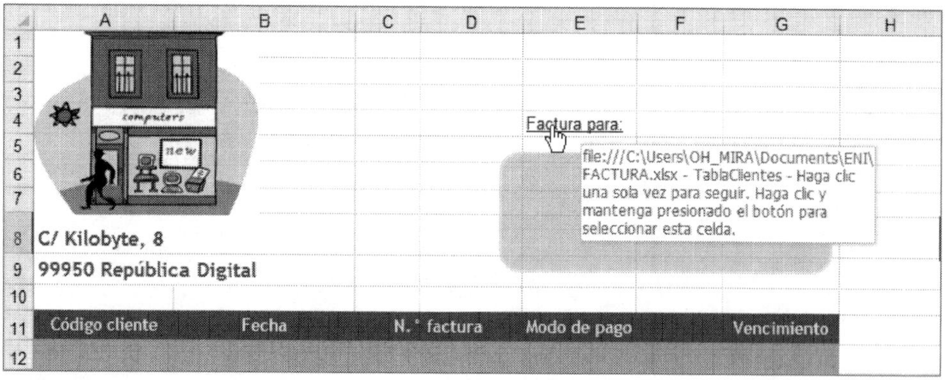

Cuando señala el vínculo insertado en una celda o en un objeto gráfico, el puntero del ratón toma la forma de una mano *; si no ha especificado un texto para la Info. en pantalla en el momento de crear el vínculo, la etiqueta informativa muestra la dirección completa del documento o el nombre del libro activo, seguido de la ubicación a la que dirige el vínculo.*

- Cuando el puntero tome la forma siguiente , haga clic para activar el hipervínculo.

Cuando el hipervínculo se ha activado por lo menos una vez, este pasa a ser de color violeta.

Modificar/eliminar los hipervínculos

Seleccionar una celda/un objeto sin activar el hipervínculo

- Para seleccionar una celda que contiene un hipervínculo, señálela y haga clic manteniendo pulsado durante unos instantes el botón del ratón; cuando el puntero del ratón se transforme en una cruz blanca, suelte el botón.

  También puede utilizar las teclas de desplazamiento para activar la celda.

- Para seleccionar un objeto que tiene asociado un hipervínculo, pulse la tecla Ctrl y, sin soltarla, haga clic en el objeto.

Modificar el destino de un hipervínculo

- Seleccione la celda o el objeto gráfico que contiene el hipervínculo correspondiente.
- En la pestaña **Insertar**, haga clic en el botón **Hipervínculo** del grupo **Vínculos** o pulse Ctrl Alt **K**.

  *También puede abrir el menú contextual de la celda o del borde del objeto y activar la opción **Modificar hipervínculo**.*

- Efectúe las modificaciones necesarias y acepte.

Modificar el texto o el objeto gráfico de un hipervínculo

- Para modificar el texto de una celda que contiene un hipervínculo, seleccione la celda y escriba el nuevo texto o lleve a cabo los cambios directamente en la barra de fórmulas y acepte.
- Para modificar el objeto gráfico, selecciónelo y a continuación haga doble clic en él para mostrar la pestaña específica de edición del objeto.

Eliminar un hipervínculo

- Seleccione la celda o el objeto gráfico que contiene el hipervínculo correspondiente.
- Haga clic con el botón derecho del ratón en la celda o en el borde del objeto para mostrar su menú contextual.
- Haga clic en la opción **Quitar hipervínculo**.

Para cambiar el aspecto de los hipervínculos, modifique los estilos **Hipervínculo** e **Hipervínculo visitado** (véase capítulo Estilos y temas - Administrar los estilos de celda existentes).

Para que una dirección de correo electrónico escrita en una celda no se transforme en un hipervínculo, haga clic en la pestaña **Archivo** y luego en **Opciones**, active la categoría **Revisión** y haga clic en el botón **Opciones de Autocorrección**; active la ficha **Autoformato mientras escribe** y, para terminar, desactive la opción **Rutas de red e Internet por hipervínculos.**

Crear una serie de datos personalizada

- Haga clic en la pestaña **Archivo** y luego en **Opciones.**
- Seleccione la categoría **Avanzadas** y haga clic en el botón **Modificar listas personalizadas** del cuadro **General.**
- En el cuadro **Listas personalizadas**, haga clic en la opción **Nueva lista**, incluso si esta ya está seleccionada, e introduzca sus datos en el cuadro **Entradas de lista**, separándolos con la tecla ⏎.

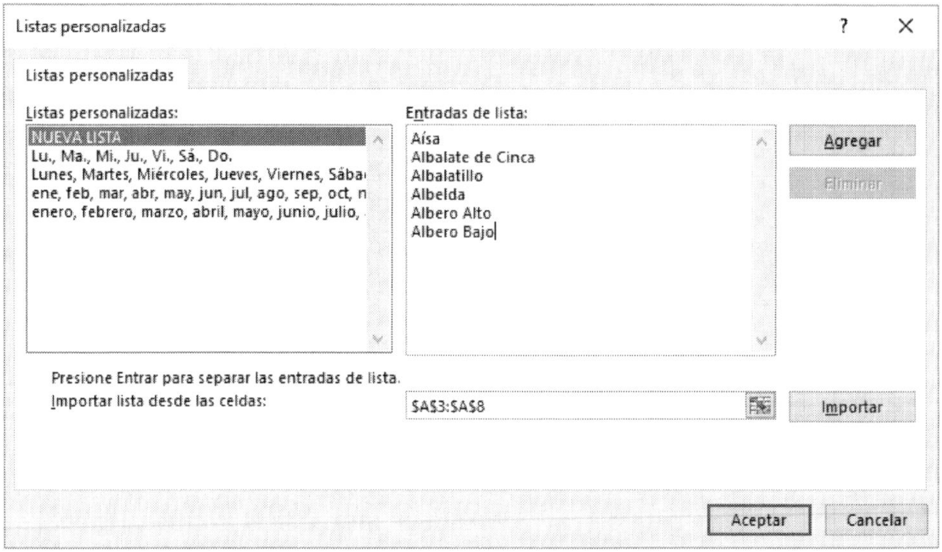

- Haga clic en **Agregar.**

- Para importar una nueva serie a partir de una hoja de cálculo, haga clic en el botón , situado a la derecha de la zona **Importar lista desde las celdas**; seleccione las celdas que contienen la serie que desea recuperar.

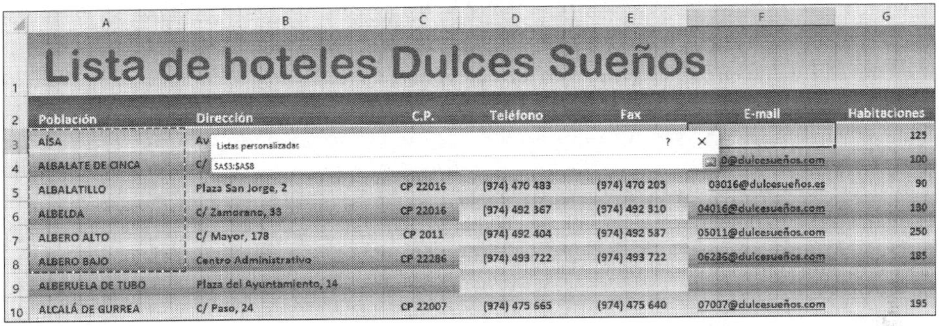

Cuando la selección sea la adecuada, haga clic en el botón para confirmar y mostrar de nuevo el cuadro de diálogo **Opciones**. Haga clic en el botón **Importar** para agregar la nueva lista a las **Listas personalizadas**.

La nueva lista se coloca a continuación de las series existentes y cada dato se separa del siguiente con una coma.

- Haga clic en el botón **Aceptar** una primera vez para cerrar el cuadro de diálogo **Listas personalizadas** y una segunda para cerrar el cuadro **Opciones de Excel**.

Las series de datos personalizadas se usan igual que las demás series de datos: introduzca el primer valor de la serie en una celda y arrastre el indicador de relleno de la celda.

Modificar o eliminar una serie de datos personalizada

- Entre en el cuadro de diálogo **Listas personalizadas** (pestaña **Archivo - Opciones** - categoría **Avanzadas** botón **Modificar listas personalizadas**).
- Para modificar una lista personalizada, seleccione la serie en el cuadro **Listas personalizadas.**
- Lleve a cabo las modificaciones oportunas en el cuadro **Entradas de lista**: agregue o elimine caracteres o entradas.
- Para eliminar una serie personalizada, selecciónela en el cuadro **Listas personalizadas** y haga clic en el botón **Eliminar**. Confirme la eliminación definitiva haciendo clic en el botón **Aceptar**.

- Haga clic en **Aceptar** una primera vez para cerrar el cuadro de diálogo **Listas personalizadas** y una segunda vez para cerrar el cuadro **Opciones de Excel**.

Crear una lista desplegable de valores

Esta operación permite crear listas desplegables en celdas a partir de datos introducidos en celdas situadas en otra parte del libro. La celda que contiene la lista desplegable muestra un botón cuando está activa. Para introducir información en esta celda, haga clic en este botón y luego en la entrada deseada.

- Introduzca cada entrada de la lista desplegable en una celda, en una sola fila o una sola columna, delimitada por una celda vacía.

  Es posible ordenar los datos según el orden en que desea que aparezcan en la lista desplegable.
- Si quiere crear la lista en una hoja de cálculo diferente de aquella en la que se encuentran las entradas, asigne un nombre a las celdas que contienen las entradas (véase Rangos con nombre).

  Si los valores de la lista no son muy numerosos, puede introducir sus diferentes elementos en el momento en que la cree.
- Seleccione la celda o las celdas en las que desea que aparezca la lista desplegable.
- Active la pestaña **Datos** y haga clic en la herramienta **Validación de datos**  del grupo **Herramientas de datos**.

  *Se abre el cuadro de diálogo **Validación de datos**.*
- En la pestaña **Configuración**, abra la lista **Permitir** y seleccione la opción **Lista**.
- Para seleccionar las celdas con entradas de lista situadas en otra hoja, active el cuadro de texto **Origen** y escriba el signo = seguido del nombre atribuido a las celdas. Para seleccionar las entradas de lista situadas en la misma hoja, haga clic en el botón  del cuadro **Origen**, seleccione las celdas con las entradas de lista desplegable y haga clic en el botón  para agrandar otra vez el cuadro de diálogo.

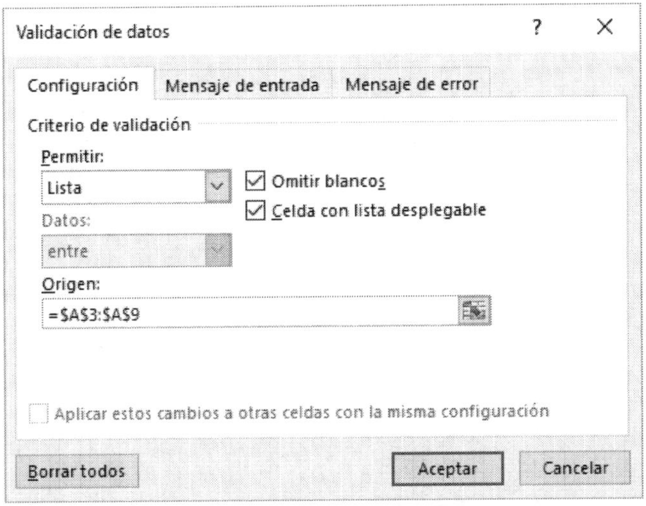

Cualquiera que sea la solución escogida, el nombre o la selección aparecen precedidos del signo =.

*Si los datos que se han de incluir en la lista no se han introducido en celdas, añádalos en la zona **Origen** separándolos con comas.*

- Para indicar que la celda puede estar vacía, deje activa la opción **Omitir blancos**.
- Añada opcionalmente el mensaje que aparecerá en una etiqueta informativa al activar la celda con la lista desplegable:

  Haga clic en la pestaña **Mensaje de entrada** y verifique que la opción **Mostrar mensaje de entrada al seleccionar la celda** está activa.

  Introduzca el título del mensaje en el cuadro **Título** y el texto del mensaje (hasta 225 caracteres) en el cuadro **Mensaje de entrada**.

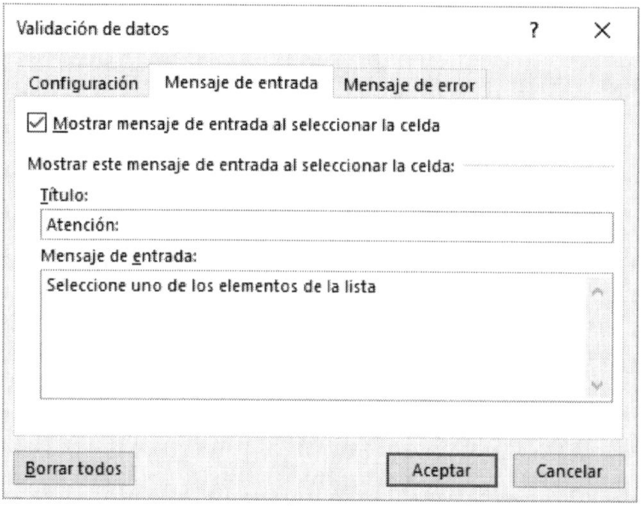

Indique el procedimiento que se deberá seguir en caso de que se introduzcan datos no incluidos en la lista desplegable, haga clic en la pestaña **Mensaje de error** y verifique que la opción **Mostrar mensaje de error si se introducen datos no válidos** está activa.

Seleccione una de las opciones siguientes en la lista **Estilo**:

Detener Para ver el mensaje y no permitir la introducción de datos que no pertenezcan a la lista desplegable.

Advertencia Para ver un mensaje de advertencia, pero sin impedir la introducción de datos que no pertenezcan a la lista desplegable.

Información Para ver un mensaje de información y aceptar que se introduzcan datos que no pertenecen a la lista desplegable.

Introduzca el título del mensaje en el cuadro **Título** y el texto en el cuadro **Mensaje de error**.

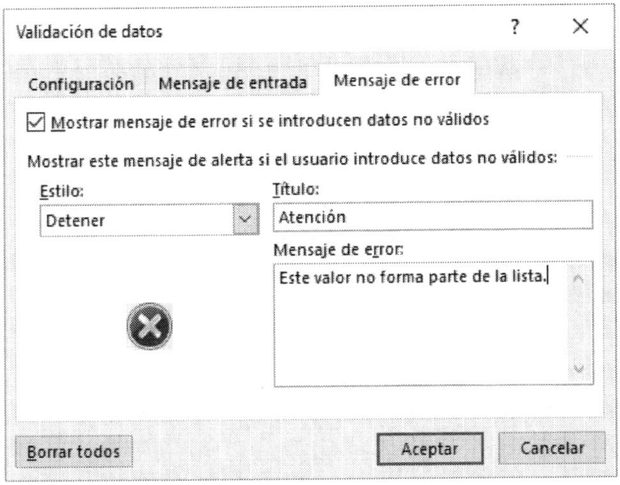

Haga clic en **Aceptar**.

Si no especifica nada, en caso de datos no válidos aparecerá el siguiente mensaje de forma predeterminada:

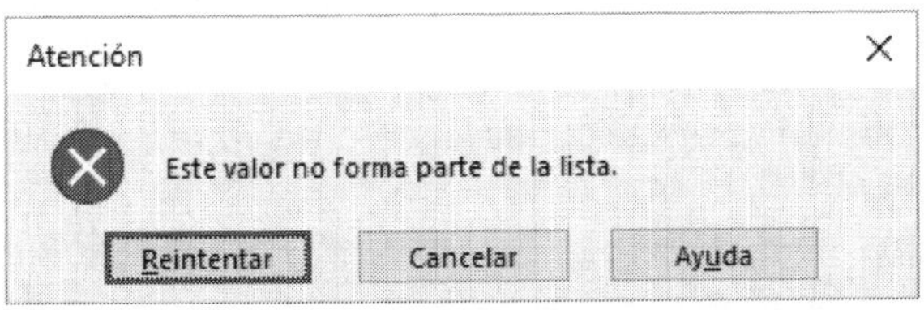

No podrá introducir datos que no se encuentren en la lista desplegable.

El ancho de la lista desplegable viene determinado por el ancho de la celda que la contiene.

Para eliminar una lista desplegable, active el cuadro de diálogo **Validación de datos** (pestaña **Datos** - grupo **Herramientas de datos** - botón **Validación de datos**) para la celda que contiene la lista que se ha de suprimir y haga clic en el botón **Borrar todos** que aparece en la parte inferior.

Si las entradas de la lista desplegable están en otra hoja y desea impedir que los usuarios accedan a ella, oculte o proteja la hoja de cálculo.

Definir los datos permitidos

Esta operación permite limitar el tipo de datos autorizados en una o varias celdas definiendo los criterios de validación.

Definir los criterios de validación

- Seleccione las celdas.
- Active la pestaña **Datos** y haga clic en la herramienta **Validación de datos**  del grupo **Herramientas de datos**.

  *Se abre el cuadro de diálogo **Validación de datos**.*
- En la pestaña **Configuración**, abra la lista **Permitir** y seleccione una opción en función del tipo de datos que desea autorizar en la celda:

Cualquier valor	No hay restricciones.
Número entero	El dato debe ser un número entero.
Decimal	El dato debe ser un número o una fracción.
Lista	El dato ya debe estar seleccionado en una celda (véase Crear una serie de datos personalizada).
Fecha	El dato debe ser una fecha.
Hora	El dato debe ser una hora.
Longitud del texto	Esta opción permite precisar el número de caracteres autorizados para el dato.
Personalizada	Esta opción permite introducir una fórmula para definir los datos autorizados.

- En las opciones **Número entero**, **Decimal**, **Fecha**, **Hora**, **Longitud del texto**, seleccione un operador en la lista **Datos** y complete las opciones en función del operador seleccionado.

Los criterios de validación siguientes autorizan la introducción de un número entero o decimal comprendido entre 0 y 10.

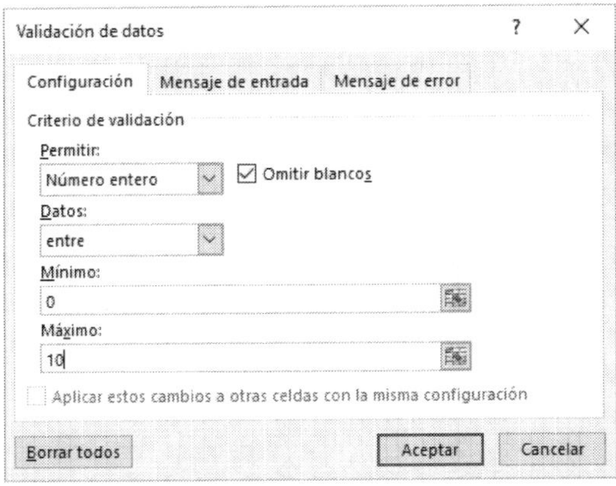

- Si ha seleccionado **Personalizada**, escriba la fórmula de cálculo en el cuadro **Fórmula** empezando por el signo igual (=). La fórmula debe ser de tipo lógico, con resultado VERDADERO o FALSO.
- Sea cual sea el tipo de datos, deje activa la opción **Omitir blancos** si admite que la celda se quede vacía.
- Escriba opcionalmente el mensaje que aparecerá en una etiqueta informativa al activar la celda en cuestión:

  Haga clic en la pestaña **Mensaje de entrada** y verifique que la opción **Mostrar mensaje de entrada al seleccionar la celda** está activa.

  Introduzca el título del mensaje en el cuadro **Título** y el texto en el cuadro **Mensaje de entrada.**
- Indique el procedimiento que se debe seguir en caso de que se introduzcan datos no válidos:

  Haga clic en la pestaña **Mensaje de error** y verifique que la opción **Mostrar mensaje de error si se introducen datos no válidos** está activa.

  Seleccione una de las opciones siguientes en la lista **Estilo**:

  Detener Para ver el mensaje y no permitir la introducción de datos no válidos.

  Advertencia Para ver un mensaje de advertencia y, opcionalmente, forzar la introducción no autorizada de datos.

  Información Para ver un mensaje de información y aceptar que se introduzcan datos no válidos.

Introduzca el título del mensaje en el cuadro **Título** y el texto en el cuadro **Mensaje de error**.

- Haga clic en **Aceptar**.

Los botones del mensaje de error difieren en función del estilo escogido, dando así la posibilidad de forzar o no la introducción de datos.

*En este ejemplo vemos un mensaje de advertencia: el usuario puede forzar la introducción de datos haciendo clic en el botón **Sí**.*

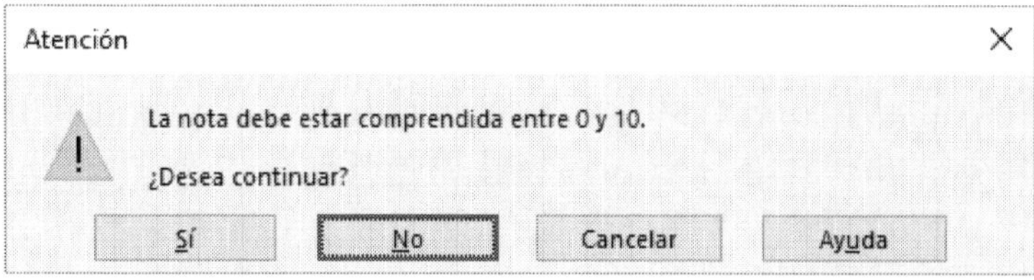

Señalar con un círculo los datos no válidos

Se trata de señalar con círculos rojos los datos que no se corresponden con los criterios de validación solicitados.

- Active la pestaña **Datos** y abra la lista de la herramienta **Validación de datos** 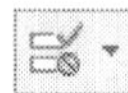 del grupo **Herramientas de datos**.
- Haga clic en la opción **Rodear con un círculo datos no válidos**.

En este ejemplo las notas deben estar comprendidas entre 0 y 10.

	Disciplina	15-ene	15-mar	15-may	15-jul	15-sep	15-nov	Media	Máximo	Mínimo
Pruebas individuales	Barras	10,025	4,815	8,565	4,128	3,880	9,300	6,786	10,025	3,880
	Trampolín	9,025	6,595	6,945	9,375	7,925	0,000	6,644	9,375	0,000
	Potro	10,885	8,555	8,425	2,557	10,125		8,109	10,885	2,557
	Suelo	8,970	10,290	8,170	8,810	9,430	9,930	9,267	10,290	8,170
	Saltos	8,955	9,910	6,620	6,825	5,040	9,375	7,788	9,910	5,040
	Anillas	5,255	5,980	6,620		7,685	9,150	6,938	9,150	5,255
	Media	8,853	7,691	7,558	6,339	7,348	7,551	7,556	8,853	6,339
Dúo	Barras fijas	5,955		4,620	11,825	6,040	7,450	7,178	11,825	4,620
	Barras paralelas	7,255	9,025	6,110	6,565	6,355	8,250	7,260	9,025	6,110
	Suelo	3,475	6,285	4,620	7,140	6,930	3,450	5,317	7,140	3,450
	Media 2	5,562	7,655	5,117	8,510	6,442	6,383	6,611	8,510	5,117
	Media general	7,207	7,673	6,337	7,424	6,895	6,967	7,084	8,681	5,728

- Para ocultar los círculos rojos, en la pestaña **Datos**, abra la lista de la herramienta **Validación de datos** 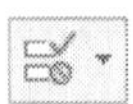 y haga clic en la opción **Borrar círculos de validación**.

Hacer anotaciones en las celdas

Crear el comentario

- Active la celda a la que desea añadir un comentario.
- Active la pestaña **Revisar** y haga clic en el botón **Nuevo comentario** del grupo **Comentarios.**
- Escriba el texto del comentario.

  El comentario se inserta directamente en la etiqueta informativa. Se puede saltar de línea pulsando la tecla [↵].
- Pulse la tecla [esc] o haga clic en otra parte para interrumpir la redacción del comentario.

  Aparece una etiqueta informativa con el nombre del usuario.

  De forma predeterminada, en la parte superior derecha de la celda, un pequeño triángulo rojo avisa de la existencia del comentario.

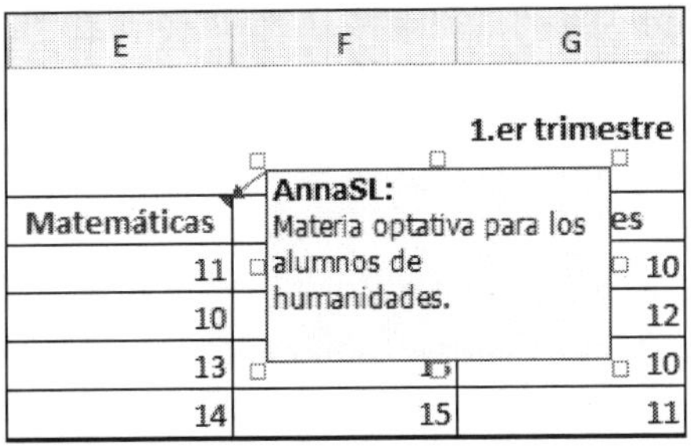

Visualizar los comentarios

- Para visualizar un comentario, simplemente señale el triángulo rojo.
- Para ver los comentarios unos tras otros, haga clic en los botones **Anterior** y **Siguiente** del grupo **Comentarios** (pestaña **Revisar**).
- Para ver todos los comentarios simultáneamente, haga clic en el botón **Mostrar todos los comentarios** del grupo **Comentarios** (pestaña **Revisar**).

- Para modificar la vista general de los comentarios, haga clic en la pestaña **Archivo** y luego en **Opciones**, categoría **Avanzadas**, zona **Mostrar**, active la opción **Sin comentarios ni indicadores**, **Solo indicadores y comentarios al mantener el mouse** o **Comentarios e indicadores** y confirme.

- Para modificar un comentario, haga clic en la celda que lo contiene, haga clic en el botón **Modificar comentario** (grupo **Comentarios** de la pestaña **Revisar**), introduzca los cambios y pulse esc.

  Para eliminar un comentario, haga clic en la celda que lo contiene y luego en el botón **Eliminar**  del grupo **Comentarios** (pestaña **Revisar**).

Distribuir el contenido de una celda en varias celdas

*Aunque Excel 2016 dispone de la función de relleno rápido, vamos a ver en este apartado el comando **Texto en columnas**, que permite repartir en diferentes celdas el contenido de una celda en función de un separador, como un espacio, una coma, un punto, un punto y coma o un salto de columna.*

- Prevea una o varias columnas vacías a la derecha de las celdas cuyo contenido se va a repartir.
- Seleccione el rango de celdas que corresponda, active la pestaña **Datos** y haga clic en el botón **Texto en columnas** del grupo **Herramientas de datos**.

  *Aparece el primer paso del **Asistente para convertir texto en columnas**.*
- Active si es preciso la opción **Delimitados** y haga clic en el botón **Siguiente**.
- En el paso 2, en el cuadro **Separadores**, active la opción que corresponda al separador utilizado para efectuar la distribución.

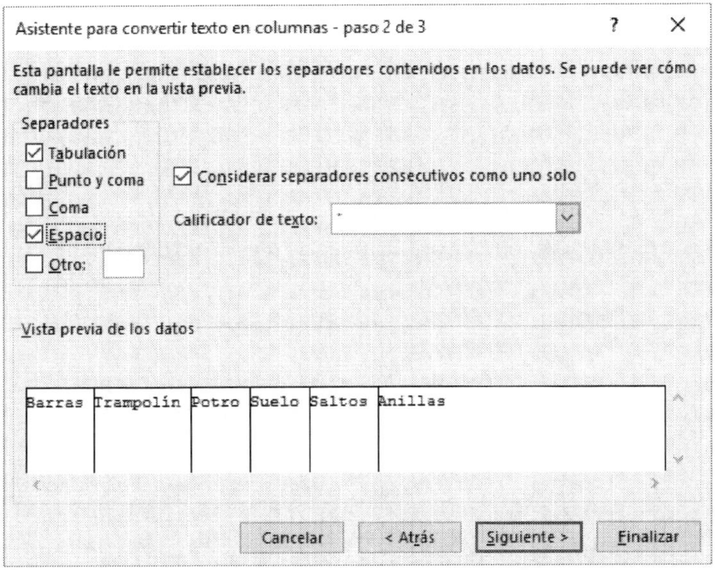

*La zona **Vista previa de los datos** muestra en columnas distintas la forma como se separarán los datos. En este ejemplo, los datos separados por un espacio o por una tabulación se colocarán en columnas diferentes.*

- Haga clic en el botón **Siguiente**.
- En el paso 3, especifique el formato de cada columna:
  - En la zona **Vista previa de los datos**, haga clic en la columna correspondiente para seleccionarla.
  - Escoja el formato que debe aplicarse en el cuadro **Formato de los datos en columnas.**
- Especifique el lugar donde aparecerán los datos repartidos: utilice el botón  de la zona **Destino** para precisar la referencia de la primera celda de destino. En ese caso, las celdas de origen permanecen intactas y los datos fraccionados aparecen al lado.

  Si no especifica un destino, los datos de origen se reemplazarán.
- Haga clic en el botón **Finalizar**.

Importar datos de una base de datos de Access

Esta técnica permite importar datos de Access, actualizables en Excel, estableciendo una conexión con la base de datos. Una vez importados, puede actualizar los datos de Access en la hoja de cálculo automáticamente y en el momento en que lo desee.

- Abra, si es preciso, el libro que debe contener los datos importados y active la primera celda destinataria de la importación.
- Active la pestaña **Datos**, haga clic en el botón **Obtener datos externos** y luego en el botón **Desde Access**.

  *Dependiendo de la visualización, es posible que pueda accederse al botón **Desde Access** directamente en el grupo **Datos externos**.*
- En el cuadro de diálogo **Seleccionar archivos de origen de datos** que aparece, abra la carpeta que contiene la base de datos Access y haga doble clic sobre esta para seleccionarla.
- En el cuadro de diálogo **Seleccionar tabla** que se muestra, haga clic en el objeto (tabla o consulta) de la base de datos que desea importar para seleccionarlo.
- Si desea crear un modelo de datos en Excel, es decir, permitir la integración de datos extraídos de diversas tablas y crear un origen de datos relacional, marque la opción **Activar selección de varias tablas.**

  En ese caso, se añade una casilla delante del nombre de cada una de las tablas disponibles para que pueda marcar aquellas que desea integrar en el modelo.

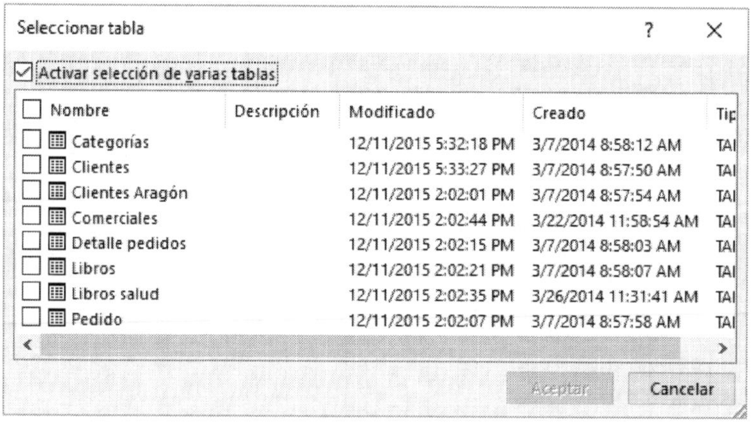

- Haga clic en **Aceptar**.

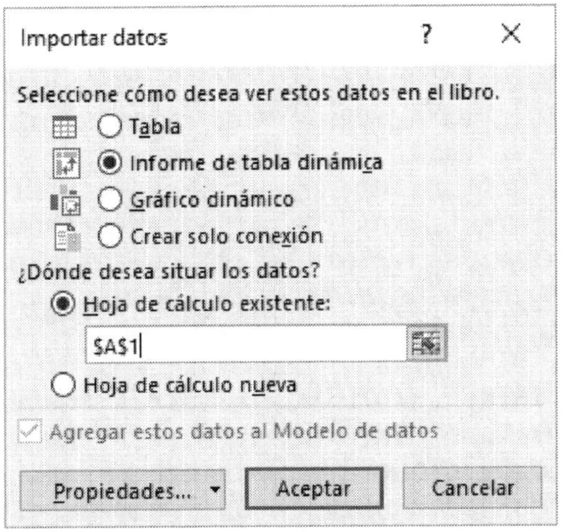

*Si ha seleccionado varias tablas en la etapa anterior, se marca automáticamente la opción **Agregar estos datos al Modelo de datos**.*

- Escoja la forma en que deben importarse los datos: en forma de **Tabla**, de **Informe de tabla dinámica** o de **Gráfico dinámico**.
- Especifique la ubicación de la importación de los datos activando la opción **Hoja de cálculo nueva** u **Hoja de cálculo existente**. Si se ha decantado por esta última opción, use el botón para activar la primera celda destinataria de los datos importados.

  *El botón **Propiedades** permite definir las opciones de actualización, de formato y de diseño de página de los datos importados.*
- Haga clic en **Aceptar**.

  Excel coloca el rango de datos externos en la ubicación especificada.

En Windows 8 y Windows 10, la conexión se almacena en un archivo Office Data Connection (.odc) en la carpeta C:\Usuarios\Nombre de usuario\Mis documentos\Mis archivos de origen de datos.

Para crear una nueva tabla dinámica usando las tablas de un modelo de datos, utilice el botón **Elegir conexión** asociado a la opción **Utilice una fuente de datos externa** del cuadro de diálogo **Crear tabla dinámica**.

Importar datos de una página web

Esta técnica permite importar datos de una página web, actualizables en Excel mediante la conexión con la página web. Una vez importados los datos, es posible actualizarlos.

- Compruebe que está conectado a Internet.
- Abra, si es preciso, el libro que debe contener los datos importados y active la primera celda destinataria de la importación.
- Active la pestaña **Datos**, haga clic en el botón **Obtener datos externos** y luego en el botón **Desde la web**.
- En el cuadro de diálogo **Nueva consulta web** que aparece, introduzca la URL o dirección de la página web en el cuadro **Dirección** y haga clic en el botón **Ir**.

  *También puede abrir la lista asociada al cuadro **Dirección** para seleccionar una de las últimas direcciones utilizadas.*
- Si los iconos  no están visibles en la página, haga clic en la herramienta  para visualizarlos.

Importación de los datos

- Seleccione los datos que hay que importar: haga clic en el icono, situado en la parte superior izquierda:
  - de la tabla o tablas en cuestión para importar los datos de las tablas seleccionadas.
  - de la página para importar todos los datos de la página.

  El icono se transforma en .

- Haga clic en el botón **Opciones** para modificar las opciones de formato e importación.

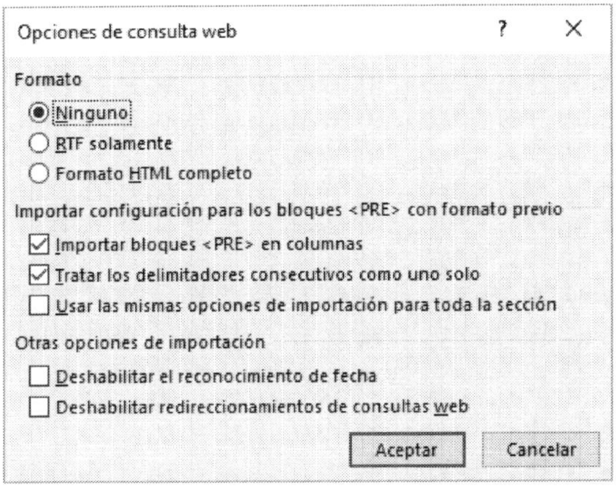

Verá que, de forma predeterminada, los datos se importan sin formato ***Ninguno****.*

- Modifique las opciones deseadas y haga clic en el botón **Aceptar**.
- Si desea llevar los datos de la consulta a otros libros o compartir la consulta con otros usuarios, deberá guardar la consulta web. Para ello, haga clic en la herramienta, seleccione la ubicación del archivo, introduzca el **Nombre de archivo** y haga clic en el botón **Guardar**.

  En Windows 8 y Windows 10, las consultas web se guardan de forma predeterminada en la carpeta C:\Usuarios\Nombre de usuario\Application Data\Roaming\Microsoft\ Queries y llevan la extensión ***.iqy****. Si no guarda la consulta web en un archivo, esta se guardará como elemento del libro y solo podrá ejecutarse a partir de ese libro.*

- Haga clic en el botón **Importar**.
- Escriba la ubicación para la importación de datos: en una **Hoja de cálculo nueva** o en una **Hoja de cálculo existente**. Si ha optado por esta última opción, use el botón para activar la primera celda destinataria de los datos importados.

*El botón **Propiedades** permite definir las opciones de actualización, de formato y diseño de página de los datos importados.*

- Haga clic en el botón **Aceptar**.

Importar datos de un archivo de texto

Se trata de importar datos de un archivo con extensión .txt, con la posibilidad de actualizar esos datos en Excel.

- Abra, si es preciso, el libro que debe contener los datos importados y active la primera celda destinataria de la importación.
- Active la pestaña **Datos**, haga clic en el botón **Obtener datos externos** y luego en el botón **Desde texto**.
- En el cuadro de diálogo **Importar archivo de texto** que aparece, entre en la carpeta que contiene el archivo que hay que importar y haga doble clic en su nombre.

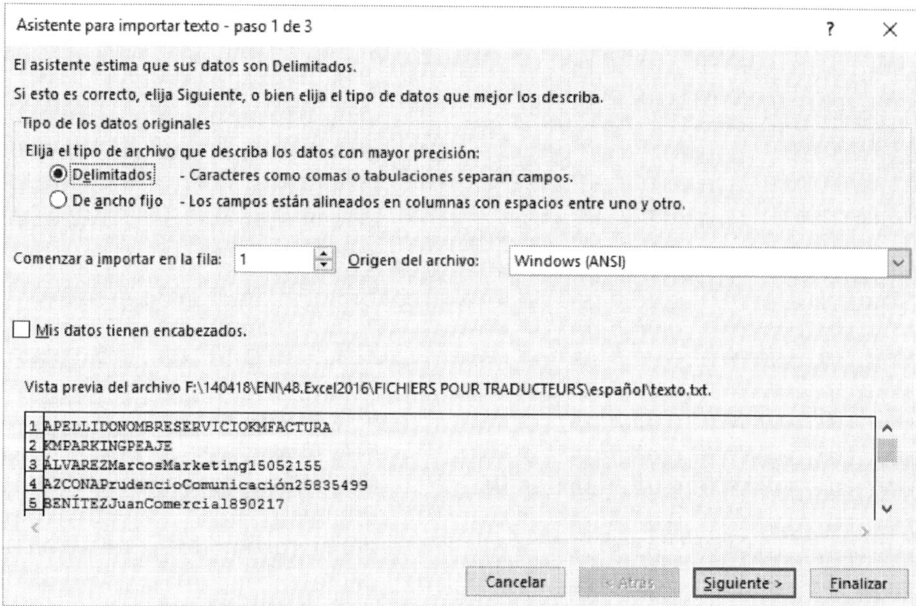

*El Asistente le informa de que los datos del archivo de texto son de tipo **Delimitados** (separados por tabulaciones o por comas) o **De ancho fijo** (separados por espacios).*

- Modifique si es preciso, el tipo de datos originales activando una de las opciones del área **Tipo de los datos originales**.
- Si no desea importar los datos a partir de la primera fila del archivo, seleccione o escriba el número de la fila deseada en el cuadro **Comenzar a importar en la fila**.
- Si los datos importados contienen encabezados, marque la opción **Mis datos tienen encabezados**.
- Haga clic en **Siguiente**.
- Seleccione los separadores contenidos en los datos si estos son de tipo **Delimitados** o escoja el ancho de los campos siguiendo las explicaciones del primer cuadro de la ventana si los datos son **De ancho fijo**.
- Haga clic en **Siguiente**.
- Seleccione el formato de los datos de cada columna. Para ello, haga clic en la columna y luego en una de las opciones del cuadro **Formato de los datos en columnas.**

  *El botón **Avanzadas** permite comprobar y modificar, si es preciso, el tipo de separador de decimales y de miles de los datos del archivo que se va a importar.*
- Haga clic en **Finalizar**.
- Especifique la ubicación de la importación de los datos: en una **Hoja de cálculo nueva** o en una **Hoja de cálculo existente**. Si se ha decantado por esta última opción, use el botón para activar la primera celda destinataria de los datos importados.

  *El botón **Propiedades** permite definir las opciones de actualización, de formato y de diseño de página de los datos importados.*
- Haga clic en **Aceptar**.

También puede usar el cuadro de diálogo **Abrir** para importar un archivo de texto, pero en ese caso los datos no podrán actualizarse.

Actualizar datos importados

- Abra el libro que contiene los datos que debe actualizar.

  Es posible que aparezca un mensaje de aviso encima de la barra de fórmulas para indicarle que las conexiones de datos se han desactivado.

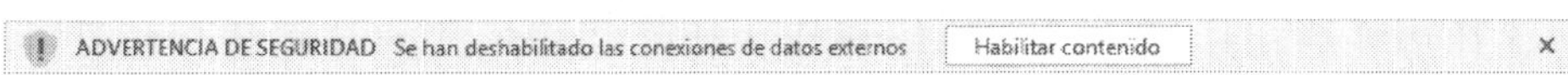

En ese caso, para reactivar las conexiones, puede hacer clic en el botón **Habilitar contenido**.

Actualizar uno o varios rangos de datos externos

- Haga clic en uno de los rangos de datos importados.
- Active la pestaña **Datos** y abra la lista asociada al botón **Actualizar todo** del grupo **Conexiones.**
- Escoja una de las opciones siguientes:

Actualizar todo	Para actualizar todos los rangos de datos externos del libro.
Actualizar	Para actualizar el rango de datos externos activo.

Si hay varios libros abiertos, deberá actualizar los datos externos en cada uno de ellos.

Si no ha habilitado las conexiones en el mensaje de advertencia, es posible que aparezca un mensaje de alerta en el que se le solicite prudencia a la hora de usar determinados archivos.

- En ese caso, si el archivo que quiere abrir proviene de una fuente fiable, haga clic en **Aceptar**; en caso contrario, haga clic en **Cancelar**.
- Para cambiar los parámetros de actualización, active la pestaña **Datos**, abra la lista asociada al botón **Actualizar todo** del grupo **Conexiones** y haga clic en **Propiedades de conexión** para abrir el cuadro de diálogo del mismo nombre.

Actualizar los datos de un archivo de texto importado

- Haga clic en una de las celdas del rango de datos importados desde el archivo de texto.
- Active la pestaña **Datos**, abra la lista asociada al botón **Actualizar todo** del grupo **Conexiones** y haga clic en la opción **Actualizar**.
- En el cuadro de diálogo **Importar archivo de texto** que aparece, seleccione el archivo de texto y haga clic en **Importar**.

Copiar los datos transponiéndolos

Esta técnica permite transponer las columnas y las filas de una tabla al copiarla.

- Seleccione los datos que desea copiar; para copiarlos, utilice el método abreviado Ctrl **C** o haga clic en y luego active la primera celda de destino de la copia.
- Abra la lista del botón **Pegar** y seleccione el icono **Transponer** del grupo **Pegar**.

De esta manera las filas de la selección se convierten en columnas y viceversa.

Copiar datos de Excel estableciendo un vínculo

Los vínculos permiten que todas las modificaciones de datos efectuadas en el libro de Microsoft Excel se transfieran a otra hoja u otro libro.

- Seleccione los datos que desea copiar.
- Utilice el método abreviado Ctrl **C** o haga clic en la herramienta **Copiar** .
- Active la primera celda de destino de la copia (en la misma hoja, en otra hoja o en otro libro).
- Abra la lista del botón **Pegar** y seleccione el icono **Pegar vínculo** .

Las celdas receptoras de la copia pasarán a incluir una fórmula que permite ver el contenido de la celda de origen. Si se modifica un valor de origen, se modificará automáticamente el contenido de la celda de destino correspondiente.

Cuando se crean vínculos durante la operación de pegado, no es posible recuperar al mismo tiempo los formatos.

Si pega con vínculo una celda vacía, Excel muestra un cero.
Obtendrá el mismo resultado insertando en la celda una fórmula de tipo = **celda**.

Efectuar cálculos simples al copiar

Esta operación permite copiar datos a la vez que se lleva a cabo una operación (suma, resta, etc.) que combina los datos copiados y los datos contenidos en las celdas de destino.

- Seleccione los datos que desea copiar.

- Utilice el método abreviado Ctrl **C** o haga clic en la herramienta **Copiar**.
- Active la primera celda de destino (las celdas receptoras deben contener datos).
- Abra la lista del botón **Pegar** y active la opción **Pegado especial.**

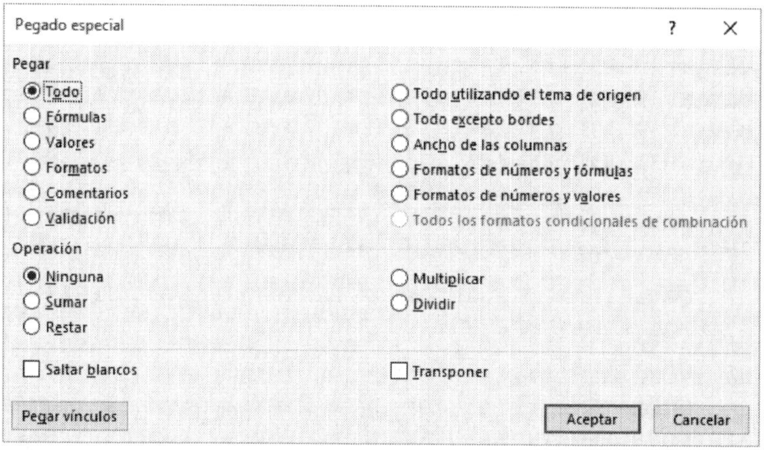

- Determine en el apartado **Pegar** aquello que debe copiarse.
- A continuación, especifique la **Operación** deseada activando la opción correspondiente.
- Si deben omitirse las celdas vacías de la selección, marque la opción **Saltar blancos.**
- Haga clic en **Aceptar**.

Copiar datos como imagen

- Seleccione los datos que desea copiar.
- Utilice el método abreviado Ctrl **C** o haga clic en la herramienta **Copiar**.
- Active la celda destinataria de la copia (en la hoja activa, en otra hoja o en otro libro).
- Abra la lista del botón **Pegar** y active el icono **Imagen**.

*El icono **Imagen vinculada** puede usarse si desea que cualquier modificación que se efectúe en la imagen de origen se aplique también a la copiada.*

Insertar celdas vacías

Las celdas se insertarán debajo o a la izquierda del rango de celdas seleccionadas.

- Seleccione tantas celdas como desee insertar.
- Active la pestaña **Inicio**, abra la lista del botón **Insertar** del grupo **Celdas** y haga clic en la opción **Insertar celdas**, o use el método abreviado Ctrl + o bien active la opción **Insertar** del menú contextual de la selección.

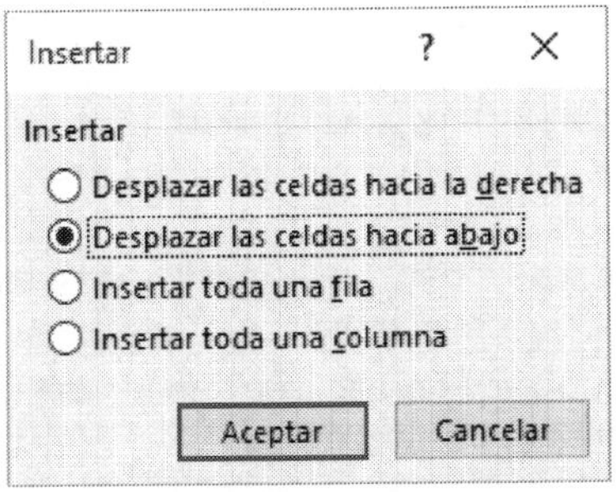

- Active la primera o la segunda opción para indicar de qué manera separar las celdas existentes tras insertar las nuevas.
- Confirme pulsando **Aceptar**.

Para insertar una única celda encima de otra, haga clic en la celda y después en el botón **Insertar** del grupo **Celdas**.

Eliminar celdas

- Seleccione las celdas que desea eliminar.
- Active la ficha **Inicio**, abra la lista del botón **Eliminar** del grupo **Celdas** y haga clic en la opción **Eliminar celdas** o active la opción **Eliminar** del menú contextual de la selección.

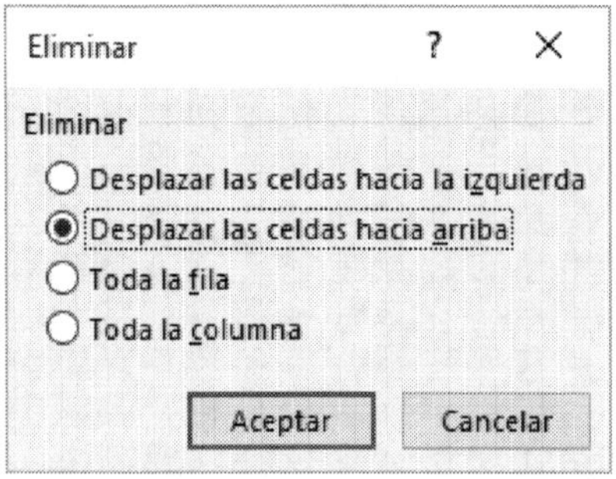

- Active la primera o la segunda opción para indicar de qué manera deben moverse las celdas existentes tras eliminar las celdas seleccionadas.
- Haga clic en **Aceptar**.

Para eliminar celdas desplazando las demás hacia la izquierda, seleccione las celdas que desea eliminar y haga clic en el botón **Eliminar** del grupo **Celdas**.

Mover e insertar celdas, filas y columnas

Las celdas (filas o columnas) se desplazarán e insertarán entre las existentes.

- Seleccione las celdas (filas o columnas) que desea desplazar.
- Señale uno de los bordes de la selección hasta que el puntero adopte la forma de una flecha de cuatro puntas.
- Arrastre la selección manteniendo pulsada la tecla Mayús.

*Aparece una barra horizontal (o vertical) entre las filas (o las columnas). En este ejemplo, la fila 8 (**Junio**) se va a insertar entre las filas 5 y 6:*

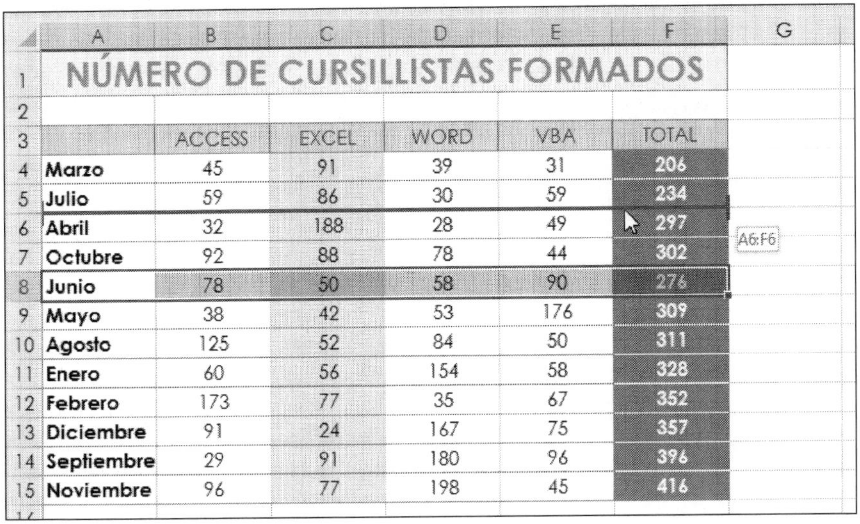

	A	B	C	D	E	F	G
1	NÚMERO DE CURSILLISTAS FORMADOS						
2							
3		ACCESS	EXCEL	WORD	VBA	TOTAL	
4	Marzo	45	91	39	31	206	
5	Julio	59	86	30	59	234	
6	Abril	32	188	28	49	297	A6:F6
7	Octubre	92	88	78	44	302	
8	Junio	78	50	58	90	276	
9	Mayo	38	42	53	176	309	
10	Agosto	125	52	84	50	311	
11	Enero	60	56	154	58	328	
12	Febrero	173	77	35	67	352	
13	Diciembre	91	24	167	75	357	
14	Septiembre	29	91	180	96	396	
15	Noviembre	96	77	198	45	416	

- Suelte el botón del ratón cuando la barra horizontal (o vertical) aparezca en el lugar adecuado.

Si se mantiene pulsada la tecla Ctrl, además de la tecla Mayús, al hacer clic y arrastrar la selección, las celdas, filas o columnas se copian en lugar de desplazarse.

Eliminar las filas con repeticiones

Se trata de eliminar las filas con datos iguales en varias columnas.

- Haga clic en una celda cualquiera de la tabla correspondiente.
- Active la pestaña **Datos** y haga clic en la herramienta **Quitar duplicados** del grupo **Herramientas de datos.**
- En el cuadro de diálogo **Quitar duplicados** que aparece, seleccione las columnas que contienen las repeticiones que desea eliminar. Para ello, desactive las casillas de verificación correspondientes a las columnas en las que no debe eliminarse nada. Otra opción es hacer clic en el botón **Anular selección** para desactivar todas las casillas de verificación y seleccionar las columnas que desee o hacer clic en el botón **Seleccionar todo** para activar todas las casillas de verificación.

En este ejemplo, se eliminarán las filas repetidas correspondientes a los datos de los clientes cuyo ***Nombre*** *y* ***Apellidos*** *sean idénticos, a fin de no conservar más que una sola fila.*

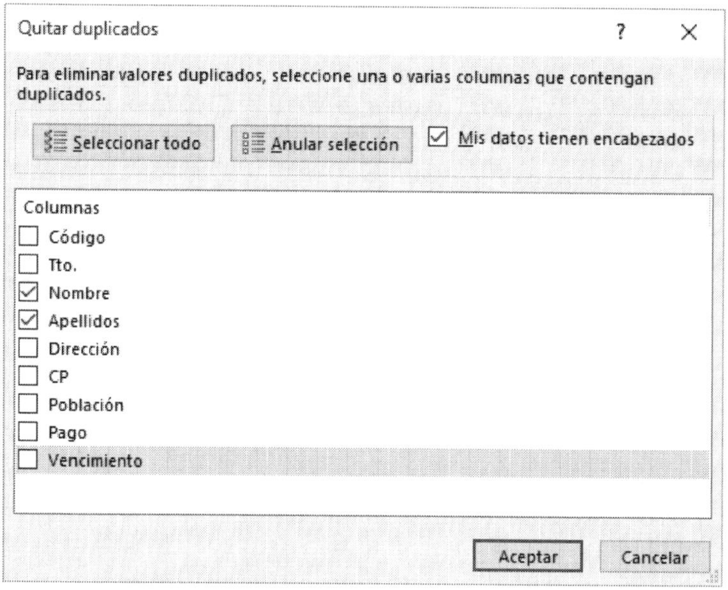

- Haga clic en el botón **Aceptar**.

  El número de valores duplicados hallados y eliminados se muestra con objeto de que usted pueda controlarlo.

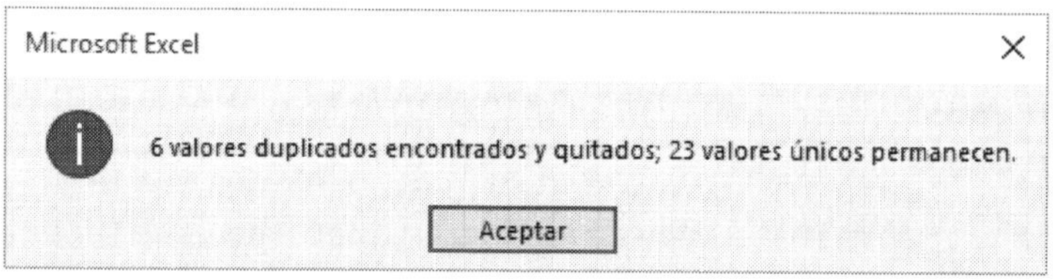

- Haga clic en **Aceptar** para cerrar este cuadro de diálogo.

Rangos con nombre

Poner nombre a los rangos de celdas

Es posible hacer referencia a un rango de celdas usando su nombre para seleccionarlo o bien utilizar dicho rango en fórmulas (véase Usar zonas con nombre en las fórmulas, en el capítulo Cálculos).

Puede crear ***nombres definidos****, que representan una celda, un rango de celdas, una fórmula o un valor constante. Microsoft Excel crea a veces algunos automáticamente (por ejemplo, cuando se define una zona de impresión). También es posible crear* ***nombres de tabla*** *que corresponden a listas de datos.*

Primer método

- Seleccione la celda o el rango de celdas contiguas (o no) al que desea atribuir un nombre.
- Haga clic en el **cuadro de nombres**, situado a la izquierda de la barra de fórmulas.
- Introduzca el nombre que desea dar a la selección.

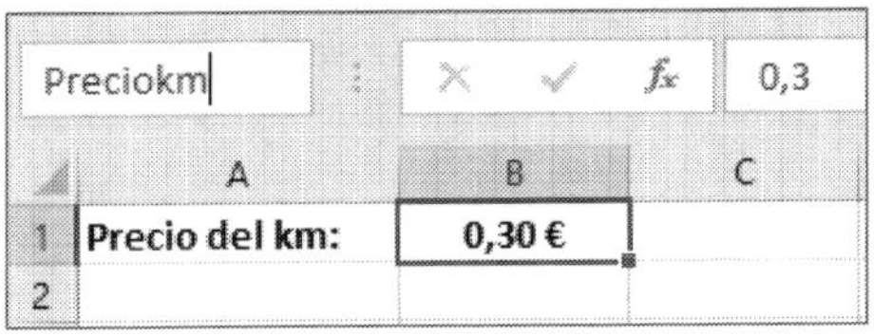

Los nombres pueden contener un máximo de 255 caracteres y no pueden usarse espacios. El primer carácter debe ser una letra, un carácter de subrayado (_) o una barra oblicua inversa (\). Los demás caracteres pueden ser letras, cifras, puntos y caracteres de subrayado. Los nombres no pueden ser iguales a las referencias de las celdas y pueden contener mayúsculas y minúsculas (Excel no hace distinción entre ellas).

- Pulse la tecla ↵.

Segundo método

- Seleccione la celda o el rango de celdas contiguas (o no) al que desea atribuir un nombre.
- Active la pestaña **Fórmulas** y haga clic en el botón **Asignar nombre** del grupo **Nombres definidos.**
- Se abre el cuadro de diálogo **Nombre nuevo.** Introduzca o modifique el nombre propuesto en el cuadro **Nombre.**

- En la lista desplegable **Ámbito**, seleccione la opción **Libro** si el nombre debe estar accesible en todas las hojas del libro; en caso contrario, seleccione una de las hojas de cálculo del libro.
- Opcionalmente, introduzca una descripción del rango de celdas con nombre en el cuadro **Comentario** (255 caracteres como máximo).

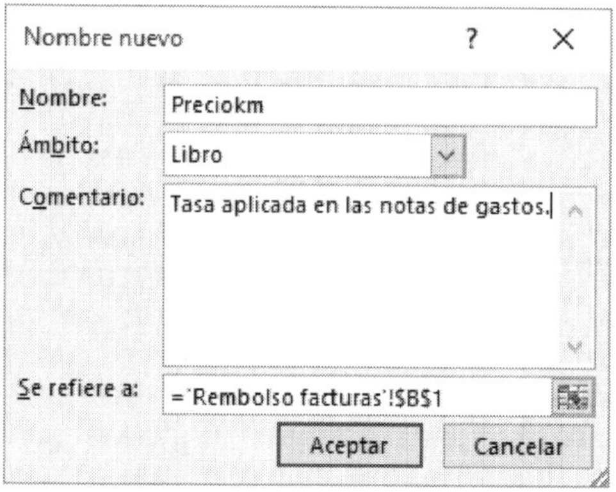

El botón permite reducir el cuadro de diálogo para modificar el rango de celdas asociado al nombre.

- Haga clic en **Aceptar**.

Tercer método

Este método parte del supuesto de que los nombres que se van a atribuir existen en la hoja de cálculo como títulos de columna o etiquetas de fila del rango de celdas al que se va a poner nombre.

- Seleccione las celdas que contienen los nombres que se van a asignar y las celdas a las que se quiere poner nombre.
- Active la pestaña **Fórmulas** y haga clic en el botón **Crear desde la selección** del grupo **Nombres definidos**.
- Indique dónde se encuentran las celdas que contienen el nombre que se va a asignar.

*En este ejemplo, el contenido de la fila 3 se utilizará para dar nombre a los tres rangos de celdas: el rango denominado **APELLIDO** corresponderá a las celdas A4 a A14; el rango denominado **NOMBRE**, a las celdas B4 a B14, y el rango **SERVICIO** a las celdas C4 a C14:*

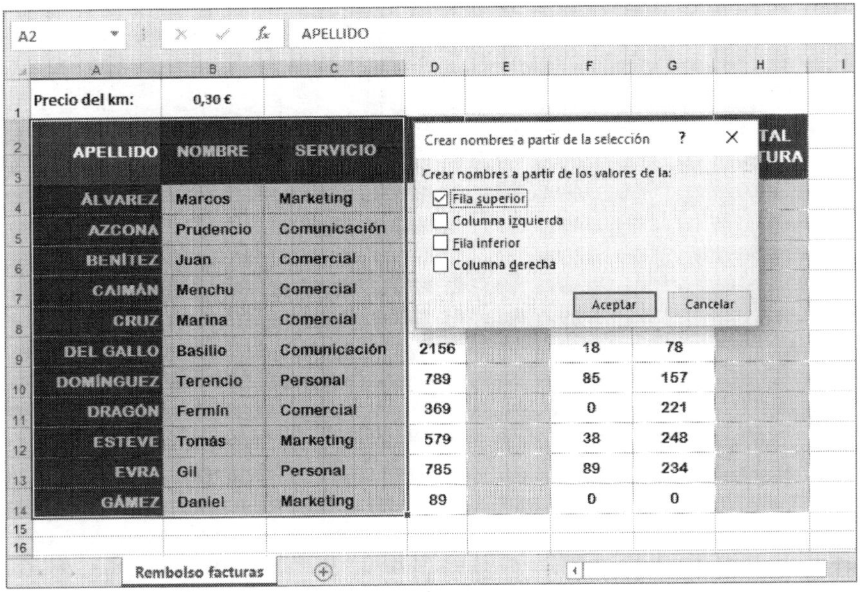

- Haga clic en **Aceptar**.
- Excel convierte los guiones y los espacios en líneas de subrayado.

Administrar los nombres de celdas

Entrar en el Administrador de nombres

- Active la pestaña **Fórmulas** y haga clic en el botón **Administrador de nombres** del grupo **Nombres definidos**.

  *El cuadro de diálogo **Administrador de nombres** muestra el nombre, el valor, la referencia, el ámbito y los comentarios de todos los rangos con nombre existentes en el libro.*

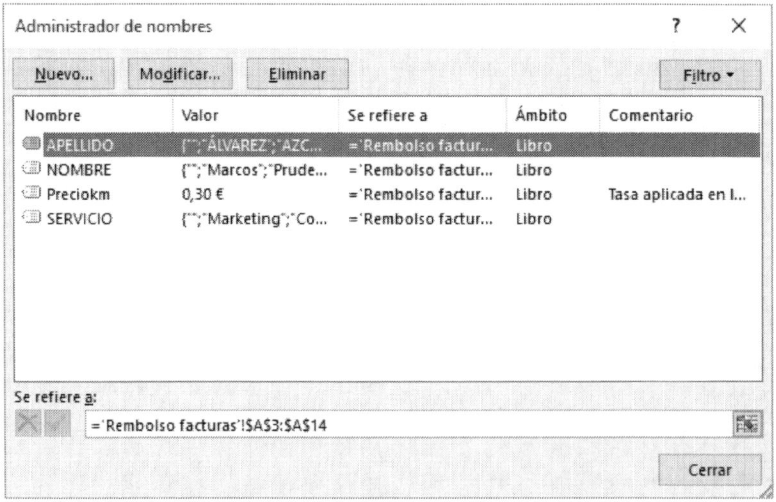

- Para adaptar automáticamente el tamaño de la columna a su valor más elevado, haga doble clic en lado derecho del encabezado de columna.
- Para ordenar los nombres mostrados por orden creciente, haga clic una vez sobre el encabezado de la columna a partir de la cual desea ordenar; para ordenar en orden decreciente, haga clic otra vez en el mismo encabezado.
- Para filtrar los nombres que aparecen, haga clic en el botón **Filtro** y seleccione el filtro deseado.

  Nombres en el ámbito de la hoja de trabajo/del libro: para ver solo los nombres vinculados a la hoja activa o al libro.

  Nombres con errores/Nombres sin errores: para ver solo los nombres que contienen errores (como #REF, #VALUE, #NAME...) o los que no los contienen.

  Nombres definidos: para ver solo los nombres definidos por usted o por Excel.

  Nombres de tabla: para ver solo los nombres de listas de datos.
- Para seleccionar un nombre, haga clic en él.

Eliminar un nombre

- Para eliminar un nombre, selecciónelo, haga clic en el botón **Eliminar** y confirme la eliminación haciendo clic en **Aceptar**.

Modificar el nombre asignado a un rango de celdas

- Seleccione el nombre que desea modificar y haga clic en el botón **Modificar**.

  *Aparece el cuadro de diálogo **Editar nombre**, que es similar al cuadro de diálogo **Nuevo nombre**.*
- Lleve a cabo los cambios deseados en los cuadros **Nombre** y **Comentario** y haga clic en **Aceptar**.

Modificar el rango de celdas asociado a un nombre

- Seleccione el nombre que desea modificar.

  *Las referencias del rango con nombre aparecen en la zona **Se refiere a**.*
- Haga clic en el botón para reducir el cuadro de diálogo con el fin de modificar el rango de celdas asociado al nombre.
- Haga clic en el botón para volver al cuadro de diálogo **Administrador de nombres**.
- Cuando haya efectuado todas las modificaciones, cierre el cuadro de diálogo **Administrador de nombres** haciendo clic en el botón **Cerrar** o en la herramienta .

Seleccionar un rango de celdas usando su nombre

- Haga clic en el botón , situado en el **cuadro de nombre** de la barra de fórmula.

  Excel muestra todos los rangos con nombre del libro.

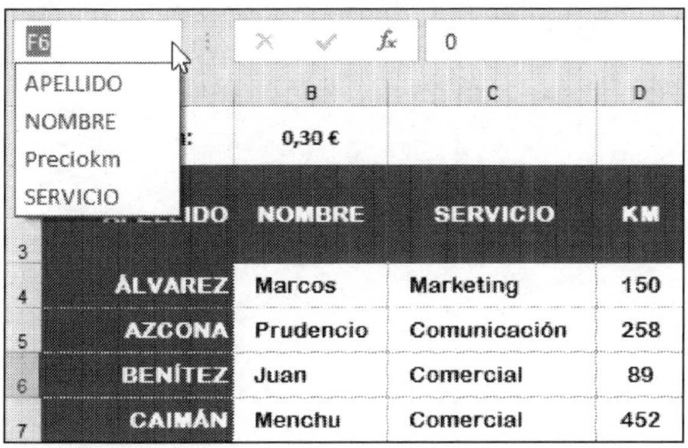

- Haga clic en el nombre que prefiera.

Ver la lista de nombres y de referencias de celda asociadas

Esta técnica permite ver en la primera columna de una hoja de cálculo la lista con todos los nombres del libro y las referencias de celda asociadas en la columna siguiente.

- Active la celda a partir de la cual desea que aparezca la lista de nombres.
- Active la pestaña **Fórmulas** y haga clic en el botón **Utilizar en la fórmula** del grupo **Nombres definidos** y luego en la opción **Pegar nombres**.
- Haga clic en el botón **Pegar lista** del cuadro de diálogo **Pegar nombre**.

Crear una imagen de fondo

Al contrario de lo que ocurre con los fondos de hoja, que no pueden imprimirse, Microsoft Excel 2016 ofrece la posibilidad de insertar una imagen como encabezado o pie de página para imprimirla como fondo del texto de la hoja.

- Cree o modifique el encabezado o pie de página de la hoja de cálculo y luego haga clic en el cuadro de texto que va a contener la imagen.
- Haga clic en el botón **Imagen** del grupo **Elementos del encabezado y pie de página**, pestaña **Herramientas para encabezado y pie de página**.

  Se abre el cuadro de diálogo ***Insertar imágenes***.
- Active la opción **Desde un archivo** si la imagen está almacenada en el equipo o en la red local.
- Entre en la carpeta que contiene la imagen que desea usar.
- Haga doble clic en el nombre de la imagen.
- Para cambiar el tamaño de la imagen o ajustarla a escala, haga clic en el botón **Dar formato a la imagen** del grupo **Elementos del encabezado y pie de página** y seleccione, en el cuadro de diálogo **Formato de imagen**, las opciones de la pestaña **Tamaño** que le parezcan adecuadas. Haga clic en **Aceptar**.

Usar la técnica de las vistas

Una ***vista*** *permite «grabar» un área de impresión, la configuración del diseño de página, la configuración del filtro, filas y columnas ocultas, etc. Activando la vista se activan automáticamente las opciones guardadas.*

Crear una vista

- Prepare la impresión de la hoja (diseño de página, área de impresión, columnas ocultas, etc.).
- Active la pestaña **Vista** y haga clic en el botón **Vistas personalizadas** del grupo **Vistas de libro**.
- Haga clic en **Agregar**.
- Introduzca el **Nombre** de la vista que se está elaborando.
- Especifique si la vista debe guardar la **Configuración de impresora** y la **Configuración de filas ocultas, columnas ocultas y filtros** marcando las opciones correspondientes.

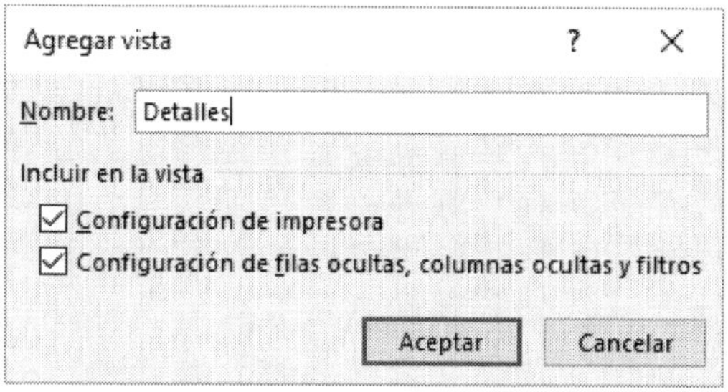

- Haga clic en el botón **Aceptar**.

Usar una vista

- Active la pestaña **Vista** y haga clic en el botón **Vistas personalizadas** del grupo **Vistas de libro**.
- Haga clic en el nombre de la vista que desea usar y luego en **Mostrar**.

El botón **Eliminar** permite eliminar la vista seleccionada de la lista **Vistas**.

Crear una fórmula condicional simple

Este tipo de fórmula permite mostrar un valor o efectuar un cálculo según una o varias condiciones.

- Active la celda en la que desea introducir la fórmula y ver el resultado.
- Utilice la función **SI** para efectuar una prueba lógica (VERDADERO o FALSO) sobre el valor de una celda o en el resultado de otra fórmula; en función del resultado de la prueba, la función SI lleva a cabo una acción si el resultado es verdadero, u otra, si el resultado es falso.

  La sintaxis de la función **SI** es la siguiente:

  =SI (prueba_lógica;[valor_si_verdadero];[valor_si_falso])

  La fórmula introducida en I4 se ha copiado en I5, I6, I7 e I8. En este ejemplo, probamos el valor de la celda ***Stock final*** *(H4):* ***=SI(H4<=1000;"Hacer pedido";"En espera").*** *Si el contenido de la celda H4 es inferior o igual a 1000, el texto "Hacer pedido" se mostrará en la celda de resultado; en caso contrario, lo hará el texto "En espera".*

I4 =SI(H4<=1000;"Hacer pedido";"En espera")

Cód. artículo	Designación	Cantidad stock	Cantidad vendida			Stock final	ACCIÓN
			Período 1	Período 2	Total		
CH001	Chocolate negro	3000	1155	965	2.120	880	Hacer pedido
CH002	Chocolate blanco	4500	895	653	1.548	2.952	En espera
TE003	Té de China	2500	478	187	665	1.835	En espera
TE004	Té de Ceilán	3500	1365	1200	2.565	935	Hacer pedido
TE005	Té verde	1500	953	125	1.078	422	Hacer pedido

Observe que, si invertimos la prueba, el resultado es el mismo siempre que se invierta también el valor si FALSO y el valor si VERDADERO:
=SI(H4>1000;"En espera";"Hacer pedido")

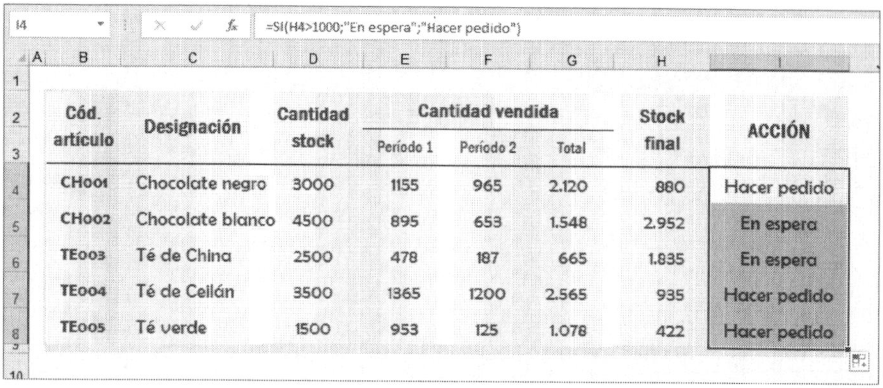
=SI(H4>1000;"En espera";"Hacer pedido")

Cód. artículo	Designación	Cantidad stock	Cantidad vendida			Stock final	ACCIÓN
			Período 1	Período 2	Total		
CH001	Chocolate negro	3000	1155	965	2.120	880	Hacer pedido
CH002	Chocolate blanco	4500	895	653	1.548	2.952	En espera
TE003	Té de China	2500	478	187	665	1.835	En espera
TE004	Té de Ceilán	3500	1365	1200	2.565	935	Hacer pedido
TE005	Té verde	1500	953	125	1.078	422	Hacer pedido

Para mostrar un resultado solo si la condición es VERDADERA, puede no especificar el argumento FALSO, por ejemplo: **=SI(H4<1000;"Hacer pedido")**; en este caso, si la condición no se verifica, dado que la acción no se ha definido en la fórmula, Excel muestra el valor **FALSO**.

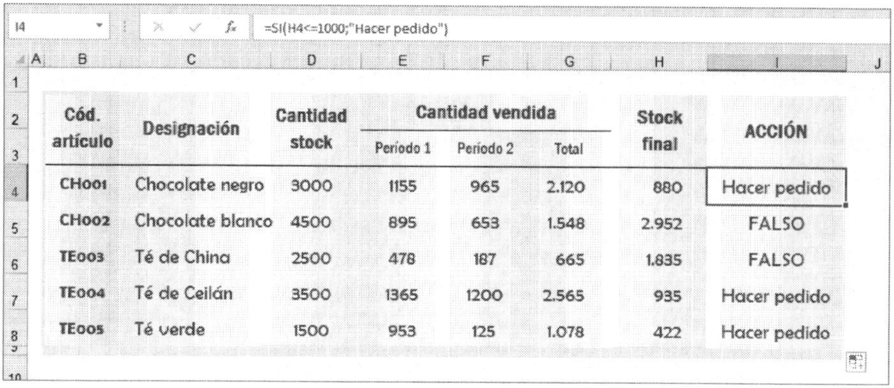
=SI(H4<=1000;"Hacer pedido")

Cód. artículo	Designación	Cantidad stock	Cantidad vendida			Stock final	ACCIÓN
			Período 1	Período 2	Total		
CH001	Chocolate negro	3000	1155	965	2.120	880	Hacer pedido
CH002	Chocolate blanco	4500	895	653	1.548	2.952	FALSO
TE003	Té de China	2500	478	187	665	1.835	FALSO
TE004	Té de Ceilán	3500	1365	1200	2.565	935	Hacer pedido
TE005	Té verde	1500	953	125	1.078	422	Hacer pedido

Para dejar vacío el contenido una de las celdas del resultado (VERDADERO o FALSO) con el fin de que no se visualicen las palabras VERDADERO ni FALSO, escriba comillas. Por ejemplo: **=SI(H4<=1000;"Hacer pedido";" ")**

Las celdas cuyo resultado es FALSO no muestran nada:

I4 =SI(H4<=1000;"Hacer pedido";" ")

Cód. artículo	Designación	Cantidad stock	Cantidad vendida			Stock final	ACCIÓN
			Período 1	Período 2	Total		
CH001	Chocolate negro	3000	1155	965	2.120	880	Hacer pedido
CH002	Chocolate blanco	4500	895	653	1.548	2.952	
TE003	Té de China	2500	478	187	665	1.835	
TE004	Té de Ceilán	3500	1365	1200	2.565	935	Hacer pedido
TE005	Té verde	1500	953	125	1.078	422	Hacer pedido

En una fórmula condicional pueden realizarse diversas acciones:

Ver un número	introducir el número.
Ver un texto	introducir el texto entre comillas.
Ver un resultado de cálculo	introducir la fórmula de cálculo.
Ver el contenido de una celda	mostrar la celda.
No ver nada	teclear "".

Existen varios operadores disponibles relativos a las condiciones:

=	igual.
>/<	superior a/inferior a.
<>	diferente de.
>=/<=	superior o igual a/inferior o igual a.

Crear una fórmula condicional anidada

Cuando un resultado de condición de prueba implica más de dos posibilidades, se pueden anidar fórmulas condicionales:

=SI(prueba_lógica1;valor si VERDADERO;valor si FALSO)

↓

=SI(prueba_lógica2;valor si VERDADERO;valor si FALSO)

En este caso, la fórmula se escribe así: **=SI(prueba_lógica1;valor si VERDADERO; SI(prueba_lógica2;valor si VERDADERO;valor si FALSO))**. La fórmula condicional número 2 se halla anidada en la primera.

Usando este método, es posible anidar varias condiciones unas en otras.

*En este ejemplo, se han anidado dos condiciones en una tercera: si el **Stock final** es inferior a **100**, se muestra el texto "**Pedido urgente**"; si el **Stock final** está comprendido entre **100 y 500**, se muestra el texto "**Hacer pedido**"; si está comprendido entre **500 y 1000**, se muestra el texto "**Stock comprendido entre 500 y 1000**"; si no se cumple ninguna de estas condiciones, se muestra el texto "**Stock > 1000**".*

I4 =SI(H4<100;"Pedido urgente";SI(H4<500;"Hacer pedido";SI(H4<1000;"Stock comprendido entre 500 y 1000";"Stock > 1000")))

Cód. artículo	Designación	Cantidad stock	Cantidad vendida Período 1	Período 2	Total	Stock final	ACCIÓN
CH001	Chocolate negro	3000	1155	965	2.120	880	Stock comprendido entre 500 y 1000
CH002	Chocolate blanco	4500	2145	2304	4.449	51	Pedido urgente
TE001	Té de China	2500	478	187	665	1.835	Stock > 1000
TE002	Té Blanco	2500	587	1547	2.134	366	Hacer pedido
TE003	Té Azul	3500	698	485	1.183	2.317	Stock > 1000
TE004	Té de Ceilán	3500	1365	1200	2.565	935	Stock comprendido entre 500 y 1000
TE005	Té verde	1500	953	125	1.078	422	Hacer pedido

Observe que al final de la fórmula hay un paréntesis para cerrar cada condición.

Para facilitar la escritura de la fórmula, puede separar los argumentos insertando saltos de línea mediante las teclas [Alt] [↵].

I4: =SI(H4<100;"Pedido urgente";
SI(H4<500;"Hacer pedido";
SI(H4<1000;"Stock comprendido entre 500 y 1000";
"Stock > 1000")))

Cód. artículo	Designación	Cantidad stock	Cantidad vendida			Stock final	ACCIÓN
			Período 1	Período 2	Total		
CH001	Chocolate negro	3000	1155	965	2.120	880	Stock comprendido entre 500 y 1000
CH002	Chocolate blanco	4500	2145	2304	4.449	51	Pedido urgente
TE001	Té de China	2500	478	187	665	1.835	Stock > 1000
TE002	Té Blanco	2500	587	1547	2.134	366	Hacer pedido

La inserción de saltos de línea en una fórmula no tiene ninguna incidencia en el resultado.

Combinar el operador O o Y en una fórmula condicional

Para poner varias condiciones, puede utilizar el operador O o Y según el caso:

- si deben verificarse varias condiciones al mismo tiempo:

  =SI(Y(cond1;cond2;... ;condn); acción que se debe realizar si las n condiciones se cumplen; acción que debe realizarse si por lo menos una de las condiciones no se cumple)

- si por lo menos una de las condiciones debe ser verdadera:

  =SI(O(cond1;cond2;... ;condn); acción que debe realizarse si por lo menos una condición se cumple; acción que debe realizarse si ninguna condición se cumple)

*En este ejemplo, si el niño es **Chico Y** tiene menos de **13** años, aparece el icono de un regalo*  *(letra **e** de la fuente Webdings) en la celda de la columna **Coche**; en caso contrario, la celda se queda vacía.*

E3: =SI(Y(B3="Chico";C3<13);"e";"")

REGALOS DE NAVIDAD							
Nombre	**Sexo**	**Edad**	**Peluche**	**Coche**	**Muñeca**	**Balón**	**Balancín**
Baltasar	Chico	12 años		🎁		🎁	
Emilia	Chica	6 años			🎁		
Eva	Chica	13 años					🎁
Mohamed	Chico	16 años				🎁	🎁
Morgana	Chica	13 años					🎁
Soledad	Chica	2 años	🎁			🎁	
Young	Chico	5 años		🎁			

Contar las celdas que responden a un criterio específico (CONTAR.SI)

La función CONTAR.SI, cuya sintaxis es ***=CONTAR.SI(rango;criterios)****, permite contar el número de celdas que responden a uno o varios criterios.*

Como ejemplo de esta función, hemos calculado el número de días en los que ha caído más de 5 mm de lluvia.

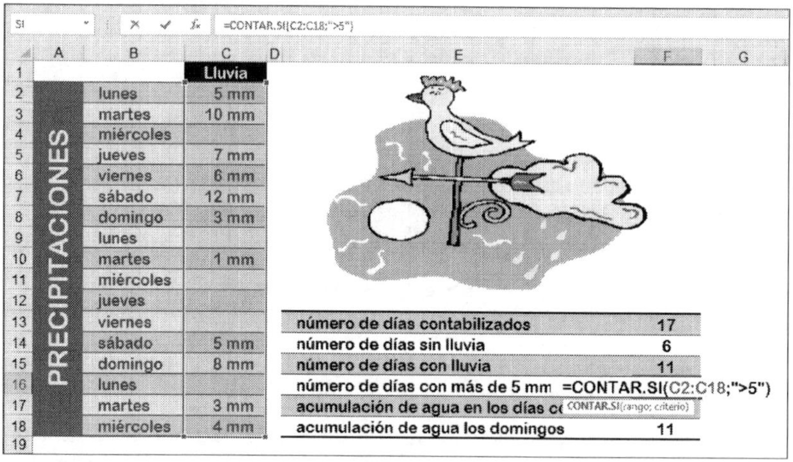

- Haga clic en la celda en la que desea mostrar el resultado.
- Comience a introducir el principio de la fórmula **=CONTAR.SI(**
- Haciendo clic y arrastrando, seleccione el **rango** de celdas que incluyen los datos que interesan para el cálculo.

  Por supuesto, también puede introducir la referencia al rango de celdas si no puede o no quiere usar el método de hacer clic y arrastrar.
- Introduzca el punto y coma (;) para indicar el cambio de argumento.
- Luego, introduzca el **criterio**; este puede estar compuesto:
  - de un número: en ese caso se escribe el valor directamente. Por ejemplo: =CONTAR.SI((C2:C18);**5**) para buscar únicamente la cantidad de lluvia igual a 5.
  - de una referencia de celda. Por ejemplo: =CONTAR.SI((C2:C18);C2) para buscar la cantidad incluida en la celda C2.
  - de una expresión: hay que escribir la expresión entre comillas. Por ejemplo: CONTAR.SI(C2:C18;">5") para buscar el número de días en los que la cantidad de lluvia ha sido superior a 5.

- de una cadena de texto: hay que escribir el texto buscado entre comillas. Por ejemplo: =CONTAR.SI(B2:B18;"lunes") para buscar el número de lunes.

Observe que los criterios no tienen en cuenta si los caracteres están en minúsculas o en mayúsculas: la cadena "lunes", "Lunes" y "LUNES" proporcionarán el mismo resultado.

- La inserción de un carácter genérico ? (signo de interrogación) en un criterio sirve para buscar un carácter cualquiera.
  Por ejemplo, el criterio «p?rte» devuelve los resultados «porte» y «parte».
- La inserción de un * (asterisco) sirve para buscar un número cualquiera de caracteres.
  Por ejemplo, el criterio «lun*» puede devolver «lunes», «luna», «lunático»...
- Para buscar literalmente un signo de interrogación o un asterisco, escriba ˜ (tilde) delante de ese carácter. Por ejemplo, el criterio «xx902˜?» devuelve el resultado «xx902?».

Para obtener el carácter tilde solo (˜), pulse la tecla AltGr *y, sin soltarla, pulse los dígitos 126 en el teclado numérico.*

Calcular la suma de un rango que responde a un criterio (SUMAR.SI)

*La función SUMAR.SI, cuyo principio es muy similar al de la función CONTAR.SI (véase Contar las celdas que responden a un criterio específico (CONTAR.SI)), permite añadir las celdas de un rango que responden a un criterio dado. La sintaxis de la función es **=SUMAR.SI(rango_de celdas;criterio;rango_para_sumar)**.*

Como ejemplo de esta función, hemos calculado en F17 la suma de la cantidad de agua únicamente si el valor diario es superior a 5 mm, usando solo los dos primeros argumentos de la función, ya que el rango de celdas que contiene el criterio y el que contiene los valores que se han de calcular son el mismo (C2 a C18). En F18, hemos calculado la suma de la cantidad de agua que ha caído en domingo usando los tres argumentos de la función, ya que el rango de celdas que contiene el criterio "domingo" (B2 a B18) no es el mismo que el rango de celdas que contienen los valores que se han de sumar (C2 a C18).

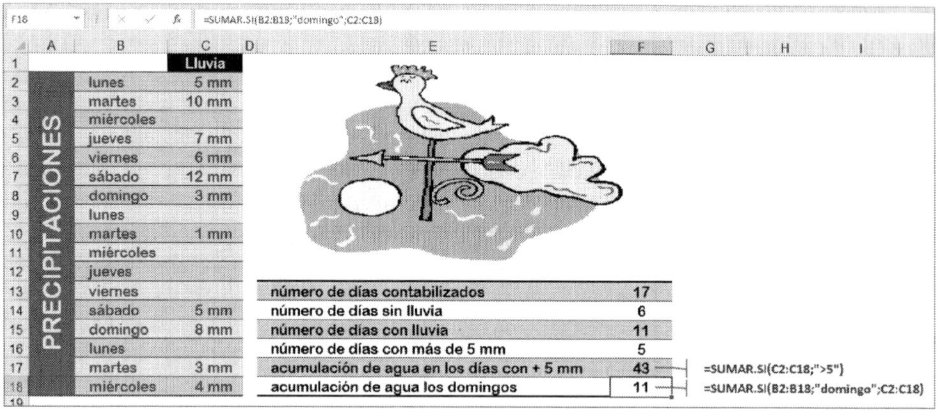

- Haga clic en la celda en la que desea que se muestre el resultado.
- Comience introduciendo el principio de la fórmula **=SUMAR.SI(**
- Seleccione el **rango** de celdas en las que se comprobará el criterio haciendo clic y arrastrando. Las celdas deben contener números o nombres, matrices o referencias que contengan nombres (los valores vacíos o textuales no se tienen en cuenta).

  También puede introducir la referencia del rango de celdas si no quiere o no puede usar el método de hacer clic y arrastrar.
- Introduzca un punto y coma (;) para indicar el cambio de argumento.
- Introduzca el argumento **criterio**; este puede estar compuesto por un nombre, una referencia de celda, una expresión o una cadena de texto (véase Contar las celdas que responden a un criterio específico (CONTAR.SI)).
- Si es preciso, introduzca un punto y coma (;) y seleccione el rango de celdas que contienen los valores que se han de sumar.

  Si se omite este argumento, Excel suma las celdas incluidas en el argumento rango_de_celdas.
- Confirme mediante la tecla ⏎.

Usar zonas con nombre en las fórmulas

Esta función permite reemplazar una referencia de rangos de celda por la zona con nombre correspondiente en una fórmula. Recuerde que las celdas o rangos de celdas con nombre se gestionan como referencias absolutas cuando se copian fórmulas.

- Empiece a introducir la fórmula y deténgase al llegar al nombre.
- Haga clic en el botón **Utilizar en la fórmula** del grupo **Nombres definidos** de la pestaña **Fórmulas**.

  Aparece la lista con las zonas a las que se ha puesto nombre previamente (véase Rangos con nombre - Poner nombre a los rangos de celdas):

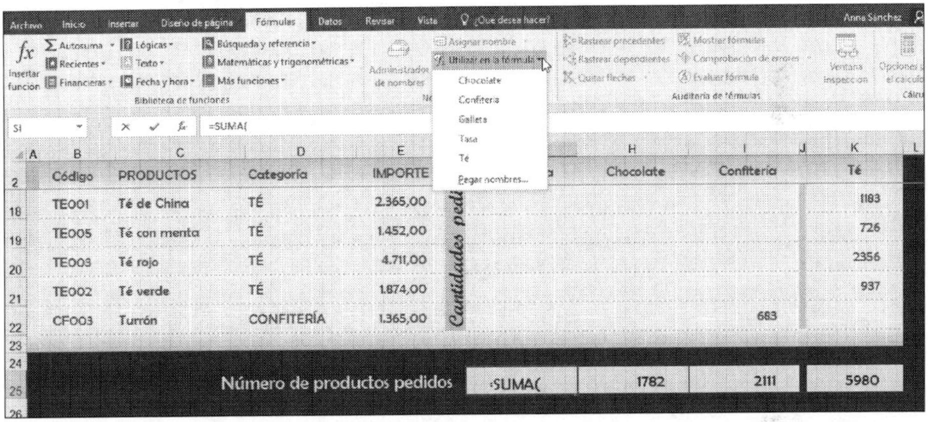

- Haga clic en el nombre correspondiente al rango de celdas que desea insertar en la fórmula.
- Continúe y concluya la fórmula.
- También es posible introducir el nombre directamente en la fórmula, en lugar de las referencias de celda.

Insertar filas de estadísticas

La operación consiste en agregar filas de subtotales.

- Ordene la tabla en función de la columna que albergará los grupos con los cuales se elaborarán los subtotales.
- Seleccione la tabla en la que se van a insertar las filas de estadísticas, incluyendo los títulos de las columnas.
- Active la pestaña **Datos** y haga clic en el botón **Subtotal** del grupo **Esquema**.
- Seleccione la columna que contiene los grupos con los que se hará el cálculo estadístico en la lista **Para cada cambio en**.
- Luego seleccione el cálculo que desea efectuar en la lista **Usar función**.

Suma	Calcula la suma.
Cuenta	Calcula el número de elementos.
Promedio	Calcula el promedio.
Máx.	Destaca el valor máximo.
Mín.	Destaca el valor mínimo.
Producto	Multiplica los valores.
Contar números	Determina el número de valores comprendidos en la lista de los argumentos.
Desvest	(De una serie de números) calcula la desviación estándar de los valores respecto a la media.
Desvestp	Calcula la desviación estándar de una población a partir de la totalidad de la población.
Var	Calcula la varianza, que es igual al cuadrado de la desviación estándar, sobre la base de una muestra.
Varp	Calcula la varianza sobre la base de la totalidad de la población.

- Por último, marque las columnas que contienen los valores con los que se efectuarán los cálculos.

*En este ejemplo, queremos calcular la **Suma** de la columna **IMPORTE** para cada **Categoría** de producto.*

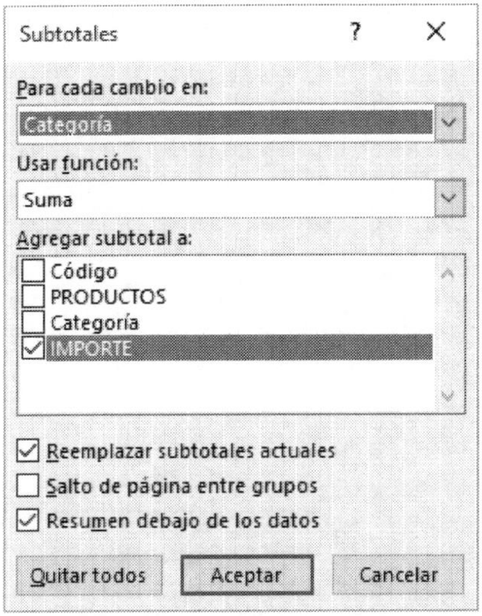

- Deje marcada la opción **Reemplazar subtotales actuales** si desea sustituir los posibles subtotales ya creados por aquellos que se están creando.
- Marque la opción **Salto de página entre grupos** para insertar automáticamente un salto de página después de cada grupo de subtotales.
- Deje marcada la opción **Resumen debajo de los datos** para realizar subtotales y totales debajo de los datos detallados. Si se desmarca esta opción, debajo de los datos detallados solo aparecerán los subtotales.
- Haga clic en **Aceptar**.

  *Excel calcula las estadísticas solicitadas y construye un esquema a partir de ellas: aquí puede ver la suma de importes para cada categoría de producto, así como el **Total general** de los importes de todas las categorías mezcladas, ya que hemos marcado la opción **Resumen debajo de los datos**.*

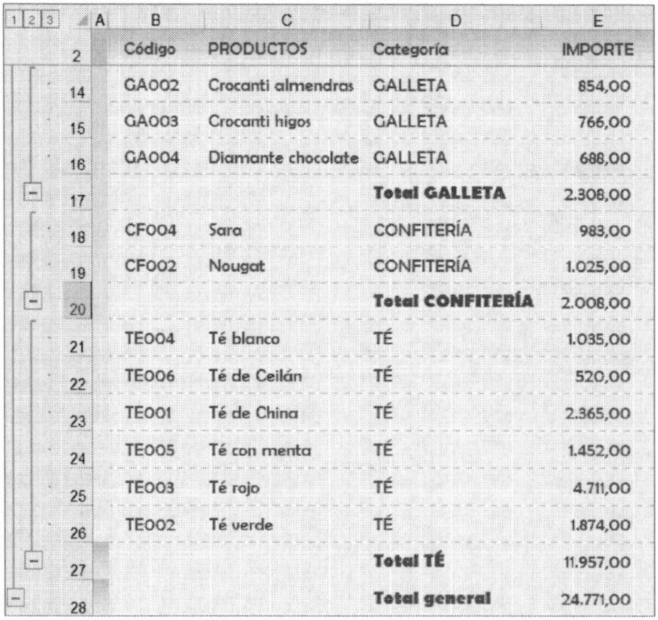

	Código	PRODUCTOS	Categoría	IMPORTE
14	GA002	Crocanti almendras	GALLETA	854,00
15	GA003	Crocanti higos	GALLETA	766,00
16	GA004	Diamante chocolate	GALLETA	688,00
17			**Total GALLETA**	2.308,00
18	CF004	Sara	CONFITERÍA	983,00
19	CF002	Nougat	CONFITERÍA	1.025,00
20			**Total CONFITERÍA**	2.008,00
21	TE004	Té blanco	TÉ	1.035,00
22	TE006	Té de Ceilán	TÉ	520,00
23	TE001	Té de China	TÉ	2.365,00
24	TE005	Té con menta	TÉ	1.452,00
25	TE003	Té rojo	TÉ	4.711,00
26	TE002	Té verde	TÉ	1.874,00
27			**Total TÉ**	11.957,00
28			**Total general**	24.771,00

Para reducir la vista de un grupo de celdas, haga clic en la herramienta **Ocultar detalle** (pestaña **Datos** - grupo **Esquema**) o la herramienta situada al lado del total de la fila.

Si lo que desea es expandir la vista de un grupo, haga clic en la herramienta **Mostrar detalle** o en la herramienta .

Para obtener más detalles sobre el funcionamiento de un esquema, vaya al apartado Utilizar un esquema del capítulo Ordenar datos y trabajar con esquemas.

El botón **Quitar todos** del cuadro de diálogo **Subtotales** permite eliminar todos los subtotales (y el esquema) de la tabla seleccionada.

Efectuar cálculos con datos de tipo fecha

En este apartado, una vez abordados los principios de cálculo de fechas usados por Excel, procederemos a describir algunas funciones específicas al tratamiento de fechas a través de una serie de ejemplos:

Principios para calcular los días

- En los cálculos realizados sobre días, siga el mismo procedimiento que con los demás cálculos. Excel registra las fechas en forma de números secuenciales llamados números de serie. Por ese motivo pueden agregarse, sustraerse e incluirse en otros cálculos.
- De forma predeterminada, Excel para Windows inicia el calendario a partir de 1900 (para Macintosh el calendario se inicia en 1904). El 1 de enero de 1900 corresponde por tanto (en Excel para Windows) al número de serie 1, y el 1 de enero de 2005 es el 38 353, ya que desde el 1 de enero de 1900 han transcurrido 38 353 días.
- Para utilizar una función específica de gestión de fechas y horas, puede activar la pestaña **Fórmulas**, hacer clic en el botón **Fecha y hora** del grupo **Biblioteca de funciones** y luego en la función que corresponda para utilizar el asistente.

  AHORA()

  Devuelve el número de serie de la fecha y de la hora del día.

  AÑO(número_de_serie)

  Convierte un número de serie en año.

  DIA(número_de_serie)

  Convierte un número de serie en día del mes.

  DIA.LAB(fecha_inicial;días;[días_no_laborables])

  Devuelve el número de serie de la fecha antes o después del número de días laborables especificado.

  DIA.LAB.INTL(fecha_inicial;días;[fin_de_semana];[días_no_laborables])

  Devuelve el número de serie de la fecha antes y después de un número especificado de días laborables con parámetros que identifican y cuentan los días de fin de semana.

  DIAS(fecha_final;fecha inicial)

  Calcula el número de días entre las dos fechas.

  DIAS.LAB(fecha_inicial; fecha_final;[días_no_laborables])

  Devuelve el número de días laborables enteros comprendidos entre dos fechas.

DIAS.LAB.INTL(fecha_inicial;fecha_final;[fin_de_semana];[días_no_laborables])

Devuelve el número de días laborables enteros comprendidos entre dos fechas usando parámetros que identifican los días del fin de semana y su número.

DÍAS360(fecha_inicial;fecha_final[método])

Calcula el número de días separando dos fechas sobre la base de un año de 360 días.

DIASEM(número_de_serie;[tipo_devolución]

Convierte un número de serie en día de la semana.

FECHA(día;mes;año)

Devuelve el número de serie de una fecha precisa.

FECHA.MES(fecha_inicial;mes)

Devuelve el número de serie de la fecha, que es el número indicado de meses antes o después de la fecha inicial.

FECHANUMERO(texto_de_fecha)

Convierte una fecha representada en forma de texto en número de serie.

FIN.MES(fecha_inicial;mes)

Devuelve el número de serie del último día del mes antes o después del número especificado de meses.

FRAC.AÑO(fecha_inicial;fecha_final;[base])

Devuelve la fracción del año que representa el número de días completos entre la fecha inicial y la fecha final.

HORA(número_de_serie)

Convierte un número de serie en hora.

HORANUMERO(texto_de_hora)

Convierte una hora representada como texto en número de serie.

HOY()

Devuelve el número de serie de la fecha del día.

ISO.NUM.DE.SEMANA(fecha)

Devuelve el número ISO de la semana del año correspondiente a una fecha dada.

MES(número_de_serie)

Convierte un número de serie en mes.

MINUTO(número_de_serie)

Convierte un número de serie en minuto.

NSHORA(hora;minuto;segundo)

Devuelve el número de serie de una hora precisa.

NUM.DE.SEMANA(número_de_serie;[tipo_retorno])

Convierte un número de serie en número de semana del año.

SEGUNDO(número_de_serie)

Convierte un número de serie en segundos.

Combinar texto y fecha

- Para combinar en una celda el texto y la fecha contenidos en diferentes celdas, puede usar la función **TEXTO**, cuya sintaxis es **=TEXTO(valor;formato_texto)**:

  El argumento **valor** representa un valor numérico, una fórmula cuyo resultado es un valor numérico o bien una referencia a una celda con un valor numérico.

  El argumento **formato_texto** representa un formato de número en forma de texto definido en el cuadro **Categoría** del cuadro de diálogo **Formato de celdas**.

  Presentamos aquí un ejemplo de uso:

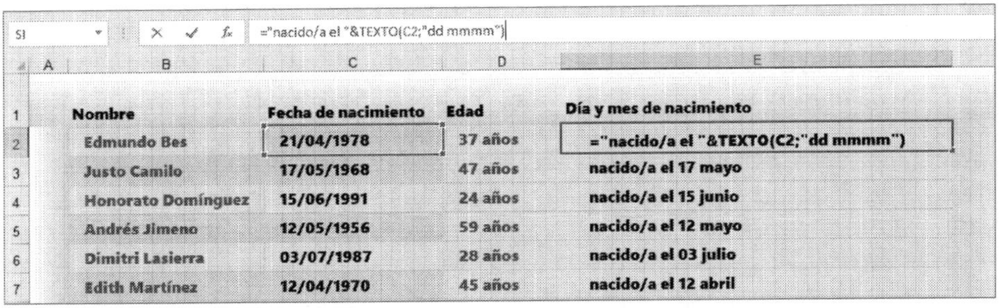

	A	B	C	D	E
1		Nombre	Fecha de nacimiento	Edad	Día y mes de nacimiento
2		Edmundo Bes	21/04/1978	37 años	="nacido/a el "&TEXTO(C2;"dd mmmm")
3		Justo Camilo	17/05/1968	47 años	nacido/a el 17 mayo
4		Honorato Domínguez	15/06/1991	24 años	nacido/a el 15 junio
5		Andrés Jimeno	12/05/1956	59 años	nacido/a el 12 mayo
6		Dimitri Lasierra	03/07/1987	28 años	nacido/a el 03 julio
7		Edith Martínez	12/04/1970	45 años	nacido/a el 12 abril

Calcular la diferencia entre dos fechas (función SIFECHA)

SIFECHA es una de las funciones «ocultas» de la aplicación Excel. Por ese motivo no aparece en el asistente para funciones ni en la ayuda en línea. Las funciones ocultas se han introducido en Excel por razones de compatibilidad con otras hojas de cálculo; funcionan a la perfección, pero no forman parte de las funciones «oficiales» de Excel.

Esta función resulta muy práctica en caso, por ejemplo, de que desee calcular la antigüedad de un empleado en años y meses. La sintaxis de la función **SIFECHA** es **SIFECHA(fecha_inicial;fecha_final;base)**.

El argumento **base** representa la duración calculada y puede adoptar los valores siguientes:

"y" para calcular la diferencia absoluta en años.

"m" para calcular la diferencia absoluta en meses.

"d" para calcular la diferencia absoluta en días.

"ym" para calcular la diferencia en meses si las dos fechas se encuentran en el mismo año.

"yd" para calcular la diferencia en días si las dos fechas se encuentran en el mismo año.

"md" para calcular la diferencia en días si las dos fechas se encuentran en el mismo mes.

Presentamos aquí un ejemplo de uso:

	A	B	C	D
1		**Fecha de inicio**	**41608**	
2		**Fecha final**	**42339**	
4		**Número de días**	**=SIFECHA(C1;C2;"d")**	
5		**Número de meses**	**=SIFECHA(C1;C2;"m")**	
6		**Número de años**	**=SIFECHA(C1;C2;"y")**	
7				

He aquí otro ejemplo; este permite calcular la edad de una persona en función de la fecha actual (función=**HOY()**):

	A	B	C	D	E
1		**Fecha de nacimiento**	**25/02/1964**	**FÓRMULAS**	
3		**Edad en años**	**51 años**	**=SIFECHA(C1;HOY();"y")&" años"**	
4		**Número de meses**	**51 años y 9 meses**	**=SIFECHA(C1;HOY();"y")&" años y "&SIFECHA(C1;HOY();"ym")&" meses"**	
5					

Calcular el número de días laborables o no entre dos fechas

Excel sabe calcular el número de días laborables (de lunes a viernes) que hay entre dos fechas con ayuda de la función **DIAS.LAB**, cuya sintaxis es **=DIAS.LAB(fecha_inicial;fecha_final)**

Presentamos aquí un ejemplo de uso:

	A	B	C	D
1		**Fecha de incio**	**30/11/2013**	
2		**Fecha de fin**	**01/12/2015**	
4		**Número de días laborables**	**522**	
5		**Fórmula de cálculo**	**=DIAS.LAB(C1;C2)**	

Para que la función pueda tener en cuenta los días festivos en el cálculo, deberá agregar un tercer argumento que haga referencia a un día festivo o a un rango de días festivos. La sintaxis de esta función es entonces
=DIAS.LAB(fecha_inicial; fecha_final;[días_no_laborables]).

En este ejemplo, se han calculado los días festivos en el rango de celdas B3 a B15.

H4 =DIAS.LAB(F4;G4;$B$4:$B$15)

	A	B
1	**Año**	**2015**
3	**Días festivos**	
4	Año nuevo	jueves 01 enero 2015
5	Epifanía del Señor	martes 06 enero 2015
6	Viernes Santo	viernes 03 abril 2015
7	Lunes de Pascua	lunes 06 abril 2015
8	Fiesta del Trabajo	viernes 01 mayo 2015
9	Santiago Apóstol	sábado 25 julio 2015
10	Asunción de la Virgen	sábado 15 agosto 2015
11	Día de la Hispanidad	lunes 12 octubre 2015
12	Todos los Santos	domingo 01 noviembre 2015
13	Día de la Constitución	domingo 06 diciembre 2015
14	Inmaculada Concepción	martes 08 diciembre 2015
15	Navidad	viernes 25 diciembre 2015
16	*El año 2015 no es BISIESTO*	

D	E	F	G	H	I
	Número de días no laborables *(sin fines de semana)*			8	
	Mes	Inicio	Fin	Núm. de días laborables	Núm. de domingos
1	enero	01/01/2015	31/01/2015	20	4
2	febrero	01/02/2015	28/02/2015	20	4
3	marzo	01/03/2015	31/03/2015	22	5
4	abril	01/04/2015	30/04/2015	21	4
5	mayo	01/05/2015	31/05/2015	20	5
6	junio	01/06/2015	30/06/2015	22	4
7	julio	01/07/2015	31/07/2015	22	4
8	agosto	01/08/2015	31/08/2015	20	5
9	septiembre	01/09/2015	30/09/2015	22	4
10	octubre	01/10/2015	31/10/2015	21	4
11	noviembre	01/11/2015	30/11/2015	21	5
12	diciembre	01/12/2015	31/12/2015	21	4
			Total	252	52

Para calcular el número de días entre dos fechas (días festivos, no laborables, etc., incluidos, puede utilizar la función **DIAS**, cuya sintaxis es
=DIAS(fecha_final; fecha_inicial).

Calcular una fecha después de determinado número de días laborables

La función **DIA.LAB** permite calcular una fecha correspondiente a un día (fecha de inicio) más o menos el número de días laborables especificado. Los días laborables excluyen sábados y domingos y todas las fechas identificadas como días festivos.

La sintaxis de esta función es la siguiente:

=DIA.LAB(fecha_inicial;días;[días_no_laborables]):

fecha_inicial	Representa la fecha de inicio.
días	Representa el número de días laborables antes o después de la fecha de inicio. Un número de días positivo da una fecha futura y un número de días negativo, una fecha pasada.
días_no_laborables	Representa una lista de fechas que deben excluirse del calendario de días de trabajo (días festivos, vacaciones, permisos, etc.). Este argumento es opcional.

Presentamos aquí un ejemplo de uso: queremos encontrar la fecha de finalización de un trabajo que debía empezar el 01 de noviembre de 2015 y que tiene una duración de 40 días laborables.

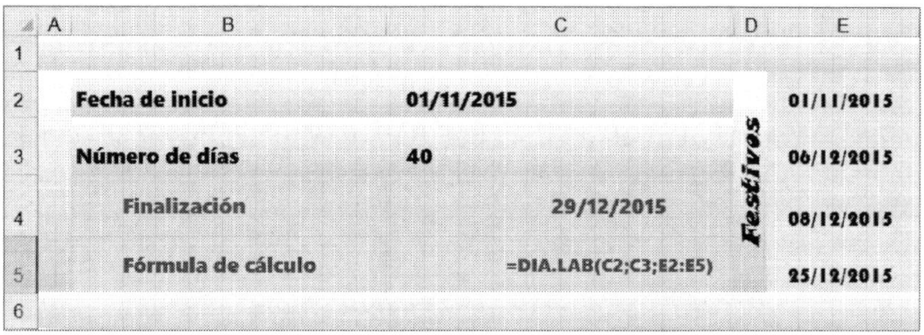

	A	B	C	D	E
1					
2		**Fecha de inicio**	**01/11/2015**	**Festivos**	**01/11/2015**
3		**Número de días**	**40**		**06/12/2015**
4		**Finalización**	**29/12/2015**		**08/12/2015**
5		**Fórmula de cálculo**	**=DIA.LAB(C2;C3;E2:E5)**		**25/12/2015**
6					

*Se ha aplicado a la celda C3 el formato **Fecha**, ya que, de forma predeterminada, Excel muestra el resultado en forma de número de serie.*

Si la fórmula devuelve un mensaje de error, la explicación es la siguiente:

#¡VALOR!	Un argumento no es una fecha válida.
#¡NUM!	La fecha de inicio más el número de días no da una fecha válida.

Calcular días festivos o celebraciones religiosas

Para calcular algunos días festivos o determinadas celebraciones religiosas (domingo de Pascua, Ascensión...), se requieren fórmulas diferentes, anidadas o no.

He aquí algunos ejemplos de los diferentes cálculos que se pueden utilizar para estos días. Cada una de estas fórmulas hace referencia al año introducido en la celda B2; basta con cambiar el año para actualizar las fechas.

	A	B	C
1			
2	Año	2015	
3			
4	Festivos y celebraciones religiosas		Fórmulas
5	Año nuevo	jueves 01 enero 2015	=FECHA(B2;1;1)
6	Pascua	domingo 05 abril 2015	=REDONDEAR(FECHA(B2;4;RESIDUO(234-11*RESIDUO(B2;19);30))/7;)*7-6
7	Lunes de Pascua	lunes 06 abril 2015	=B6+1
8	Fiesta del Trabajo	viernes 01 mayo 2015	=FECHA(B2;5;1)
9	Ascensión	jueves 14 mayo 2015	=B6+39
10	Pentecostés	lunes 25 mayo 2015	=B6+50
11	Santiago Apóstol	sábado 25 julio 2015	=FECHA(B2;7;14)
12	Asunción de María	sábado 15 agosto 2015	=FECHA(B2;8;15)
13	Todos los Santos	domingo 01 noviembre 2015	=FECHA(B2;11;1)
14	Día de la Constitución	domingo 06 diciembre 2015	=FECHA(B2;12;6)
15	Inmaculada Concepción	martes 08 diciembre 2015	=FECHA(B2;12;8)
16	Navidad	viernes 25 diciembre 2015	=FECHA(B2;12;25)
17			

Sumar meses y años

- Para sumar meses respete la sintaxis siguiente:

  =FECHA(AÑO(fecha_inicial);MES(fecha_inicial)+plazo_mensual; DÍA(fecha_inicial))

  Por ejemplo, para calcular un plazo de 2 meses, use la fórmula:

  =FECHA(AÑO(HOY());MES(HOY())+2;DÍA(HOY()))

- Para sumar años respete la sintaxis siguiente:

  =FECHA(AÑO(fecha_inicial)+plazo_anual;MES(fecha_inicial);DÍA(fecha_inicial))

Efectuar cálculos con datos de tipo hora

En este apartado, una vez abordados los principios de cálculo de horas usados por Excel, procederemos a describir métodos y fórmulas específicos del tratamiento de las horas a través de una serie de ejemplos.

Principios de cálculo de las horas

- Al introducir una hora en una celda, Excel la guarda en forma de número decimal de 0 a 1 (1 no incluido) por cada periodo de 24 horas.
- Para que Excel pueda reconocer la información como una hora y guardarla en forma de número decimal, deberá separar las diferentes partes de la hora con el signo dos puntos (:). Por ejemplo, 18 h 30 min y 43 segundos se escribe de acuerdo con la sintaxis **18:30:43**. Si no desea incluir los segundos, introduzca **18:30**

Ejemplo de hora	Valor registrado por Excel
00:00 (medianoche)	0
11:59	0,499305555555556
12:00 (mediodía)	0,5
15:00 (15 h)	0,625
18:00 (18 h)	0,75

Este concepto de hora propio de Excel permite aplicar cálculos aritméticos a las horas.

Ejemplo: para calcular la diferencia entre 18:00 (18 h) y 15:00 (15 h), Excel efectúa este cálculo:

= ***0,75 - 0,625 = 0,125***

Excel pone a su disposición numerosos formatos de hora predeterminados.

Calcular la diferencia entre dos horas

- Para efectuar ese cálculo y representar el resultado en formato horario estándar, es decir, horas:minutos:segundos, puede usar la función **TEXTO**, cuya sintaxis es **=TEXTO(valor;formato)**.
  - El argumento **valor** representa un valor numérico o una fórmula cuyo resultado es un valor numérico o una referencia a una celda con un valor numérico.

- El argumento **formato** representa un formato de número en forma de texto definido en el cuadro **Categoría** del cuadro de diálogo **Formato de celdas** (pestaña **Inicio** - grupo **Celdas** - herramienta **Formato** - opción **Formato de celdas** - pestaña **Número**).

Presentamos aquí un ejemplo de uso:

	A	B	C
1	hora de inicio	8:30:45	
2	hora de fin	15:15:00	
3			
4	Descripción	Resultado	Fórmula
5	número de horas entre dos horas	6	=TEXTO(B2-B1;"h")
6	número de horas y de minutos entre dos horas	6:44	=TEXTO(B2-B1;"h:mm")
7	número de horas, de minutos y de segundos entre dos horas	6:44:15	=TEXTO(B2-B1;"h:mm:ss")

Convertir horas

- Para convertir unidades como horas en otras unidades de medida, utilice la función **CONVERTIR**, cuya sintaxis es **=CONVERTIR(número;desde_unidad;a_unidad)**.

número Representa el número que hay que convertir.

"desde_unidad" Corresponde a la unidad del número que hay que convertir (presentada entre comillas).

"a_unidad" Corresponde a la unidad del resultado (presentado entre comillas).

Esta función permite convertir múltiples unidades de medida (peso, masa, distancia, presión, fuerza, energía, etc.).

Veamos su uso en el marco de una conversión de unidades de medición del tiempo. Según la unidad que hay que convertir y la unidad deseada, use los siguientes argumentos:

Año	**"yr"**
Día	**"day"**
Hora	**"hr"**
Minuto	**"mn"**
Segundo	**"sec"**

*Ejemplo: para convertir **10 años** en horas, use esta fórmula:*

=CONVERTIR(10;"yr";"hr")

Resultado = 87 660 (horas)

Usar una función Buscar

La función BUSCARV permite buscar un valor en la primera columna de una tabla (V = Vertical) y devuelve el valor contenido en la celda situada en la misma fila y en la columna especificadas.

- Elabore una tabla que agrupe los datos que se recuperarán después, al efectuar la búsqueda, y ordénela por orden creciente a partir de los datos de la primera columna. Dé un nombre a este rango de celdas si no desea seleccionarlo en el momento de crear la fórmula de cálculo.
- Haga clic en la celda en la que aparecerá el dato buscado de la tabla.
- Elabore la fórmula de cálculo respetando la sintaxis siguiente:

=BUSCARV(valor_buscado;matriz_buscar_en;indicador_columnas;ordenado)

valor_buscado	Es el valor que la función busca en la primera columna de la tabla correspondiente a indicador_columnas.
matriz_buscar_en	Es la tabla a partir de la cual se recuperarán los datos. Este argumento puede ser las referencias de un rango de celdas o el nombre de un rango de celdas.
indicador_columnas	Es el número de la columna de la tabla (matriz_buscar_en) que contiene el valor buscado. La primera columna de la tabla es la columna 1.
ordenado	Es un valor lógico que permite efectuar una búsqueda exacta o aproximada a aquella buscada. Si el valor_ordenado es VERDADERO o nulo, se muestra un dato igual o inmediatamente inferior al valor buscado. Si el valor_ordenado es FALSO, solo se muestra el valor buscado.

ALQUILER DE PATINES

Código	Descripción	Precio/día	Núm. Días	TOTAL
P3	Patines en línea	12,00 €	4 días	48,00 €
P3	=BUSCARV(A4;$G$2:$I$7;2)	=BUSCARV(A4;$G$2:$I$7;3)	4 días	=C4*D4

Precio/día		
P1	Patines tradicionales cuero	34 €
P2	Patines alta velocidad	33 €
P3	Patines en línea	12 €
P4	Patines familia numerosa	42 €
P5	Patines tándem	28 €
P6	Patines todoterreno	36 €

En este ejemplo, la función BUSCARV busca la referencia exacta del producto (contenida en celda A4) en la tabla con los códigos de los productos (G2 a I7) y encuentra en ella la descripción, que sitúa en la segunda columna, y el precio del artículo, en la tercera.

- Confirme la fórmula pulsando la tecla ↵.

  El rango de celdas G2:I7 se ha tomado como referencia absoluta en la fórmula (símbolos $) con el fin de que se mantenga tal cual cuando las fórmulas se copien a otras partes de la tabla. Para facilitar la lectura de la fórmula (y conservar sus referencias absolutas), puede dar un nombre a este rango de celdas. Esta técnica resulta especialmente interesante si la tabla matriz se encuentra en otra hoja o en otro libro, por ejemplo.

De igual forma, la función BUSCARH lleva a cabo una búsqueda horizontal (en la primera fila de una tabla) y devuelve el valor contenido en la celda situada en la misma columna y en la fila especificada.

Consolidar datos

Esta función permite combinar valores de varios rangos de datos ubicados en diferentes hojas de cálculo (para reunirlos, por ejemplo).

- Antes de iniciar la consolidación, compruebe los siguientes puntos:
  - Cada rango de datos de origen debe estar ubicado en una hoja de cálculo distinta; ningún rango de origen debe estar ubicado en la hoja de cálculo sobre la cual se va a situar la consolidación.
  - Asegúrese de que las tablas que se van a consolidar tienen la misma estructura (el mismo número de filas y de columnas, el mismo tipo de datos en las celdas) y que están colocadas en las mismas celdas de las distintas hojas.
  - Si lo desea, asigne un nombre a los rangos de datos de origen (véase Rangos con nombre - Poner nombre a los rangos de celdas).
- Active la primera celda de destino de la consolidación.
- Active la pestaña **Datos** y haga clic en la herramienta **Consolidar** del grupo **Herramientas de datos**.
- Seleccione la **Función** de síntesis que debe usarse para consolidar los datos; para sumar los datos de las distintas tablas, escoja **Suma**.
- Si los datos que desea consolidar se hallan en otro libro, haga clic en el botón **Examinar**, localice el libro correspondiente, selecciónelo y haga clic en **Aceptar**.

- Si los datos que desea consolidar se sitúan en el libro activo, efectúe estas operaciones en todos los rangos de datos:

  - haga clic en el botón para reducir el cuadro de diálogo.
  - entre en la hoja de cálculo y seleccione las celdas que corresponda o introduzca el nombre de la zona de datos de origen.

  - haga clic en el botón para ver de nuevo el cuadro de diálogo.
  - haga clic en **Agregar**.

  *La consolidación calculará la suma de las celdas **D3** a **J23** de las hojas **Semana 1**, **Semana 2**, **Semana 3** y **Semana 4**.*

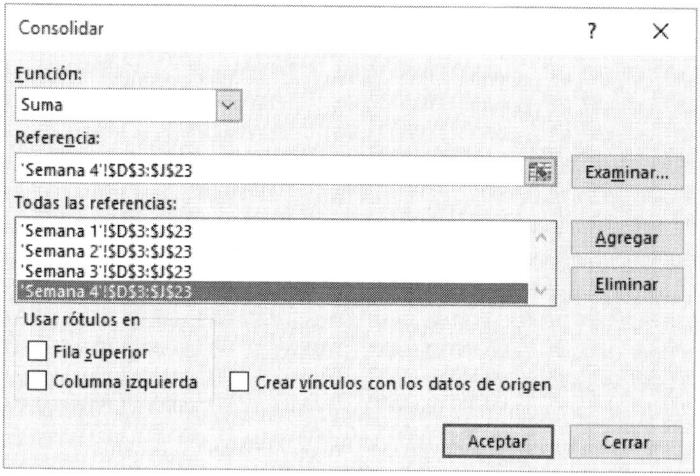

- Marque la opción **Crear vínculos con los datos de origen** si desea crear un vínculo permanente entre las hojas de origen y la hoja de consolidación. En esos casos, la tabla de consolidación se actualizará automáticamente cada vez que se modifiquen los datos de origen.

  Observe que, en este caso, no podrá modificar las celdas ni los rangos incluidos en la consolidación.
- Marque o desmarque las opciones del cuadro **Usar rótulos en** según si los datos copiados contienen o no rótulos de filas y de columnas.
- Haga clic en el botón **Aceptar** para confirmar.

El resultado de la consolidación aparece enseguida.

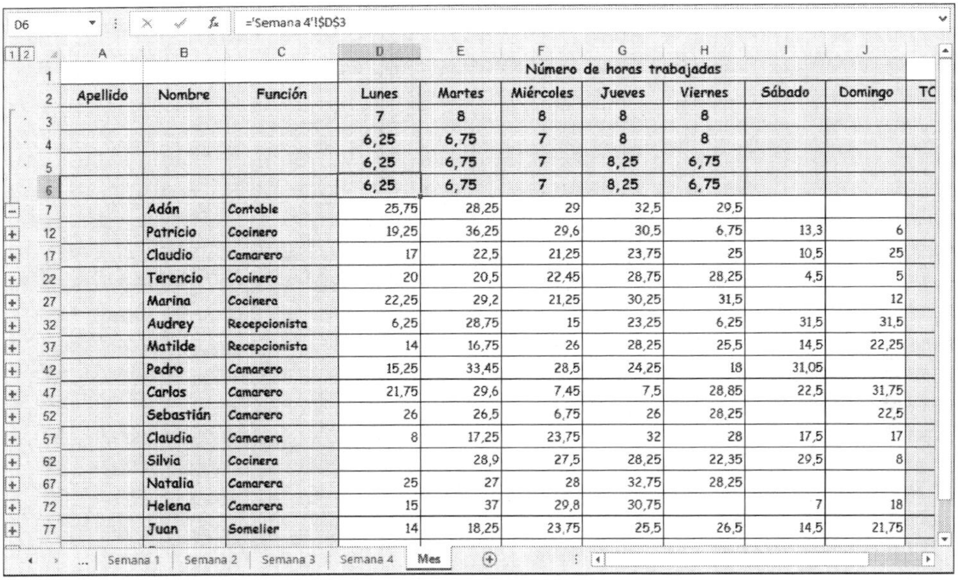

	A	B	C	D	E	F	G	H	I	J	
1				Número de horas trabajadas							
2	Apellido	Nombre	Función	Lunes	Martes	Miércoles	Jueves	Viernes	Sábado	Domingo	TC
3				7	8	8	8	8			
4				6,25	6,75	7	8	8			
5				6,25	6,75	7	8,25	6,75			
6				6,25	6,75	7	8,25	6,75			
7		Adán	Contable	25,75	28,25	29	32,5	29,5			
12		Patricio	Cocinero	19,25	36,25	29,6	30,5	6,75	13,3	6	
17		Claudio	Camarero	17	22,5	21,25	23,75	25	10,5	25	
22		Terencio	Cocinero	20	20,5	22,45	28,75	28,25	4,5	5	
27		Marina	Cocinera	22,25	29,2	21,25	30,25	31,5		12	
32		Audrey	Recepcionista	6,25	28,75	15	23,25	6,25	31,5	31,5	
37		Matilde	Recepcionista	14	16,75	26	28,25	25,5	14,5	22,25	
42		Pedro	Camarero	15,25	33,45	28,5	24,25	18	31,05		
47		Carlos	Camarero	21,75	29,6	7,45	7,5	28,85	22,5	31,75	
52		Sebastián	Camarero	26	26,5	6,75	26	28,25		22,5	
57		Claudia	Camarera	8	17,25	23,75	32	28	17,5	17	
62		Silvia	Cocinera		28,9	27,5	28,25	22,35	29,5	8	
67		Natalia	Camarera	25	27	28	32,75	28,25			
72		Helena	Camarera	15	37	29,8	30,75		7	18	
77		Juan	Somelier	14	18,25	23,75	25,5	26,5	14,5	21,75	

Al solicitar un vínculo, Excel genera además un esquema de la tabla de consolidación; las referencias de la hoja de cálculo y del libro de origen se retoman en las fórmulas de la tabla consolidada de este modo.

Generar una tabla de doble entrada

Con el fin de ilustrar el uso de una tabla de doble entrada, queremos conocer el valor de los pagos para un capital prestado fijo de 15 000 €, un número variable de mensualidades y tipos de interés también variables.

- Introduzca los elementos iniciales del cálculo que se debe realizar (tipo de interés, duración del préstamo, importe del préstamo, en nuestro ejemplo).
- Introduzca los encabezados y las filas de la tabla que corresponden a los parámetros variables.

Atención, la tabla preparada no debe estar unida a los elementos iniciales y el primer dato variable de fila debe estar situado una fila más arriba y una columna más a la derecha que el primer dato variable de columna.

- Introduzca la fórmula de cálculo en la intersección de la fila y la columna y confirme.

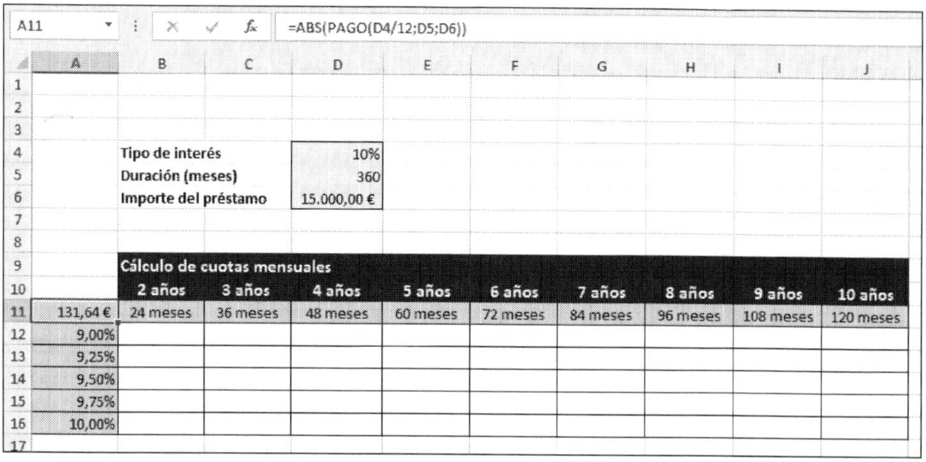

A11 =ABS(PAGO(D4/12;D5;D6))

	A	B	C	D	E	F	G	H	I	J
1										
2										
3										
4		Tipo de interés		10%						
5		Duración (meses)		360						
6		Importe del préstamo		15.000,00 €						
7										
8										
9		Cálculo de cuotas mensuales								
10		2 años	3 años	4 años	5 años	6 años	7 años	8 años	9 años	10 años
11	131,64 €	24 meses	36 meses	48 meses	60 meses	72 meses	84 meses	96 meses	108 meses	120 meses
12	9,00%									
13	9,25%									
14	9,50%									
15	9,75%									
16	10,00%									
17										

En este ejemplo, en la celda A11 hemos usado la función PAGO para calcular el importe de las cuotas mensuales correspondiente a la devolución de un préstamo basándonos en el número de pagos mensuales y en un tipo de interés constante. Asimismo, hemos usado la función ABS para efectuar este cálculo en valor absoluto.

- Seleccione el rango de celdas que comprende la fórmula de cálculo hasta la última celda de la tabla.
- Active la pestaña **Datos**, haga clic en el botón **Análisis de hipótesis** del grupo **Previsión**.
- Active la opción **Tabla de datos**.
- En el cuadro **Celda de entrada (fila)**, indique la referencia de la celda utilizada en la fórmula correspondiente a los datos variables situados en la primera fila de la tabla.

  *En nuestro ejemplo, la fila corresponde a la duración; por tanto, usaremos la celda **D5**.*
- De acuerdo con el mismo principio, indique la **Celda de entrada (columna)**.

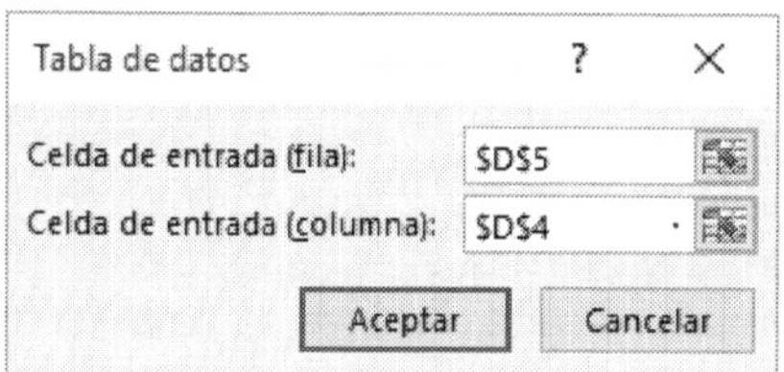

- Haga clic en **Aceptar**.

  Excel calcula íntegramente la tabla de pagos.

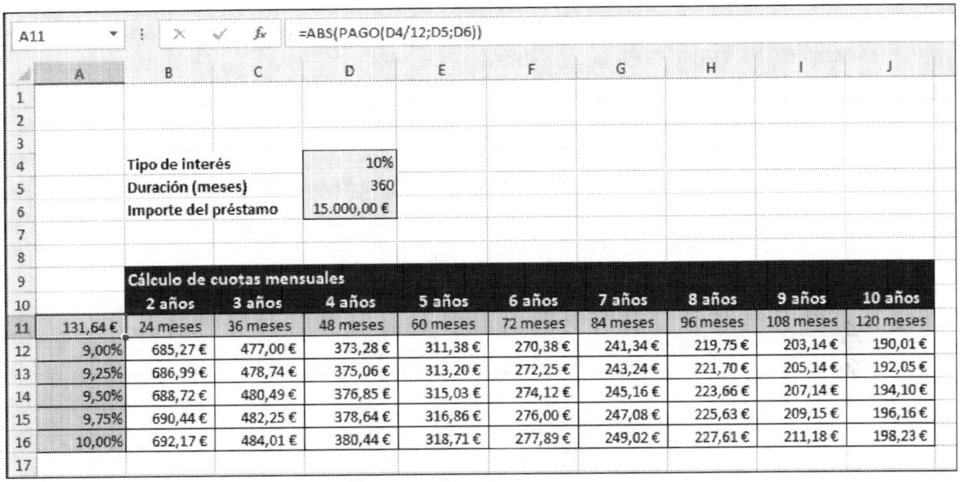

	A	B	C	D	E	F	G	H	I	J
1										
2										
3										
4		Tipo de interés		10%						
5		Duración (meses)		360						
6		Importe del préstamo		15.000,00 €						
7										
8										
9		Cálculo de cuotas mensuales								
10		2 años	3 años	4 años	5 años	6 años	7 años	8 años	9 años	10 años
11	131,64 €	24 meses	36 meses	48 meses	60 meses	72 meses	84 meses	96 meses	108 meses	120 meses
12	9,00%	685,27 €	477,00 €	373,28 €	311,38 €	270,38 €	241,34 €	219,75 €	203,14 €	190,01 €
13	9,25%	686,99 €	478,74 €	375,06 €	313,20 €	272,25 €	243,24 €	221,70 €	205,14 €	192,05 €
14	9,50%	688,72 €	480,49 €	376,85 €	315,03 €	274,12 €	245,16 €	223,66 €	207,14 €	194,10 €
15	9,75%	690,44 €	482,25 €	378,64 €	316,86 €	276,00 €	247,08 €	225,63 €	209,15 €	196,16 €
16	10,00%	692,17 €	484,01 €	380,44 €	318,71 €	277,89 €	249,02 €	227,61 €	211,18 €	198,23 €
17										

En este ejemplo, para los cálculos a partir de las celdas B11 a J11, a pesar del texto «mes», se ha aplicado a estas celdas el formato personalizado 0 «mes».

Usar una fórmula matricial

Esta fórmula tiene la particularidad de efectuar varios cálculos y devolver resultados simples o múltiples. Una fórmula matricial solo puede intervenir en dos (o más) conjuntos de valores llamados comúnmente argumentos matriciales. Estos deben tener el mismo número de filas y columnas.

- Proceda igual que para efectuar un cálculo simple, pero en lugar de trabajar por celdas, trabaje por rangos de celdas y, en lugar de confirmar pulsando [Intro] o [Ctrl][Intro], hágalo con la combinación de teclas [Ctrl][Mayús][Intro].

Veamos el uso de una fórmula matricial a través de tres ejemplos diferentes:

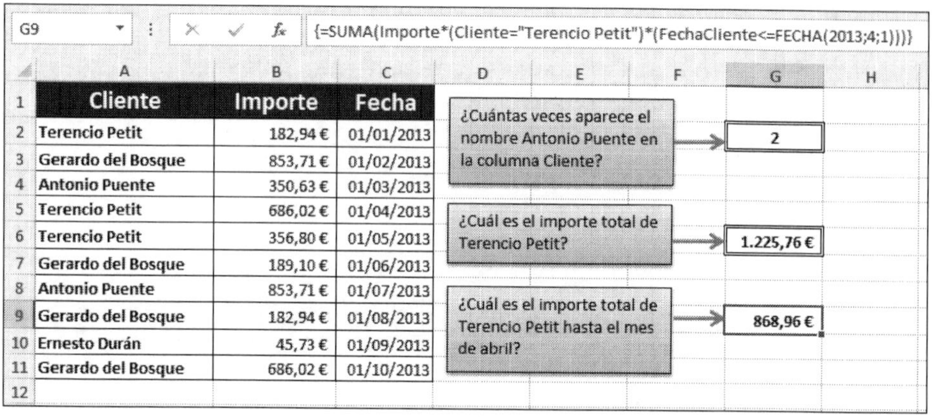

Para simplificar la lectura de las fórmulas, hemos puesto nombre a tres zonas: ***Cliente*** *(A2:A11),* ***Importe*** *(B2:B11),* ***FechaCliente*** *(C2:C11).*

Las fórmulas matriciales se han introducido en G2, G6 y G9:

G2 {=SUMA(SI(Cliente="Antonio Puente";1;0))}
Con esta fórmula, en el rango de celdas **Cliente** buscamos la entrada "**Antonio Puente**"; si la condición se verifica, Excel agrega **1**, de lo contrario Excel agrega **0**.
El mismo resultado podría obtenerse con la función SUMAR.SI.

G6 {=SUMA(Importe*(Cliente="Terencio Petit"))}
Con esta fórmula, solicitamos que se calcule la suma de los importes correspondientes al cliente Terencio Petit: **SUMA(Importe: *(**el cliente se llama Terencio Petit: **Cliente="Terencio Petit"**.

G9 {=SUMA(Importe*(Cliente="Terencio Petit")*(FechaCliente<=FECHA(2013;4;1)))}
Con esta fórmula solicitamos que se calcule la suma de los importes correspondientes al cliente Terencio Petit, fechados antes del 1/4/2013 (incluido): **SUMA(Importe: *(**el cliente se llama Terencio Petit: **Cliente="Terencio Petit** y como ***(**la fecha es inferior o igual a 1/4/2013: **FechaCliente<=FECHA(2013;4;1)**.

Una fórmula matricial puede reconocerse por las llaves que cierran la fórmula.

Alcanzar un valor objetivo

Esta técnica permite resolver el problema siguiente: qué valor debe contener una celda para que un determinado resultado alcance determinado valor.

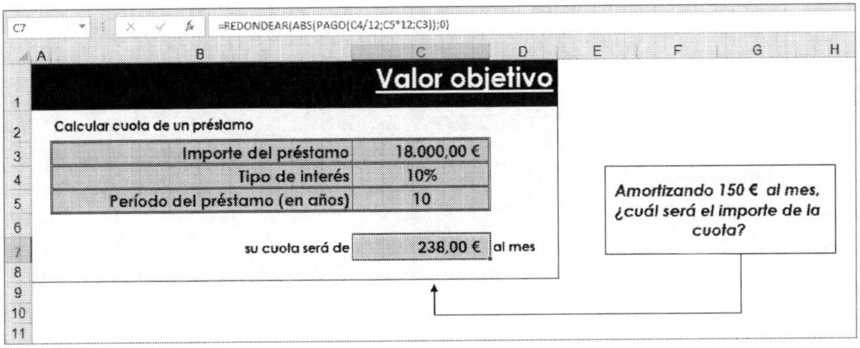

- Active la celda que debe tener un valor concreto y compruebe que contiene una fórmula de cálculo. Si es posible, visualice al mismo tiempo la celda que hay que modificar.
- Active la pestaña **Datos** y haga clic en el botón **Análisis de hipótesis** del grupo **Previsión.**
- Haga clic en la opción **Buscar objetivo**.
- Compruebe que el campo **Definir la celda** hace referencia a la celda (o al nombre de la celda) que contiene la fórmula para la cual desea encontrar una solución.
- Especifique el valor objetivo en el cuadro **Con el valor**.
- Seleccione en el cuadro **Cambiando la celda** la referencia de celda (o el nombre de celda) que desea ajustar para alcanzar el valor objetivo.

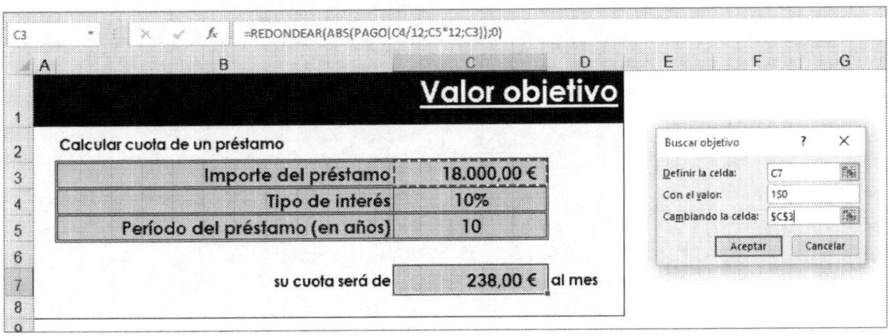

Haciendo un pago de 150 € al mes, ¿cuál será el importe del capital prestado?

- Haga clic en **Aceptar** para iniciar la búsqueda.

  Cuando Excel encuentra una solución, se detiene y muestra las conclusiones en la hoja de cálculo.

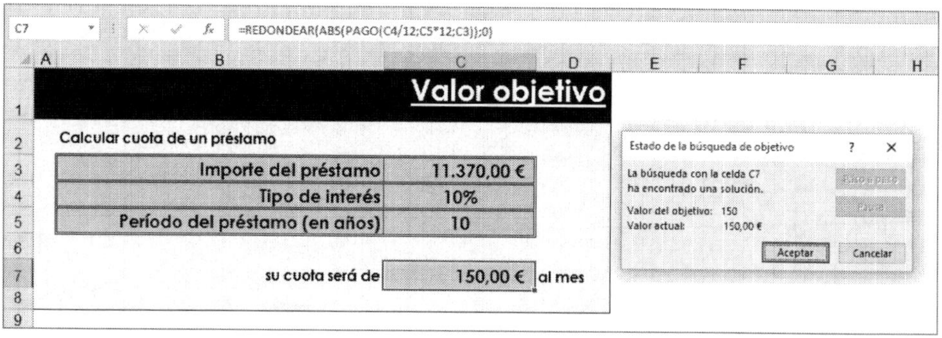

- Si el resultado propuesto le resulta satisfactorio, haga clic en el botón **Aceptar** para conservarlo en la hoja. Si desea volver a los valores de partida, haga clic en **Cancelar**.

Crear escenarios

Un escenario permite resolver un problema considerando varias hipótesis; se trata, por tanto, de una herramienta de análisis de simulación. Tomemos el ejemplo de una tabla sobre un préstamo:

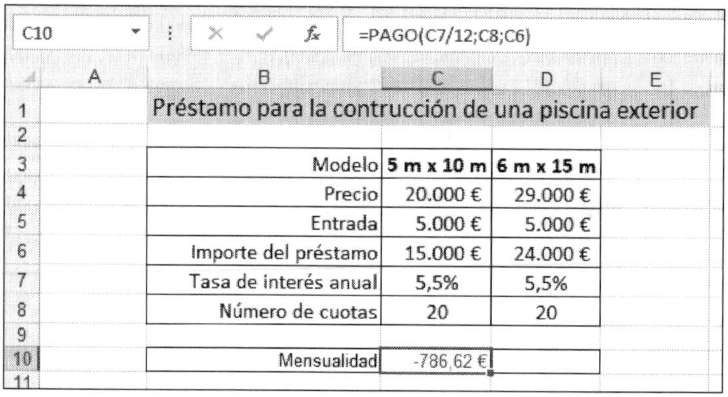

C10 =PAGO(C7/12;C8;C6)

Préstamo para la contrucción de una piscina exterior

Modelo	5 m x 10 m	6 m x 15 m
Precio	20.000 €	29.000 €
Entrada	5.000 €	5.000 €
Importe del préstamo	15.000 €	24.000 €
Tasa de interés anual	5,5%	5,5%
Número de cuotas	20	20
Mensualidad	-786,62 €	

Buscamos evaluar el importe del reembolso mensual en función de tres variables: importe del préstamo, tasa de interés anual y número de cuotas, incluidos en las celdas C6, C7 y C8 respectivamente.

Crear escenarios

- Active la pestaña **Datos** y haga clic en el botón **Análisis de hipótesis** del grupo **Previsión.**
- Active la opción **Administrador de escenarios.**
- En el cuadro de diálogo **Administrador de escenarios**, haga clic en el botón **Agregar** e introduzca el **Nombre del escenario.**
- En el cuadro **Celdas cambiantes**, especifique las celdas con los datos que desea variar.

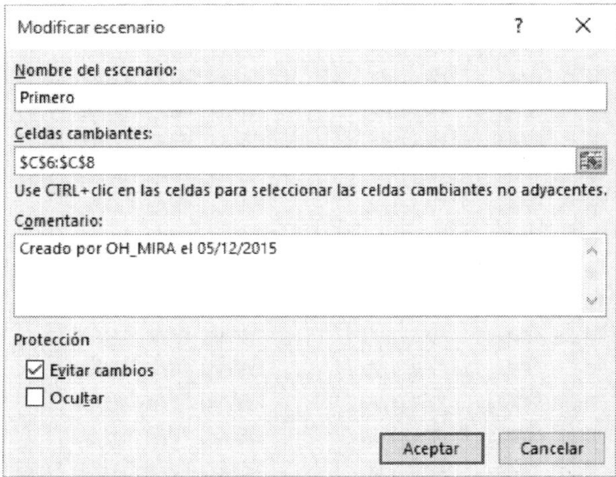

- Haga clic en el botón **Aceptar**, introduzca el valor de cada celda cambiante y confirme.

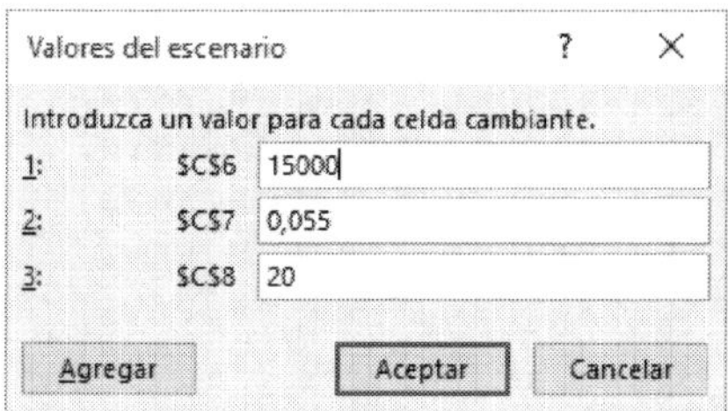

- Cree los demás escenarios siguiendo el mismo procedimiento.

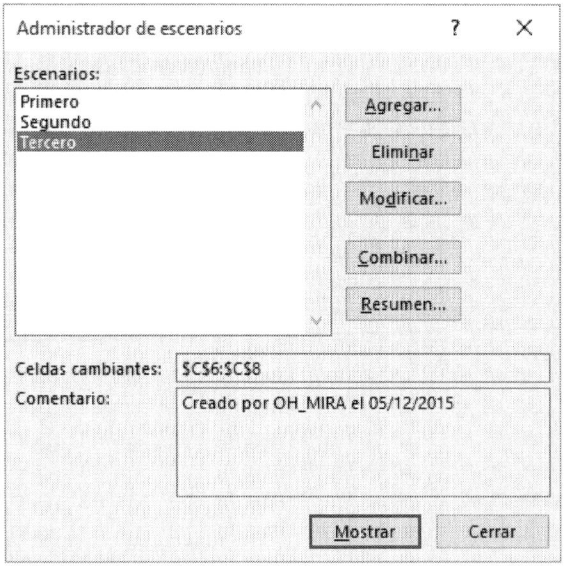

- Haga clic en **Cerrar**.

Iniciar la ejecución de los escenarios

- Active la pestaña **Datos** y haga clic en el botón **Análisis de hipótesis** del grupo **Previsión**.
- Active la opción **Administrador de escenarios.**
- Si solo debe iniciarse un escenario, selecciónelo y haga clic en el botón **Mostrar**. En esos casos, el resultado se muestra en la hoja de cálculo.
- Si deben ejecutarse todos los escenarios, haga clic en el botón **Resumen**. Si es preciso, seleccione en la hoja de resumen las celdas cuyo valor desea ver en cada escenario.

Si ha hecho clic en el botón ***Resumen****, Excel le propone dos tipos de informe.*

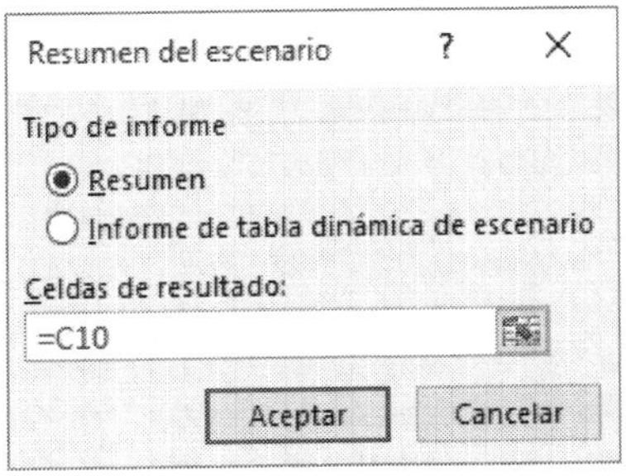

- Active el **Tipo de informe** deseado y haga clic en **Aceptar**.

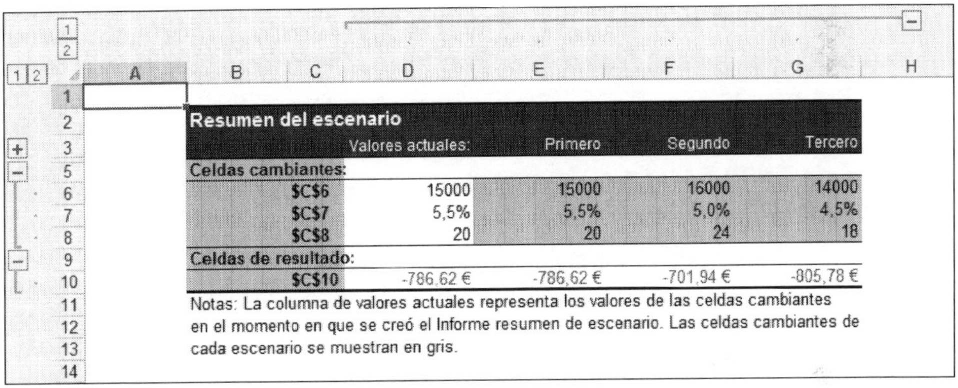

Resumen del escenario	Valores actuales:	Primero	Segundo	Tercero
Celdas cambiantes:				
$C$6	15000	15000	16000	14000
$C$7	5,5%	5,5%	5,0%	4,5%
$C$8	20	20	24	18
Celdas de resultado:				
$C$10	-786,62 €	-786,62 €	-701,94 €	-805,78 €

Notas: La columna de valores actuales representa los valores de las celdas cambiantes en el momento en que se creó el Informe resumen de escenario. Las celdas cambiantes de cada escenario se muestran en gris.

El resumen aparece en forma de esquema en una nueva hoja de cálculo. De este modo, obtenemos los valores de las distintas mensualidades, en función de los valores de las tres variables definidas.

Mostrar las fórmulas en lugar de los resultados

- Active la pestaña **Fórmulas** y haga clic en la herramienta **Mostrar fórmulas** del grupo **Auditoría de fórmulas** o use el método abreviado Ctrl ` (acento grave).
- Para ocultar las fórmulas y ver de nuevo los resultados, haga clic en la herramienta o use el mismo método abreviado.

Localizar y resolver los errores en una fórmula

Excel puede comprobar un número determinado de errores en las fórmulas, como pueden ser valores de error (p. ej. "#¿NOMBRE?", "#¡VALOR!"...), números almacenados en forma de texto, etc. Cuando se detecta un problema, Excel muestra un triángulo en la esquina superior izquierda de la celda que alberga la fórmula.

Mostrar los errores

Cuando en una celda el resultado de una fórmula muestra un valor de error como puede ser #¿NOMBRE?, #N/A, #¡DIV0!, etc., es posible localizar todas las celdas que intervienen en la fórmula.

- Active la celda que contiene el error.
- Active la pestaña **Fórmulas** y abra la lista de la herramienta **Comprobación de errores** del grupo **Auditoría de fórmulas.**
- Haga clic en la opción **Rastrear error**.

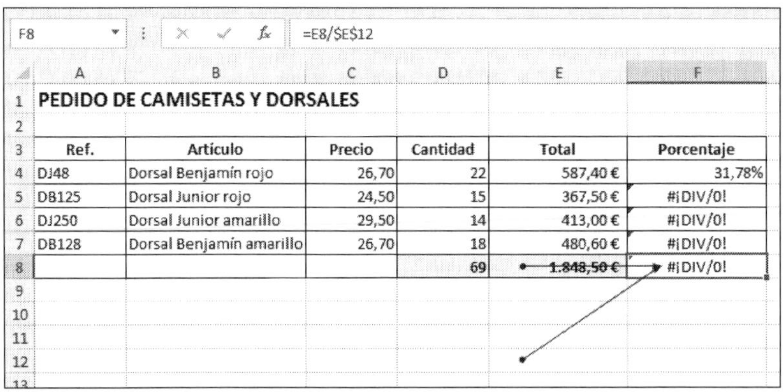
F8 =E8/$E$12

	A	B	C	D	E	F
1	PEDIDO DE CAMISETAS Y DORSALES					
2						
3	Ref.	Artículo	Precio	Cantidad	Total	Porcentaje
4	DJ48	Dorsal Benjamín rojo	26,70	22	587,40 €	31,78%
5	DB125	Dorsal Junior rojo	24,50	15	367,50 €	#¡DIV/0!
6	DJ250	Dorsal Junior amarillo	29,50	14	413,00 €	#¡DIV/0!
7	DB128	Dorsal Benjamín amarillo	26,70	18	480,60 €	#¡DIV/0!
8				69	1.848,50 €	#¡DIV/0!
9						
10						
11						
12						

Aparecen en pantalla una serie de flechas de auditoría. Las flechas rojas unen la celda que ha producido el error con aquellas que hacen referencia a ella, mientras que las flechas azules designan los antecedentes de la celda que ha provocado el error.

Para borrar las flechas de auditoría, haga clic en la herramienta **Quitar flechas** del grupo **Auditoría de fórmulas** de la pestaña **Fórmulas.**

Analizar los errores de una fórmula

- Active la celda que contiene el error, identificable gracias al triángulo (verde por defecto) que aparece en la esquina superior izquierda de la celda.
- Haga clic en el botón , situado a la izquierda de la celda activa.

  Aparece una lista de opciones. En la primera de ellas se indica el tipo de error localizado por Excel.

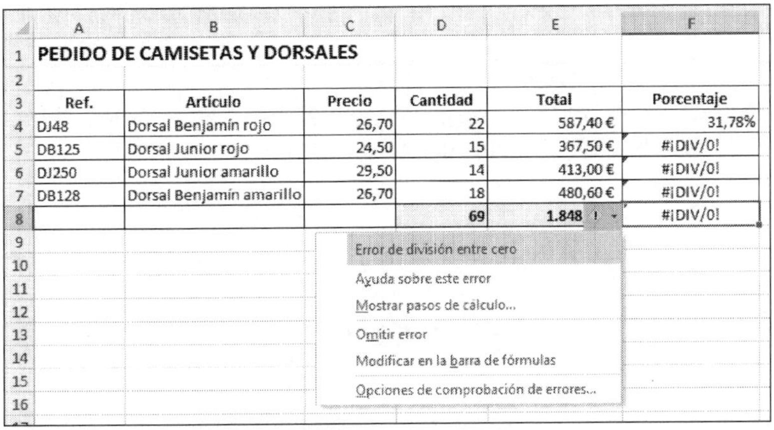

	A	B	C	D	E	F
1	PEDIDO DE CAMISETAS Y DORSALES					
2						
3	Ref.	Artículo	Precio	Cantidad	Total	Porcentaje
4	DJ48	Dorsal Benjamín rojo	26,70	22	587,40 €	31,78%
5	DB125	Dorsal Junior rojo	24,50	15	367,50 €	#¡DIV/0!
6	DJ250	Dorsal Junior amarillo	29,50	14	413,00 €	#¡DIV/0!
7	DB128	Dorsal Benjamín amarillo	26,70	18	480,60 €	#¡DIV/0!
8				69	1.848	#¡DIV/0!

- Haga clic en la opción que prefiera:

Omitir error	Desactiva la localización del error: el triángulo de color y el botón desaparecen.
Modificar en la barra de fórmulas	Coloca el cursor en la barra de fórmulas para que pueda modificar la fórmula.
Opciones de comprobación de errores	Muestra el cuadro de diálogo **Opciones de Excel** y permite activar o desactivar las **Reglas de verificación de Excel**.

Dependiendo del tipo de error puede haber disponibles otras opciones.

Si no le interesa ninguna de las opciones propuestas, active otra celda para ocultarlas o pulse [esc].

Si en la celda no aparece ningún indicador de error (triángulo de color y botón), haga clic en la pestaña **Archivo** y luego en el botón **Opciones**; active la categoría **Fórmulas** y la opción **Habilitar comprobación de errores en segundo plano**, en la zona **Comprobación de errores**. Haga clic en **Aceptar** para confirmar.

Analizar los errores de todas las fórmulas

- Entre en el cuadro de diálogo **Opciones de Excel** (pestaña **Archivo** - **Opciones**); active la categoría **Fórmulas** y modifique, si es preciso, la lista de errores que Excel debe localizar activando o desactivando las opciones del apartado **Reglas de verificación de Excel**.
- Active la hoja en la que desea comprobar los errores.
- Active la pestaña **Fórmulas** y haga clic en la herramienta **Comprobación de errores**  del grupo **Auditoría de fórmulas**.

*Excel selecciona la primera celda con un error y muestra los detalles de la fórmula y del error en el cuadro de diálogo **Comprobación de errores**.*

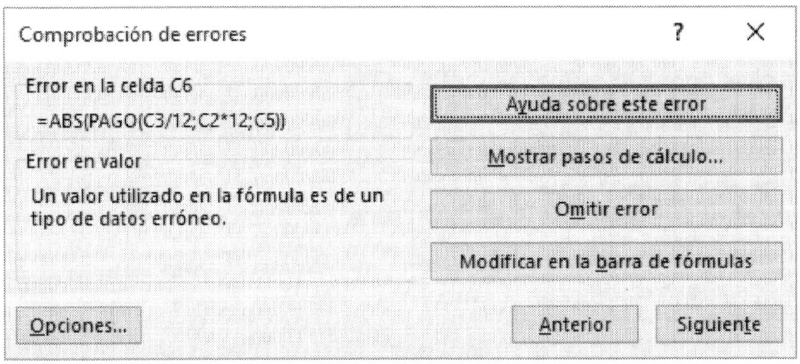

- Puede optar por obtener **Ayuda sobre este error**, **Mostrar pasos de cálculo**, **Omitir error** o **Modificar en la barra de fórmulas**, según el caso.

*Los botones del cuadro de diálogo **Comprobación de errores** pueden ser diferentes en función del tipo de error.*

- Según la elección efectuada, es posible que en el cuadro de diálogo **Comprobación de errores** aparezca el botón **Continuar**, que permite seguir verificando las celdas siguientes.
- Si desea pasar directamente al error siguiente o anterior sin tratar el error seleccionado, haga clic en los botones **Anterior** o **Siguiente**.

Para volver a activar la localización de errores en las celdas en que ha optado por **Omitir error**, haga clic en el botón **Restablecer errores omitidos** (**Opciones de Excel**, categoría **Fórmulas** - **Comprobación de errores**).

Evaluar fórmulas

Esta técnica permite ver el resultado de las diferentes partes de una fórmula anidada.

- Seleccione la celda que desea evaluar.
- Active la pestaña **Fórmulas** y haga clic en la herramienta **Evaluar fórmula**  del grupo **Auditoría de fórmulas**.

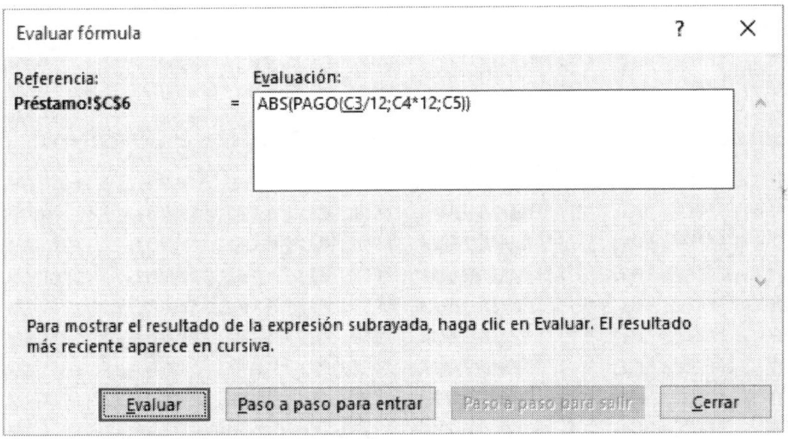

- Haga clic en el botón **Evaluar** para ver el resultado de la expresión subrayada del cuadro **Evaluación**. El resultado aparece en cursiva.
- Haga clic de nuevo en el botón **Evaluar** para ver el resultado de la parte siguiente y así sucesivamente.

- Cuando haya evaluado toda la fórmula, haga clic en el botón **Cerrar** para finalizar la evaluación o en el botón **Reiniciar** (que sustituye al botón **Evaluar**) para revisar la evaluación.

Si la fórmula evaluada contiene una referencia a otra fórmula, el botón **Paso a paso para entrar** permite ver los detalles de la fórmula (cuando está subrayada) en un nuevo cuadro de la zona **Evaluación**. El botón **Paso a paso para salir** permite volver a la fórmula inicial.

Usar la ventana Inspección

*La **Ventana Inspección** permite observar simultáneamente el contenido de las celdas y los detalles de las fórmulas.*

- Seleccione las celdas que desea inspeccionar.
- Active la pestaña **Fórmulas** y haga clic en el botón **Ventana Inspección** del grupo **Auditoría de fórmulas**.

*Si la **Ventana Inspección** aparece sobre la hoja de cálculo, puede anclar la ventana haciendo doble clic en su barra de título. Para desanclarla, arrastre su barra de título al centro de la ventana.*

- Para inspeccionar las celdas, agréguelas a la **Ventana Inspección**:
  - Seleccione la celda o celdas. Para seleccionar todas las celdas con fórmulas de una hoja, active la pestaña **Inicio** y haga clic en el botón **Buscar y seleccionar** del grupo **Modificar**, haga clic en la opción **Fórmulas**.
  - Haga clic en el botón **Agregar inspección**. Compruebe la selección en el cuadro de diálogo de igual nombre y haga clic en el botón **Agregar**.

*Podrá seleccionar otra celda (o rango de celdas) y añadirla a la lista de inspecciones siempre que la **Ventana Inspección** permanezca activa.*

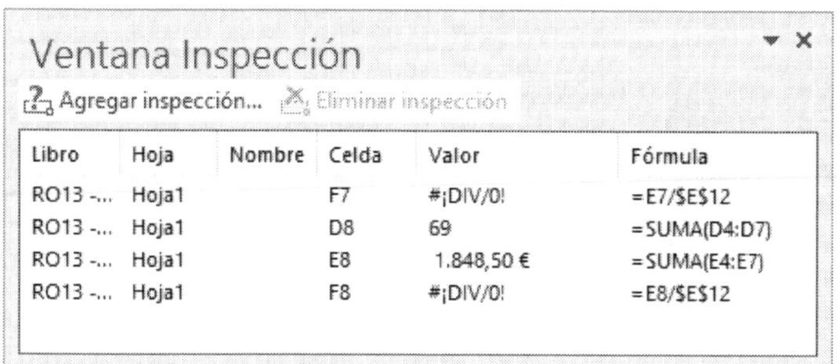

- Para modificar el ancho de las columnas, haga clic y arrastre a la altura de la intersección de los títulos de columna.
- Para ir rápidamente hasta una celda de una fila de la **Ventana Inspección,** haga doble clic en la fila.
- Cuando no necesite la **Ventana Inspección**, haga clic de nuevo en el botón **Ventana Inspección** de la pestaña **Fórmulas** para cerrarla o haga clic en el botón x.

Rastrear las relaciones entre las fórmulas y las celdas

Mostrar los precedentes

Se trata de localizar las celdas que intervienen en una fórmula con ayuda de las flechas de auditoría.

- Seleccione la celda que contiene la fórmula.
- Active la pestaña **Fórmulas** y haga clic en la herramienta **Rastrear precedentes** del grupo **Auditoría de fórmulas**.

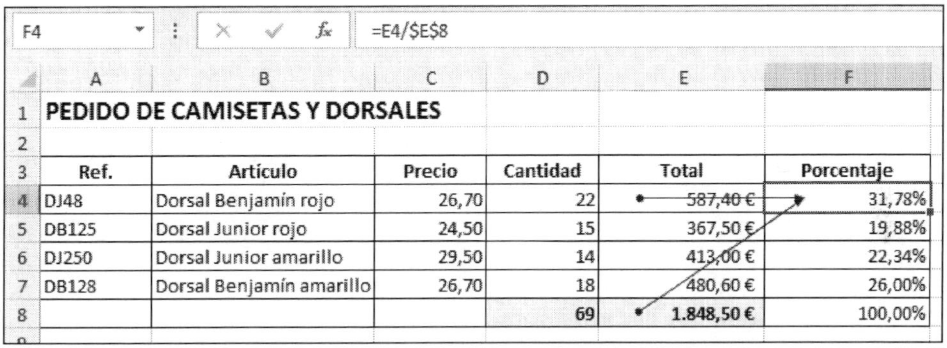

	A	B	C	D	E	F
1	PEDIDO DE CAMISETAS Y DORSALES					
2						
3	Ref.	Artículo	Precio	Cantidad	Total	Porcentaje
4	DJ48	Dorsal Benjamín rojo	26,70	22	587,40 €	31,78%
5	DB125	Dorsal Junior rojo	24,50	15	367,50 €	19,88%
6	DJ250	Dorsal Junior amarillo	29,50	14	413,00 €	22,34%
7	DB128	Dorsal Benjamín amarillo	26,70	18	480,60 €	26,00%
8				69	1.848,50 €	100,00%

*En el ejemplo de arriba las flechas (azules) señalan los precedentes de la celda **F4**: las celdas **E4** y **E8** se usan en la fórmula de la celda **F4**.*

- Para ocultar las flechas de precedentes, abra la lista de la herramienta **Quitar flechas** y haga clic en la opción **Quitar un nivel de precedentes**.

Mostrar los dependientes

Se trata de localizar las celdas que contienen una fórmula y que hacen referencia a la celda seleccionada utilizando las flechas de auditoría.

- Active la celda correspondiente.
- Active la pestaña **Fórmulas** y haga clic en la herramienta **Rastrear dependientes** del grupo **Auditoría de fórmulas**.

  *La celda **E8** interviene en la fórmula de las celdas **F4** a **F8**.*

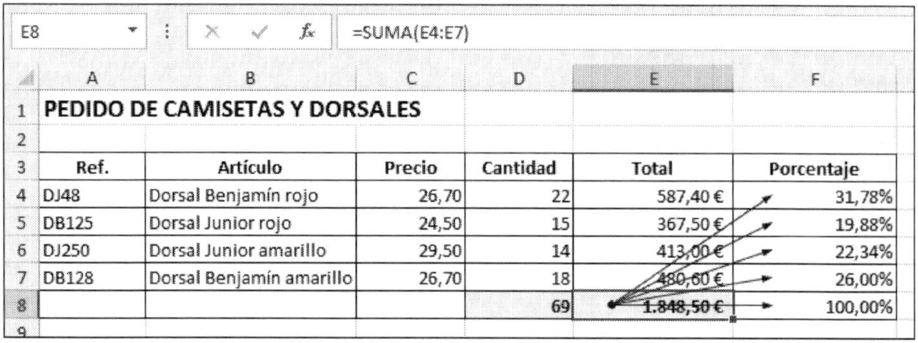

E8 =SUMA(E4:E7)

	A	B	C	D	E	F
1	PEDIDO DE CAMISETAS Y DORSALES					
2						
3	Ref.	Artículo	Precio	Cantidad	Total	Porcentaje
4	DJ48	Dorsal Benjamín rojo	26,70	22	587,40 €	31,78%
5	DB125	Dorsal Junior rojo	24,50	15	367,50 €	19,88%
6	DJ250	Dorsal Junior amarillo	29,50	14	413,00 €	22,34%
7	DB128	Dorsal Benjamín amarillo	26,70	18	480,60 €	26,00%
8				69	1.848,50 €	100,00%
9						

- Para ocultar las flechas de dependientes, abra la lista de la herramienta **Quitar flechas** y haga clic en la opción **Quitar un nivel de dependientes**.

Para borrar todas las flechas de auditoría, haga clic en la herramienta **Quitar flechas**, en la pestaña **Fórmulas**, grupo **Auditoría de fórmulas**.

Descubrir y activar el complemento Solver

El Solver de Excel es una herramienta de análisis de simulación; permite encontrar el valor óptimo o mínimo de una celda objetivo, en función de condiciones (celdas de restricciones) que usted habrá aplicado a los valores de otras celdas de la fórmula (celdas variables o variables de decisión).

Para resolver un problema, deberá definir los parámetros siguientes:

- *El **objetivo que quiere alcanzar**: representa la celda cuyo contenido debe optimizarse o alcanzar determinado valor. Contiene por lo general una fórmula, y su valor depende de una o de varias celdas variables (la definición de esta celda, no obstante, no es obligatoria).*
- *Las **celdas que deben modificarse**: también llamadas variables de decisión, representan las celdas cuyo valor puede ir cambiando el Solver hasta lograr que las restricciones del problema queden satisfechas y que la «celda objetivo» alcance el objetivo definido.*
- *Las **celdas de restricciones** representan una o varias celdas cuyos valores deben alcanzar un nivel dado o bien permanecer dentro de determinados límites. En principio, deben contener fórmulas dependientes de las celdas variables.*

Con la finalidad de resolver un problema, el Solver hace que intervengan varias iteraciones para las que utiliza un conjunto de valores de celdas variables que hacen que se recalcule la hoja de cálculo, y examina las restricciones asociadas, así como el posible valor de la celda que hay que definir.

El Solver muestra, entonces, el valor de la celda variable más próxima a la solución buscada. También es posible crear un informe-resumen que contenga las características del problema, sus valores originales y sus valores finales.

Por defecto, el complemento Solver no está disponible en Excel: es preciso activarlo.

- Haga clic en la pestaña **Archivo** y luego en **Opciones**.
- En la categoría **Complementos**, abra la lista desplegable del campo **Administrar**, haga clic en **Complementos de Excel** y luego en el botón **Ir**.

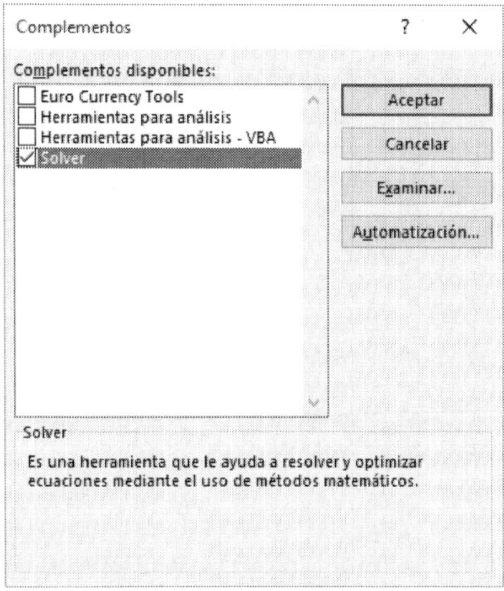

- En la lista de los **Complementos disponibles**, marque la opción **Solver**.
- Haga clic en el botón **Aceptar** para confirmar.

Definir y resolver un problema usando el Solver

Tomemos el ejemplo siguiente: en el ámbito de un proyecto de préstamo bancario, vamos a buscar la oferta más ventajosa compatible con nuestra capacidad de reembolso, sabiendo que el porcentaje de interés es fijo y que el importe de los reembolsos, constante.

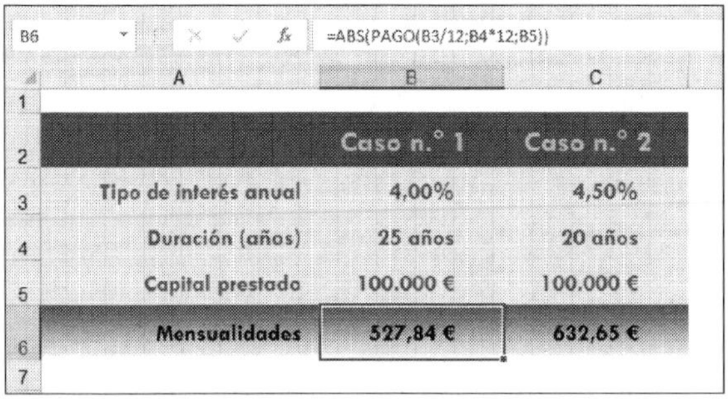

	Caso n.° 1	Caso n.° 2
Tipo de interés anual	4,00%	4,50%
Duración (años)	25 años	20 años
Capital prestado	100.000 €	100.000 €
Mensualidades	527,84 €	632,65 €

Las mensualidades se han calculado con las funciones PAGO y ABS.

El problema que se plantea es el siguiente: ¿cuál será la duración (número de mensualidades) para un reembolso de aproximadamente 500 € al mes?

- Active la pestaña **Datos** y haga clic en el botón **Solver** del grupo **Análisis**.

  Si este comando no aparece, deberá activarlo (véase Descubrir y activar el complemento Solver).

- Haga clic en el icono asociado al campo **Establecer objetivo**, haga clic en la celda objetivo (que debe contener obligatoriamente una fórmula) y haga clic en el icono para expandir de nuevo el cuadro de diálogo **Parámetros de Solver**.

  También puede escribir directamente la referencia o el nombre de la celda objetivo en el campo ***Establecer objetivo****.*

- A continuación, active la opción:

  - **Máx** para buscar el valor más elevado del objetivo.
  - **Mín** para buscar el valor más pequeño del objetivo.
  - **Valor de** para buscar un valor preciso.

  Para nuestro ejemplo, buscamos una mensualidad de aproximadamente 500 €; por lo tanto, pediremos buscar un valor máximo.

- Haga clic en el icono asociado al campo **Cambiando las celdas de variables**; haga clic en una celda variable de decisión (200 máximo), separe las celdas no adyacentes mediante un punto y coma. Cada una de las celdas debe estar asociada, directamente o no, a la celda objetivo. A continuación, haga clic en el icono para expandir el cuadro de diálogo **Parámetros de Solver**.

- Complete cada una de las restricciones (**Sujeto a las restricciones**) que deben aplicarse siguiendo este procedimiento:

  - Haga clic en el botón **Agregar** para abrir el cuadro de diálogo **Agregar restricción**.
  - Haga clic en el icono asociado al campo **Referencia de celda** y haga clic en la celda (o rango de celdas) que va a someter a una restricción. A continuación, haga clic en el icono para expandir de nuevo el cuadro de diálogo **Agregar restricción**.

- Usando la lista desplegable situada entre la **Referencia de celda** y la **Restricción**, defina la relación (<=, =, >=, **int**, **bin** o **dif**):
  - **bin** si se trata de una restricción binaria (es decir, que implica dos variables). En ese caso, la palabra **binario** se muestra en **Restricción**.
  - **int** para que el resultado obtenido en la celda a la que se hace referencia (celda variable obligatoriamente) sea un número entero. Ello puede resultar práctico si, por ejemplo, se busca calcular un número de acciones (estas no pueden estar fragmentadas). En ese caso, la palabra **entero** se muestra en **Restricción**.
  - **dif** para que el resultado obtenido en la celda a la que se hace referencia (celda variable obligatoriamente) sea diferente. En este caso, **Todos diferentes** se muestra en el campo **Restricción**.
  - <= (menor o igual que), >= (mayor o igual) o = (igual), para llevar a cabo una comparación con un valor, una fórmula, una referencia o un nombre de celda; introduzca este dato en el cuadro **Restricción**.

En este ejemplo, buscamos un importe de reembolso igual o inferior a 500 €.

- Para confirmar la restricción que acaba de definir y crear una nueva, haga clic en el botón **Agregar**.
- Cuando estén definidas todas las restricciones, haga clic en el botón **Aceptar** para confirmar los últimos datos definidos y volver al cuadro de diálogo **Parámetros de Solver**.

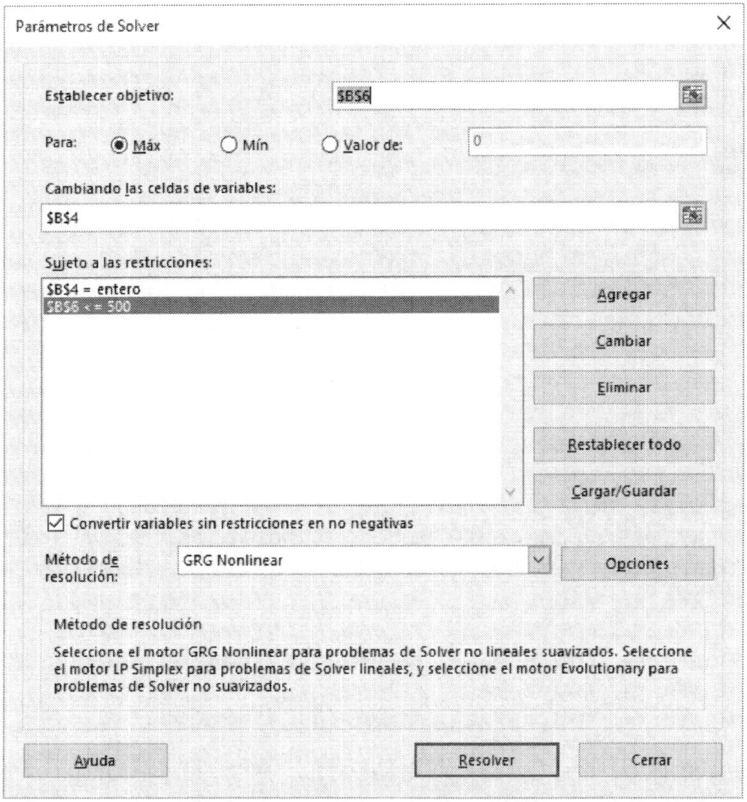

En nuestro ejemplo, y teniendo en cuenta que un banco no presta por fracciones de año ni de mes, hemos añadido la restricción suplementaria según la cual la duración (celda $B$4) debe ser un número entero.

- Según el tipo de problema que debe resolver (no lineal simple, lineal o complejo), puede seleccionar en la lista **Método de resolución** un método de resolución diferente (**GRG Nonlinear**, **Simplex LP** o **Evolutionary**).
- Haga clic en el botón **Resolver** (el botón **Cerrar** permite grabar los parámetros del Solver sin ejecutar la resolución del problema).

*La ventana **Resultados de Solver** muestra la posible solución encontrada en función de los parámetros definidos.*

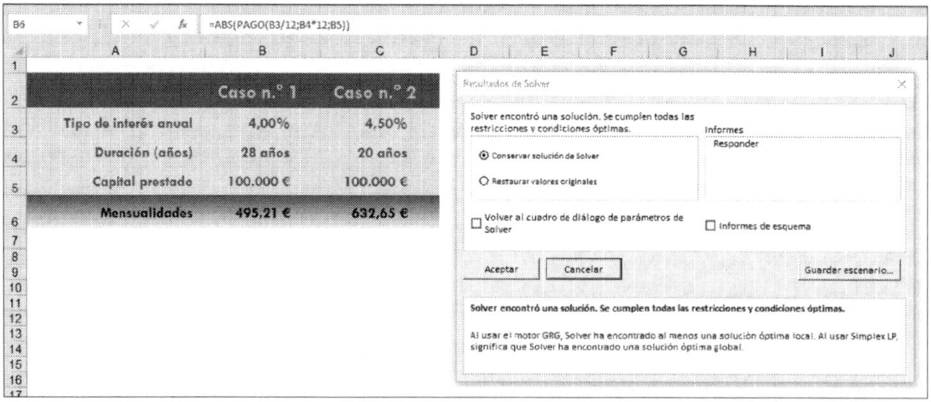

En la parte inferior se muestra un comentario sobre el resultado obtenido.

- Para conservar la solución propuesta o, por el contrario, volver a los valores originales, active la opción **Conservar solución de Solver** o **Restaurar valores originales,** según el caso.

  Para crear un informe basado en este resultado, haga clic en el tipo de informe deseado del cuadro **Informes**, a fin de seleccionarlo.

  *Tras aceptar la ventana **Resultados de Solver**, el informe se creará en una nueva hoja de cálculo.*

- Para guardar los valores de las celdas variables de decisión como escenario con el fin de poder consultarlo más adelante, haga clic en el botón **Guardar escenario**; escriba el **Nombre de** escenario que desee.

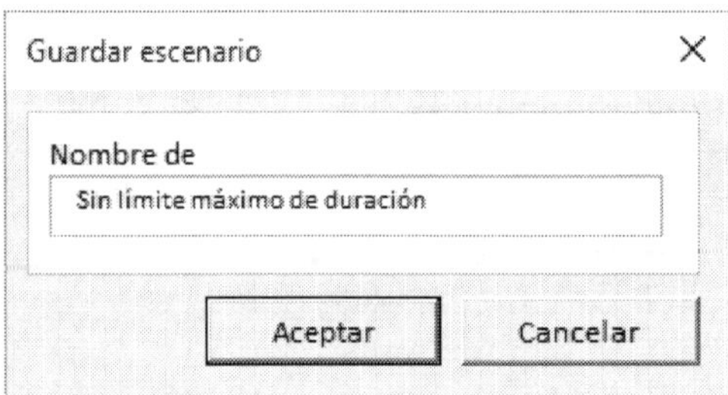

A continuación haga clic en **Aceptar**.

- Haga clic en el botón **Aceptar** de la ventana **Resultados de Solver** para tener en cuenta los cambios efectuados.

  Si ha elegido conservar un informe del resultado, se integra en el libro una nueva hoja de cálculo llamada ***Informe de respuestas 1****.*

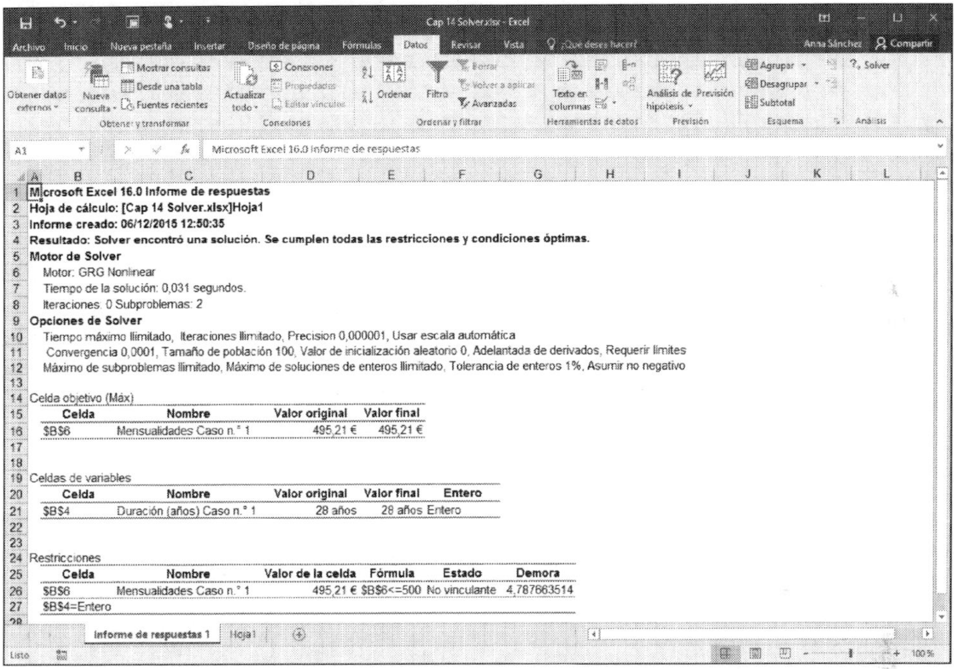

- Para cambiar una de las restricciones, abra de nuevo el cuadro de diálogo **Parámetros de Solver** (pestaña **Datos** - botón **Solver**), haga clic en la restricción correspondiente y luego en el botón **Cambiar**. Efectúe los cambios que desee en el cuadro de diálogo **Cambiar restricción** y confirme mediante **Aceptar**.
- Para eliminar una de las **Restricciones**, haga clic en la restricción correspondiente y luego en el botón **Eliminar**.

Mostrar las soluciones de prueba del Solver

- Active la pestaña **Datos** y haga clic en el botón **Solver** del grupo **Análisis.**
- Defina el problema que hay que resolver (véase Definir y resolver un problema usando el Solver).
- Haga clic en el botón **Opciones** de la ventana **Parámetros de Solver.**

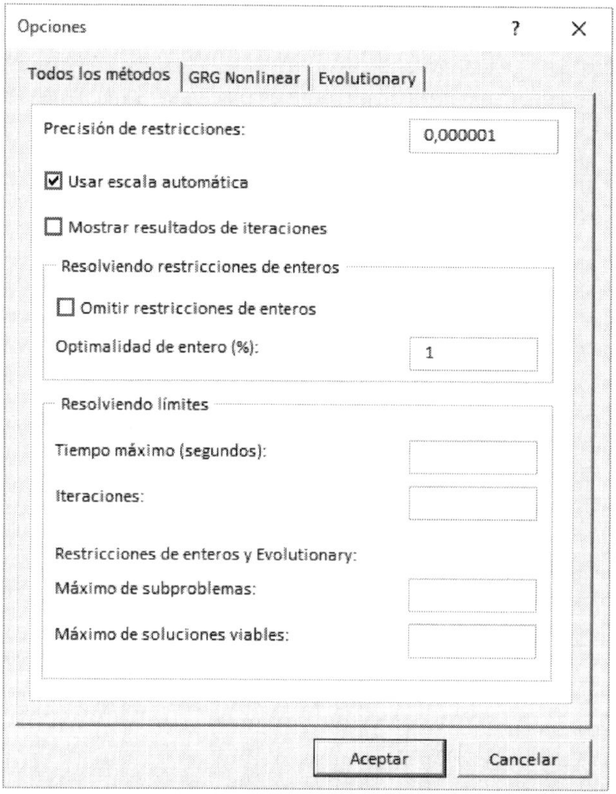

- Marque la opción **Mostrar resultados de iteraciones** para que se muestren los resultados de cada solución de prueba.
- Haga clic en **Aceptar**.

Crear un formato personalizado

- Seleccione las celdas a las que desea aplicar el formato.
- En la pestaña **Inicio**, abra la lista **Formato de número** del grupo **Número** y luego haga clic en la opción **Más formatos de número** o bien haga clic en el iniciador de cuadro de diálogo del grupo **Número** o pulse Ctrl **F** y active, si es preciso, la ficha **Número**.
- En la lista **Categoría** seleccione la opción **Personalizada** e introduzca el formato personalizado en el cuadro de texto **Tipo**, respetando los principios siguientes:
  - Un formato personalizado puede estar compuesto de cuatro secciones, separadas por punto y coma. Estas secciones definen, por orden, el formato de los números positivos, el de los números negativos, el de los valores nulos y el formato de texto.

    *Por ejemplo: **0,00" kg";[rojo]-0,00" kg";0**. Este ejemplo muestra los valores positivos con dos decimales seguidos del texto kg, los valores negativos aparecen en rojo precedidos del signo - y seguidos del texto kg, los valores nulos se mostrarán sin decimales y sin el texto kg; no se define ningún formato específico para los valores de tipo texto.*
  - Cabe la posibilidad de definir únicamente una sección. En esos casos la sección es usada por todos los números, sea cual sea su valor.

    *Por ejemplo: **#.##0" sin IVA"**. En este ejemplo, sea cual sea el valor introducido (positivo, negativo o nulo), aparecerá un punto entre los millares y las centenas y el valor irá seguido del texto «sin IVA».*
  - Para crear un formato personalizado, pueden usarse las sintaxis siguientes:

    Para agregar texto a un formato personalizado: el texto agregado al formato debe teclearse obligatoriamente entre comillas. Tenga cuidado de no dejar espacios delante de las comillas, de lo contrario Excel interpretaría el espacio como una solicitud de dividir entre 1000.

    En los formatos numéricos personalizados:

    #.##: muestra un espacio entre los millares y las centenas

    0: muestra los valores sin decimales

    0,00: muestra dos decimales

    Por ejemplo: ***#.##0,00"sin IVA"***: si se introduce *2415* aparece *2.415,00 sin IVA*

    Para personalizar un formato de fecha:

    para los días, use los códigos: d (1) - dd (01) - ddd (sáb) - dddd (sábado)

Para los meses, use los códigos: m (1) - mm (01) - mmm (ene) - mmmm (enero) Para los años, use los códigos: aa (11) - aaaa (2011)

Use el carácter que prefiera como separador

Por ejemplo: ***"El"ddd dd de mmm "de "aaaa***: al introducir *24/4/11* aparece *El dom 24 de abr de 2011.*

Si los elementos introducidos contienen texto: use el carácter @ para indicar el texto introducido. Por ejemplo: ***"Región: "@***: al introducir *Sur* aparece *Región: Sur*

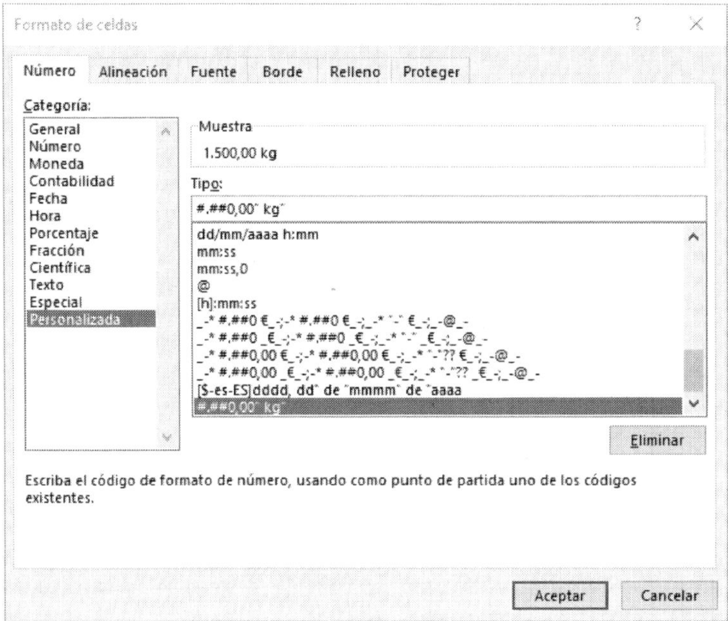

Recordemos que la tecla # se obtiene por lo general con la combinación de teclas AltGr ***3***.

Confirme pulsando **Aceptar**.

Para personalizar la vista de los datos, también puede usar la función TEXTO (véase Cálculos - Efectuar cálculos con datos de tipo fecha).

Para ocultar el contenido de las celdas, cree el formato personalizado ;;; (tres punto y coma).

Aplicar un formato condicional definido previamente

Los formatos condicionales permiten destacar las celdas con valores numéricos, fechas u horas visualizando los datos con ayuda de barras de datos, escalas de color y conjuntos de iconos que tomarán distintas formas según el valor que contenga cada celda. El aspecto de las celdas se modifica en función de condiciones gestionadas por Excel.

*La herramienta **Análisis rápido** integrada en Excel 2016 permite aplicar una plantilla de formato condicional con un solo clic.*

- Seleccione las celdas a las que desea aplicar el formato condicional.
- Haga clic en el botón **Análisis rápido** que aparece en la esquina inferior izquierda de la selección (o Ctrl **Q**).

*La galería **Análisis rápido** se compone de diferentes fichas: **Formato**, **Gráficos**, **Totales**, **Tablas**, **Minigráficos**, a partir de las cuales puede aplicar formato a los datos. La ficha activa aparece con el nombre en negrita.*

- Active la ficha **Formato**, si no lo está todavía, y señale uno de los cinco modelos propuestos para obtener una vista previa en tiempo real:

  Barras de datos: permiten comparar los valores de diferentes celdas con el fin de resaltar rápidamente los valores más elevados y los menos elevados. La longitud de la barra de datos representa el valor en una celda. Cuanto más larga es la barra, mayor es el valor.

  *En el ejemplo anterior, se ha aplicado el formato condicional **Barra de datos** a las celdas C5 a F12, lo que permite resaltar las diferencias entre zonas de un trimestre a otro.*

  Escala de colores: permiten comprender la distribución y las variaciones de los datos. Es posible aplicar una escala de dos colores (el sombreado del color representa los valores más altos y los más bajos) o de tres colores (el sombreado del color representa los valores altos, los valores intermedios y los valores bajos). Este parámetro puede cambiarse con el botón **Formato condicional** - **Escalas de color** - **Más reglas** (pestaña **Inicio** - grupo **Estilos**).

  *En este caso, se ha aplicado un formato condicional de **Escala de colores** con tres colores a las celdas C5 a F12. Los valores inferiores a un determinado valor se representan por diferentes tonos de un color, mientras que los valores superiores se representan por una escala de un segundo color.*

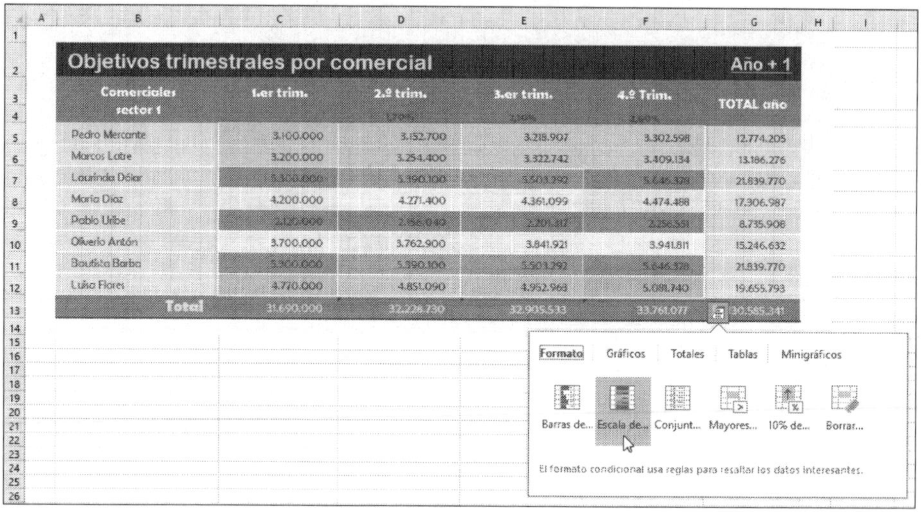

Conjunto de iconos: permiten anotar y clasificar datos en tres a cinco categorías, separadas por un valor máximo. Cada icono representa un rango de valores. Por ejemplo, en el conjunto llamado **3 flechas (de color)**, la flecha verde orientada hacia arriba representa los valores más altos; la flecha amarilla horizontal, los valores intermedios, y la flecha roja orientada hacia abajo, los valores más bajos. La elección del conjunto de iconos puede modificarse con el botón **Formato condicional** - **Conjuntos de iconos** (pestaña **Inicio** - grupo **Estilos**).

En este caso, se ha aplicado el formato condicional ***Conjuntos de iconos** - **3 flechas (de color)*** *a las celdas C5 a F12. Observe que el color de las flechas varía en función de si la cantidad de la celda es inferior a un determinado valor, está comprendida entre dos valores o es superior a otro valor.*

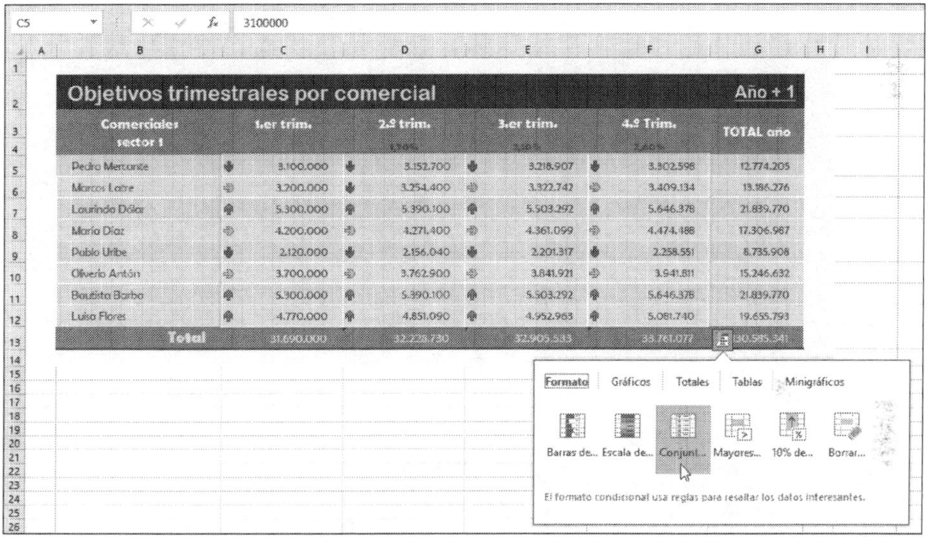

Mayores que: permite resaltar mediante un código de color los valores superiores a un determinado importe. Este importe, así como el color aplicado, puede modificarse con el botón **Formato condicional** - **Resaltar reglas de celdas** - **Es mayor que** (pestaña **Inicio** - grupo **Estilos**).

En este caso, los valores más importantes aparecen en rojo.

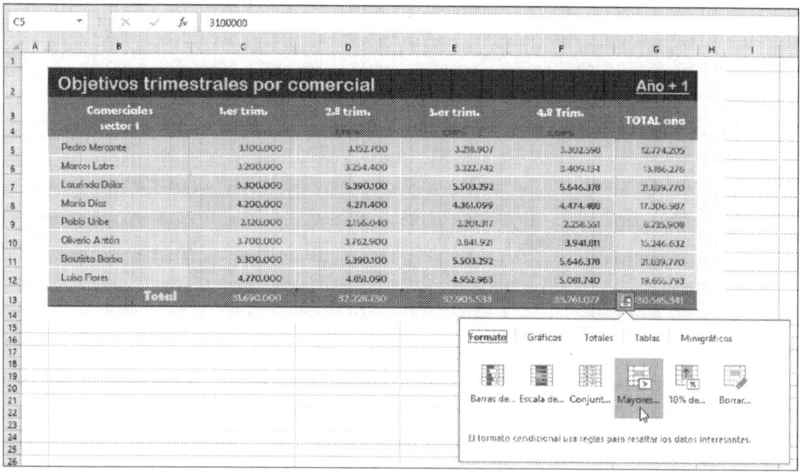

10% de valores: resalta los n valores más elevados. El porcentaje (10 por defecto), así como el formato que se debe aplicar, pueden modificarse con el botón **Formato condicional** - **Reglas superiores e inferiores** - **10% de valores superiores** (pestaña **Inicio** - grupo **Estilos**).

En este caso, se ha aplicado a los valores más elevados un relleno rojo claro, con texto rojo oscuro.

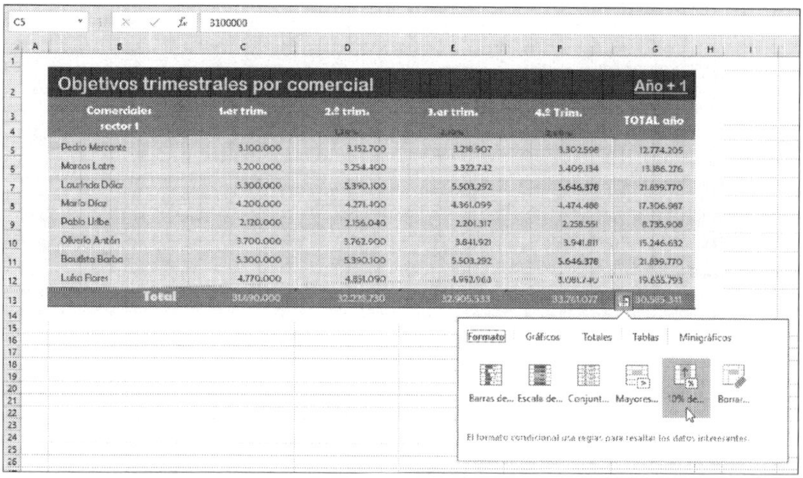

- Para cancelar el formato condicional de las celdas seleccionadas, use la opción **Borrar formato** de la galería **Análisis rápido** o bien la opción **Borrar reglas de las celdas seleccionadas** del botón **Formato condicional** - **Borrar reglas** (pestaña **Inicio** - grupo **Estilos**).

Se pueden aplicar diversos formatos condicionales al mismo rango de celdas.

Al modificar un dato, el formato condicional aplicado a la celda se actualiza inmediatamente.

Para aplicar un formato condicional con opciones y colores suplementarios, puede seleccionar los datos y, en la pestaña **Inicio**, abrir la lista del botón **Formato condicional** del grupo **Estilos** y hacer clic en el modelo de barras de datos, de escalas de color o de conjunto de iconos que desee aplicar.

Crear una regla de formato condicional

La operación consiste en crear una serie de condiciones propias para aplicar uno de los formatos condicionales predefinidos o para aplicar un formato personalizado por el usuario.

- Seleccione las celdas a las que desea aplicar el formato condicional.
- Active la pestaña **Inicio** y abra la lista asociada a la herramienta **Formato condicional** del grupo **Estilos**.
- Haga clic en la opción **Nueva regla**.

*Se abre el cuadro de diálogo **Nueva regla de formato**. También puede accederse a este cuadro activando la opción **Más reglas** situada en los menús de las opciones **Barras de datos**, **Escalas de color** y **Conjuntos de iconos**.*

Crear un formato condicional de tipo Barras de datos

- En el cuadro de diálogo **Nueva regla de formato**, compruebe que está activa la opción **Aplicar formato a todas las celdas según sus valores** del cuadro **Seleccionar un tipo de regla**.
- Abra la lista **Estilo de formato** y seleccione, si es preciso, la opción **Barra de datos**.

- Lleve a cabo una de las siguientes operaciones:

  - Para formatear los valores inferiores y superiores, seleccione las opciones **Valor más bajo** y **Valor más alto** en las listas **Tipo** de las zonas **Barra más corta** y **Barra más larga**.

  *En ese caso no podrá especificar un **Valor**.*

  - Para formatear valores numéricos, fechas u horas, seleccione la opción **Número** en las listas **Tipo** de las zonas **Barra más corta** y **Barra más larga** e introduzca un **Valor** en cada uno de los cuadros.

  - Para formatear porcentajes, seleccione la opción **Porcentual** en las listas **Tipo** de las zonas **Barra más corta** y **Barra más larga**, e introduzca un **Valor** en cada uno de los cuadros.

  Los valores válidos están comprendidos entre 0 y 100. No escriba el signo de porcentaje.

  - Para formatear percentiles, seleccione la opción **Percentil** en las listas **Tipo** de las zonas **Barra más corta** y **Barra más larga** e introduzca un **Valor** en cada uno de los cuadros.

  Los percentiles permiten visualizar un grupo de valores elevados (como el percentil 80) en una parte de la barra de datos y los valores bajos (como el percentil 20) en otra, ya que representan los valores extremos que podrían sesgar la visualización de los datos. No se puede usar un percentil si el rango de celdas contiene más de 8.191 puntos de datos.

  - Para formatear el resultado de una fórmula, seleccione la opción **Fórmula** en las listas **Tipo** de las zonas **Barra más corta** y **Barra más larga** e introduzca un **Valor** en cada cuadro.

  La fórmula debe devolver un valor numérico, de fecha o de hora. Inicie la fórmula con el signo igual (=). Si las fórmulas no son válidas, no se aplica ningún formato al resultado.

Es posible seleccionar un **Tipo** diferente para la **Barra más corta** y para la **Barra más larga** (por ejemplo, un tipo **Número** en el cuadro **Barra más corta** y un tipo **Porcentaje** en el cuadro **Barra más larga**); compruebe que el valor de la **Barra más corta** es inferior al de la **Barra más larga**.

- Para definir la apariencia de la barra, elija los parámetros que desee en los campos **Relleno**, **Color**, **Borde** y su **Color**.

Esta barra se aplicará a las celdas cuyo valor represente del 25 al 75 % del total de valores. Según los parámetros elegidos, se mostrará un modelo de barra en el cuadro ***Vista previa****.*

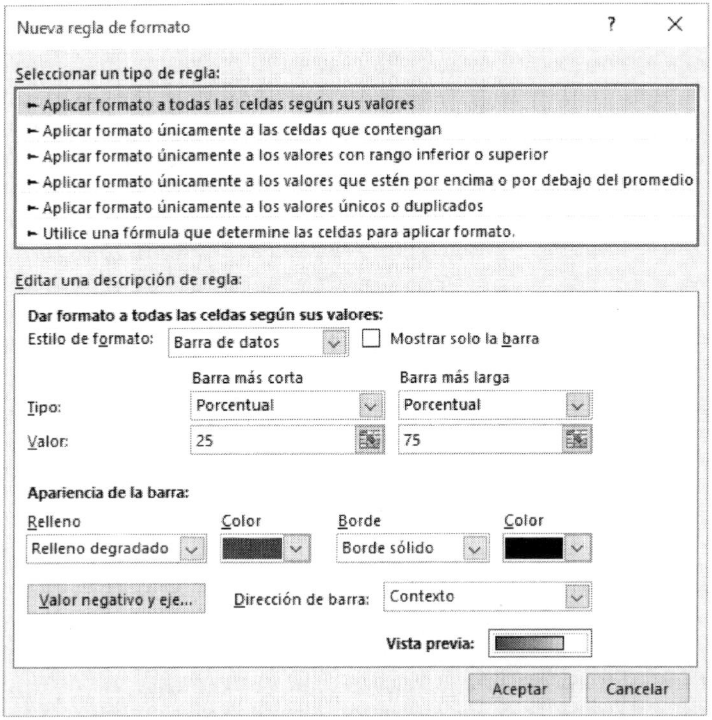

- Para cambiar la **Dirección de barra**, abra la lista correspondiente y haga clic en la opción **Contexto** (valor por defecto), **De izquierda a derecha** o **De derecha a izquierda**.
- Para establecer la apariencia de la barra cuando el valor es negativo, haga clic en el botón **Valor negativo y eje** y defina en el cuadro de diálogo **Valor negativo y configuración del eje** las opciones de relleno y los colores de esta barra. Defina también, si es preciso, los parámetros de ubicación, así como el color del eje.

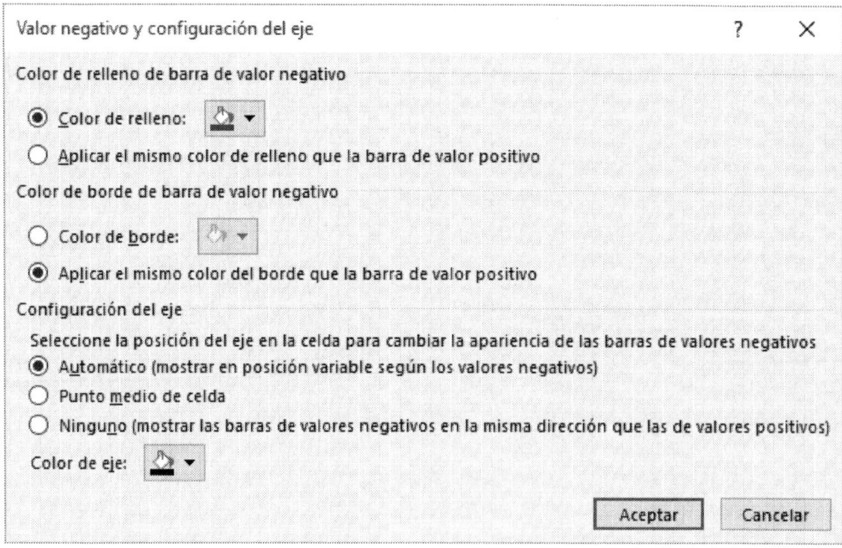

Confirme con **Aceptar**.

- Para mostrar solo la barra de datos y no el valor de la celda, marque la opción **Mostrar solo la barra**.
- Haga clic en el botón **Aceptar**.

Crear un formato condicional de tipo Escalas de color

- En el cuadro de diálogo **Nueva regla de formato**, compruebe que está activa la opción **Aplicar formato a todas las celdas según sus valores** del cuadro **Seleccionar un tipo de regla**.
- Abra la lista **Estilo de formato** y seleccione si es preciso la opción **Escala de 2 colores** o **Escala de 3 colores**.
- Lleve a cabo el mismo tipo de operaciones que en el apartado anterior:
  - Abra la lista **Tipo** del cuadro **Barra más corta** y seleccione la opción **Valor más bajo**, **Número**, **Porcentual**, **Fórmula** o **Percentil**.
  - En el cuadro **Valor**, introduzca el número, el porcentaje (sin el símbolo), el percentil o cree la fórmula de cálculo en la que se indique la condición necesaria para mostrar los valores mínimos.
  - Abra la lista **Color** y seleccione aquel que mejor le convenga.

- Lleve a cabo la misma operación en el cuadro **Máxima** y, en las escalas de tres colores, en el cuadro **Punto medio**.

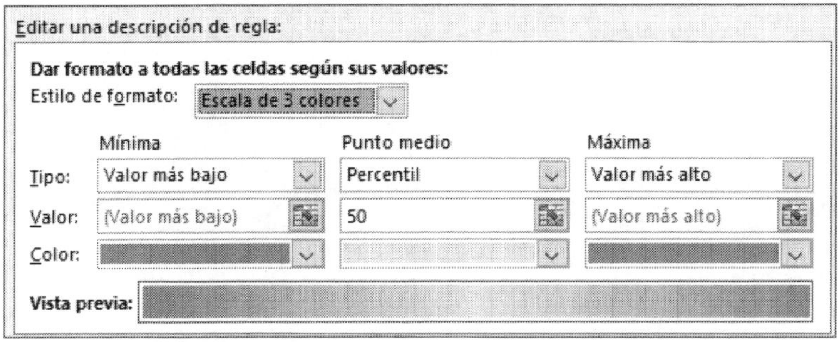

- Haga clic en **Aceptar**.

Crear un formato condicional de tipo Conjuntos de iconos

- En el cuadro de diálogo **Nueva regla de formato**, compruebe que está activa la opción **Aplicar formato a todas las celdas según sus valores** del cuadro **Seleccionar un tipo de regla**.
- Abra la lista **Estilo de formato** y seleccione, si es preciso, la opción **Conjuntos de iconos**.
- Abra la lista **Estilo de icono** y elija aquel que más le convenga.
- Haga clic en el botón **Invertir criterio de ordenación de icono** si desea que el primer icono represente los valores más bajos y el último, los valores más altos.
- Marque la opción **Mostrar icono únicamente** si desea que se muestren solo los iconos, y no el valor de las celdas.
- Puede modificar el símbolo de cada icono asociado al **Estilo de icono** seleccionado. Para ello, haga clic en la flecha negra que aparece al lado del icono que desea modificar y luego haga clic en el símbolo.
- Para cada icono elegido, seleccione un operador de comparación: > >= < <=...
  - Abra las listas **Tipo** de cada cuadro y seleccione la opción **Número**, **Porcentual**, **Fórmula** o **Percentil**.
  - En los cuadros **Valor**, introduzca el número, el porcentaje, el percentil o cree la fórmula de cálculo.

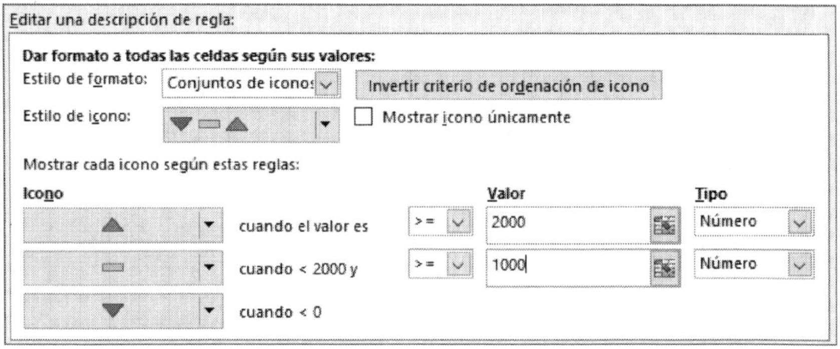

El icono aparecerá en las celdas cuyo valor sea superior o igual a 2000; el icono aparecerá para los valores comprendidos entre 1000 y 2000, y el icono aparecerá para los valores inferiores a 1000.

Existen tres tamaños de iconos. El tamaño que se muestra depende del tamaño de la fuente usada en las celdas.

- Haga clic en **Aceptar**.

Formatear las celdas en función de su contenido

El formato que se aplicará al dato dependerá de su valor (por ejemplo, los valores negativos en rojo y negrita) (véase también Aplicar un formato conditional definido previamente).

Aplicar un formato predefinido

- Seleccione las celdas a las que desea aplicar el formato condicional.
- En la pestaña **Inicio**, haga clic en el botón **Formato condicional** del grupo **Estilos** y seleccione una de las opciones propuestas en el submenú **Resaltar reglas de celdas** o en el submenú **Reglas superiores e inferiores.**

En función de la opción seleccionada, el cuadro de diálogo que aparece permite introducir o modificar los datos representativos de la regla que desea aplicar. Aquí puede modificar el primer cuadro para aplicar un formato a los n primeros valores.

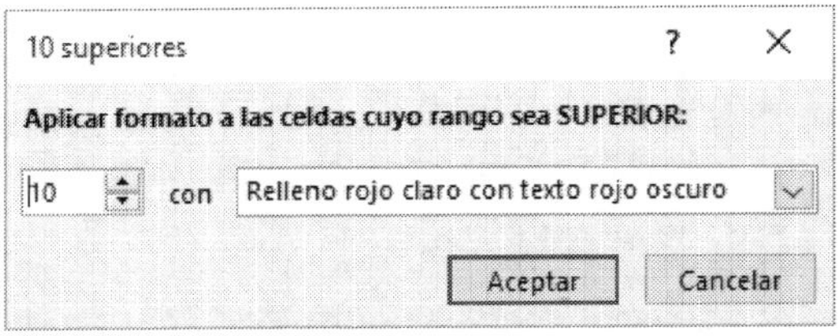

- Modifique o introduzca los datos correspondientes a la regla que desea aplicar.
- A continuación, abra la lista desplegable para seleccionar el formato.
- Haga clic en **Aceptar**.

Personalizar el formato

- Seleccione las celdas a las que desea aplicar el formato condicional.
- En la pestaña **Inicio**, haga clic en el botón **Formato condicional**  del grupo **Estilos** y a continuación en la opción **Nueva regla**.
- En el cuadro **Seleccionar un tipo de regla**, seleccione el tipo de regla que desea crear, a saber, una de las reglas que empiezan con el título **Aplicar formato...** o la regla **Utilice una fórmula que determine las celdas para aplicar formato**.
- En el cuadro **Editar una descripción de regla**, especifique las condiciones de aplicación de la regla mediante las listas y los cuadros de texto disponibles.

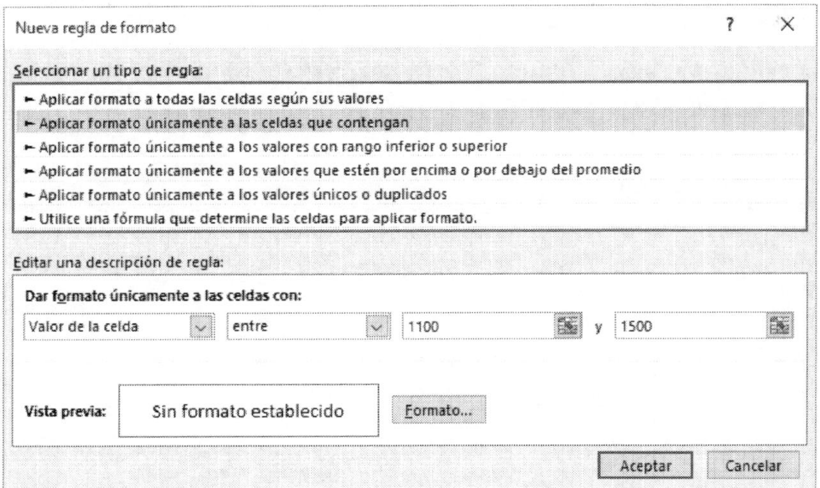

- Haga clic en el botón **Formato:** se abre el cuadro de diálogo **Formato de celdas.** Active las diferentes fichas para personalizar el formato de las celdas propio de la condición y haga clic en los dos botones **Aceptar**.

Eliminar todas las reglas de formato condicional

Esta técnica muestra cómo eliminar los formatos condicionales (vinculados a reglas) aplicados a una hoja o a un rango de celdas.

- Active la hoja de cálculo que contiene los formatos condicionales que deben borrarse o seleccione las celdas a las que se aplican estos formatos.
- En la pestaña **Inicio**, haga clic en el botón **Formato condicional** del grupo **Estilos**, señale la opción **Borrar reglas** y, según lo que le convenga, haga clic en la opción **Borrar reglas de las celdas seleccionadas** o **Borrar reglas de toda la hoja.**

Para devolver el aspecto original a las celdas seleccionadas, también puede utilizar la opción **Borrar formato** de la galería **Análisis rápido** (véase Aplicar un formato condicional definido previamente).

Administrar las reglas de formato condicional

- Seleccione las celdas cuyos formatos condicionales desea modificar.
- En la pestaña **Inicio**, haga clic en el botón **Formato condicional** del grupo **Estilos** y a continuación en la opción **Administrar reglas.**

El cuadro de diálogo ***Administrador de reglas de formato condicionales*** *muestra las diferentes reglas aplicadas a la selección (aquí, cuatro reglas).*

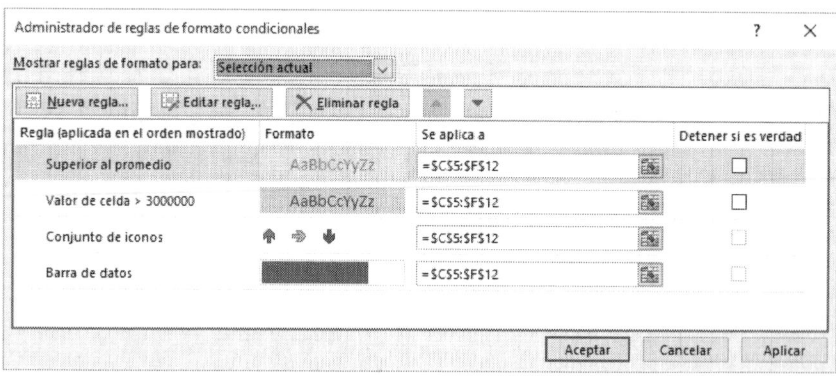

- Abra la lista **Mostrar reglas de formato para** y escoja una de las opciones: **Selección actual**, **Esta hoja** u **Hoja x**.
- Para seleccionar una regla, haga clic en su fila correspondiente.
- Para modificar una regla, selecciónela y haga clic en el botón **Editar regla** y lleve a cabo los cambios en el cuadro de diálogo **Editar la regla de formato**, que es similar al cuadro de diálogo **Nueva regla**.
- Para eliminar una regla, selecciónela y haga clic en el botón **Eliminar regla.**
- Para modificar las celdas a las que se aplica la regla, selecciónela y use el botón del cuadro **Se aplica a** para modificar la selección. Esta operación puede efectuarse con celdas situadas en otra hoja de cálculo del libro activo.

  Para modificar la prioridad de las reglas, seleccione una de ellas y haga clic en el botón o .

  Las reglas situadas en la parte alta de la lista tienen prioridad sobre las situadas más abajo. Por defecto, las nuevas reglas se agregan siempre a la parte superior de la lista y tienen, por tanto, un nivel de prioridad mayor.
- Active la casilla **Detener si es verdad** para que Excel no compruebe las reglas siguientes si la regla actual se ha verificado.

  *La casilla de verificación **Detener si es verdad** permite también garantizar la compatibilidad con versiones anteriores de Microsoft Excel que no soporten varias reglas de formato condicional. Por ejemplo, si dispone de tres reglas para un rango de celdas, las versiones de Excel anteriores a Excel 2007 aplican la última regla por orden de prioridad. Si desea que se apliquen la primera o la segunda, active la casilla de verificación **Detener si es verdad** para esa regla.*
- Haga clic en **Aceptar** para guardar los cambios y cerrar el cuadro de diálogo **Administrador de reglas de formato condicionales** o en el botón **Cerrar** para no guardarlos.

Crear un estilo de celda

Crear un estilo resulta muy útil para guardar presentaciones que posteriormente van a aplicarse a otras celdas.

- Active la celda cuya presentación desea automatizar.
- En la pestaña **Inicio**, haga clic en el botón **Estilos de celda** del grupo **Estilos** y active la opción **Nuevo estilo de celda**.
- Introduzca el **Nombre del estilo** en el cuadro de diálogo **Estilo.**

  *El apartado **El estilo incluye (según el ejemplo)** presenta la descripción del estilo.*
- Desmarque los posibles formatos que no deban incluirse en el estilo.

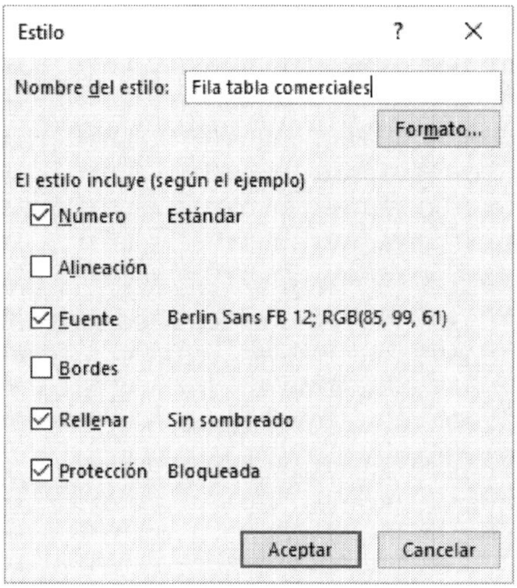

- Si es preciso, modifique los formatos que sea necesario utilizando el botón **Formato.**
- Confirme pulsando **Aceptar**.

  Observe que el estilo creado de esta forma no se ha aplicado a la celda activa, aunque es posible hacerlo. Los estilos se definen únicamente para el libro activo.

Los estilos creados aparecen en la lista **Estilos de celda**, categoría **Personalizada.**

Administrar los estilos de celda existentes

- En la pestaña **Inicio**, haga clic en el botón **Estilos de celda** del grupo **Estilos.**
- Para modificar un estilo de celda, haga clic con el botón derecho del ratón sobre el estilo que desea modificar y haga clic en la opción **Modificar**. Haga clic en el botón **Formato** del cuadro de diálogo **Estilo** que se abre, introduzca las modificaciones en el cuadro de diálogo **Formato de celdas** y haga clic en **Aceptar**.

  Inmediatamente se modifican todas las celdas formateadas con ese estilo.
- Para eliminar un estilo de celda, haga clic con el botón derecho del ratón en el estilo que desea eliminar y haga clic en la opción **Eliminar**.

  La eliminación se produce de forma inmediata: las celdas a las que se aplicaba el estilo pierden su formato y recuperan uno estándar. Cuidado, las eliminaciones de estilos no pueden deshacerse.
- Para insertar la lista de estilos de celda en la barra de herramientas de acceso rápido, haga clic con el botón derecho del ratón sobre uno de los estilos y haga clic en la opción **Agregar galería a la barra de herramientas de acceso rápido**.
- Para integrar los estilos de celda de otro libro (este debe estar abierto), haga clic en la opción **Combinar estilos.** Haga doble clic en el libro que contiene los estilos que desea utilizar. Haga clic en el botón **Sí** si quiere que se combinen los estilos que llevan el mismo nombre, o en **No** si desea conservar los estilos del libro activo intactos.

Personalizar los colores del tema

Los colores del tema contienen dos colores de texto, dos colores de fondo de celda, seis colores de énfasis y dos colores de hipervínculo.

Modificar el conjunto de colores asociado al tema

- Active la pestaña **Diseño de página** y haga clic en el botón **Colores** del grupo **Temas.**
- Arrastre el ratón (sin hacer clic) sobre los diferentes conjuntos de colores para ver directamente el efecto producido en la hoja de cálculo.

  *Los cuatro colores de texto y de fondo son los que aparecen en el botón **Colores**; los ocho colores restantes aparecen a la izquierda del nombre de la paleta de colores, al abrir la lista.*
- Cuando haya escogido la paleta de colores del tema, haga clic sobre su nombre.

Crear una paleta de colores

- Haga clic en el botón **Colores** del grupo **Temas** (pestaña **Diseño de página**) y luego en la opción **Personalizar colores** que aparece al final de la lista.

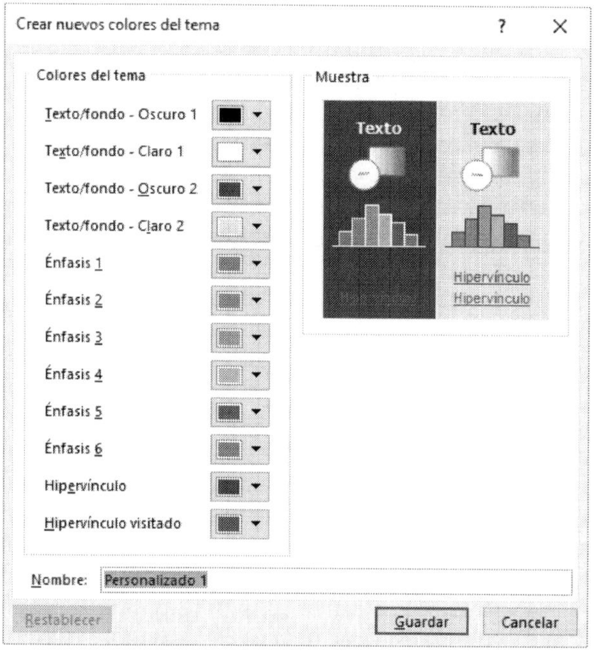

- En la lista **Colores del tema**, haga clic en el botón correspondiente al elemento de color del tema que desea cambiar y seleccione el color deseado.

  *El cuadro **Muestra** se va modificando en función de los cambios efectuados.*

- Cuando haya modificado todos los elementos de color, vaya al cuadro **Nombre** e introduzca un nombre apropiado para los nuevos colores del tema.

  *Si desea volver a los colores de origen de cada elemento, haga clic en **Restablecer**.*

- Haga clic en el botón **Guardar**.

Las paletas de colores creadas aparecen en la categoría **Personalizados** de la lista asociada al botón **Colores**.

Personalizar las fuentes del tema

Las fuentes de tema contienen una fuente de título y una fuente de cuerpo de texto.

Modificar el conjunto de fuentes asociado al tema

- Active la pestaña **Diseño de página** y haga clic en el botón **Fuentes** del grupo **Temas**.
- Deslice el ratón sobre las diferentes fuentes (sin hacer clic) para ver el efecto producido en la hoja de cálculo.
- Cuando haya elegido la fuente, haga clic sobre su nombre.

Crear un conjunto de fuentes

Puede modificar dos fuentes para crear su propio conjunto de fuentes de tema.

- Haga clic en el botón **Fuentes** del grupo **Temas** (pestaña **Diseño de página**) y luego sobre la opción **Personalizar fuentes**, situada al final de la lista.
- Seleccione las fuentes que desea usar en los cuadros **Fuente de encabezado** y **Fuente de cuerpo**.
- Si trabaja con alfabetos no latinos, como por ejemplo árabe, puede escoger estas mismas opciones para dicho alfabeto (esta opción solo está disponible si tiene activado en Windows algún idioma no latino).

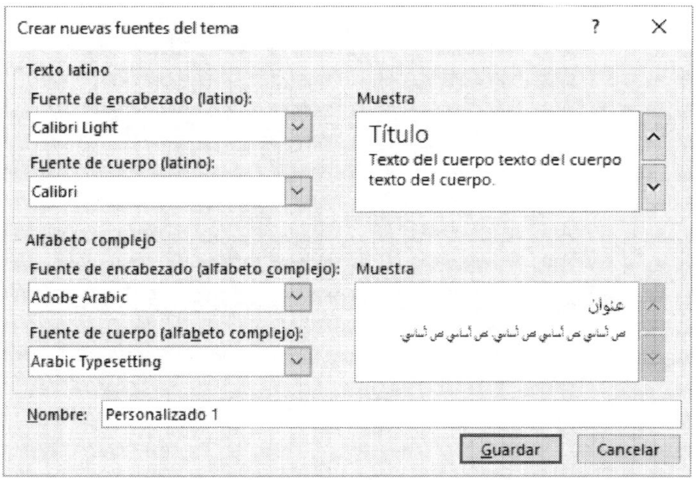

Podrá obtener una vista previa de las fuentes seleccionadas en el cuadro ***Muestra****.*

- Introduzca un nombre apropiado para el nuevo conjunto de fuentes en el cuadro **Nombre.**
- Haga clic en el botón **Guardar.**
- Los conjuntos de fuentes creados aparecen en la categoría **Personalizados** de la lista asociada al botón **Fuentes.**

Personalizar los efectos del tema

Los efectos de tema son conjuntos de filas y efectos de relleno. Aunque no pueda crear su propio conjunto de efectos de tema, sí puede modificar el asociado al tema activo.

- Active la pestaña **Diseño de página** y haga clic en el botón **Efectos** del grupo **Temas.**

Verá las líneas y los efectos de relleno usados en cada conjunto de efectos de tema para los objetos gráficos.

- Deslice el ratón sobre los diferentes efectos propuestos y, cuando haya seleccionado uno, haga clic en él.

Guardar un tema

Los cambios introducidos en los colores, fuentes o efectos de fila y de relleno de un tema pueden guardarse como tema personalizado que podrá aplicarse más adelante a otros libros.

- Lleve a cabo los cambios en el tema activo (personalice los colores, las fuentes y los efectos).
- Active la pestaña **Diseño de página** y haga clic en el botón **Temas** del grupo **Temas.**
- Haga clic en la opción **Guardar tema actual**.
- Introduzca un nombre en el cuadro **Nombre de archivo.**

La carpeta donde se guardan los temas personalizados aparece activada. Se trata de la carpeta: C:\Usuarios\Nombre de usuario\AppData\Roaming\Microsoft\Plantillas\Document Themes.

- Haga clic en **Guardar**.

Los temas personalizados creados aparecen en la lista asociada al botón **Temas**, bajo la categoría **Personalizados.**

El tipo de archivo de un tema es **Tema de Office** (***thms**).

Ordenar los datos de acuerdo con un color de celda, de fuente o un conjunto de iconos

Si ha aplicado un color de celda o de fuente a un rango de celdas o a una columna, la tabla puede ordenarse en función de esos colores. También se puede ordenar en función de un conjunto de iconos creado por un formato condicional.

- Seleccione, si es preciso, las celdas que desea ordenar.
- Haga clic en el botón **Ordenar y filtrar** de la pestaña **Inicio**, grupo **Modificar**, y luego en la opción **Orden personalizado**.

  *Se abre el cuadro de diálogo **Ordenar**.*
- Active la opción **Mis datos tienen encabezados** si la primera fila de la selección contiene títulos de columna y no debe ordenarse.
- Abra la lista **Ordenar por** y seleccione la columna que contiene el color o los iconos que servirán como criterio de ordenación.
- En la lista **Ordenar según**, active una de las opciones siguientes:

  Color de celda: para ordenar por color de celda.

  Color de fuente: para ordenar por color de fuente.

  Icono de celda: para ordenar por conjunto de iconos.
- Abra la primera lista desplegable del cuadro **Criterio de ordenación** y seleccione, según el tipo de orden, el color de celda, el color de fuente o el icono de celda a partir de los cuales deben ordenarse los datos.
- Abra la segunda lista desplegable del cuadro **Criterio de ordenación** y seleccione la opción **En la parte superior** para ver las filas correspondientes al color o al icono elegido arriba o la opción **En la parte inferior** en caso contrario.

*En este ejemplo, las filas de la columna **IMPORTE** que contengan un icono en forma de triángulo aparecerán las primeras.*

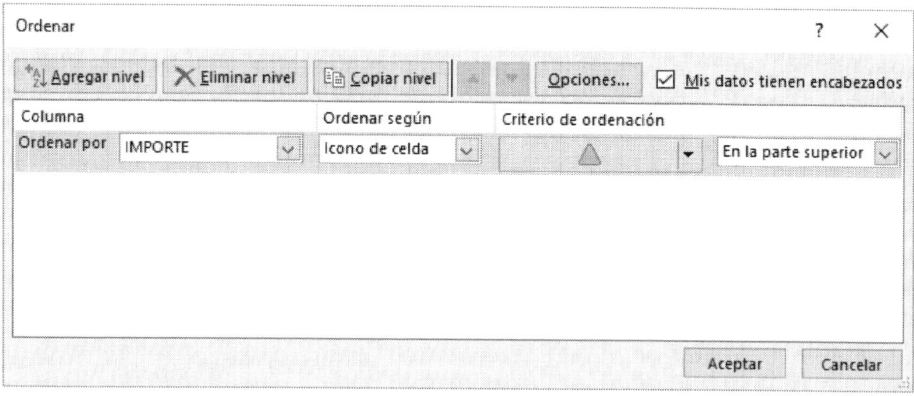

- Haga clic en **Aceptar** para iniciar la ordenación.

También encontrará este criterio de ordenación a partir de las listas desplegables de una tabla de datos (véase Tablas de datos - Crear una tabla de datos o Filtro datos - Activar el filtro automático).

Ordenar los datos de una tabla de acuerdo con varios criterios

En Excel 2016 es posible combinar hasta 64 criterios de orden.

- Seleccione, si es preciso, las celdas que desea ordenar.
- Haga clic en el botón **Ordenar y filtrar** de la pestaña **Inicio**, grupo **Modificar**, y luego en la opción **Orden personalizado**.
- Active la opción **Mis datos tienen encabezados** si la primera fila de la selección contiene títulos de columna y estos no deben ordenarse.

Ordenar según varios criterios relativos a los valores

Las tablas pueden ordenarse de acuerdo con los valores de varias columnas (por ejemplo, una tabla con notas puede ordenarse por nombre del alumno, su apellido, su fecha de nacimiento, sus notas, etc.).

- Entre en el cuadro de diálogo **Ordenar**: haga clic en el botón **Ordenar y filtrar** de la pestaña **Inicio** - grupo **Modificar**, y haga clic en la opción **Orden personalizado.**

- Especifique el primer criterio de orden:
  - Abra la lista **Ordenar por** y seleccione la primera columna que debe servir de criterio de orden.
  - Abra, si es preciso, la lista **Ordenar según** y active la opción **Valores**.
  - Abra la lista **Criterio de ordenación** y seleccione el tipo de orden:

    creciente, con la opción **A a Z** si la columna contiene texto, la opción **De menor a mayor** si la columna contiene valores numéricos y la opción **De más antiguos a más recientes** si la columna contiene fechas.

    decreciente, con la opción **Z a A** si la columna contiene texto, la opción **De mayor a menor** si la columna contiene valores numéricos y la opción **De más recientes a más antiguos** si contiene fechas.
- Haga clic en el botón **Agregar nivel** para ver una segunda fila de criterios.
- Especifique el segundo criterio de orden:
  - Abra la lista **Luego por** y seleccione la segunda columna que debe servir de criterio de orden.
  - Compruebe que la lista **Ordenar según** muestra la opción **Valores**.
  - Especifique el **Criterio de ordenación**.
- Realice las dos últimas operaciones si desea crear otros criterios.

  *En este ejemplo, la tabla se ordenará en función de las notas generales (columna **RESULTADOS**) y luego, si dos alumnos tienen la misma nota, por apellido, nombre y finalmente por fecha de nacimiento.*

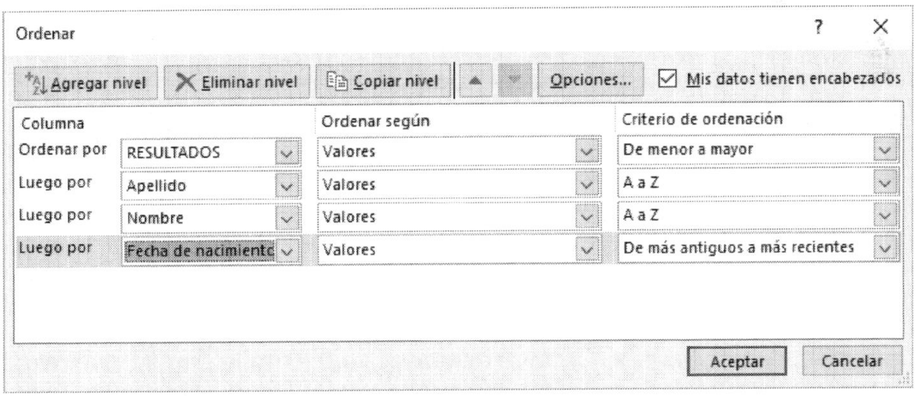

- Haga clic en **Aceptar** para iniciar la ordenación.

Ordenar según varios criterios de color o de icono

Las tablas pueden ordenarse en función de varios colores de celda, de fuente y de conjuntos de iconos de una misma columna.

- En el cuadro de diálogo **Ordenar**, especifique el primer criterio de orden.
- Haga clic en el botón **Agregar nivel** para ver una segunda fila de criterios.
- Especifique el segundo criterio de orden:
  - Abra la lista **Luego por** y seleccione la misma columna que la utilizada para el primer criterio.
  - Abra la lista **Ordenar según** y seleccione el elemento a partir del cual debe establecerse el orden.
  - Especifique el **Criterio de ordenación.**
- Realice las dos últimas operaciones si desea agregar otros criterios.

*En este ejemplo la tabla se ordenará en función de dos colores de fondo de las celdas de la columna **APELLIDO**.*

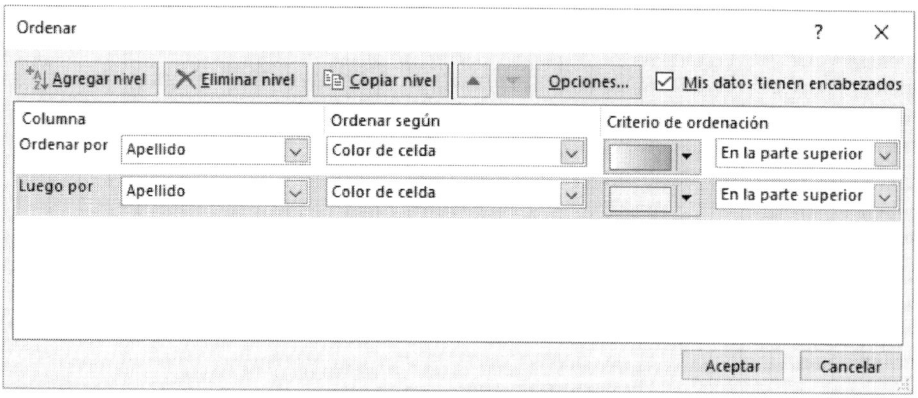

- Haga clic en el botón **Aceptar** para iniciar la ordenación.

Puede combinar varios criterios basados en el contenido de las celdas o sus formatos (color de fondo, de fuente, conjunto de iconos...).

Administrar los criterios de orden

- Entre en el cuadro de diálogo **Ordenar**.
- Para seleccionar un criterio, haga clic al principio de su fila correspondiente (título **Ordenar por** o **Luego por**).
- Para modificar el orden de los criterios, seleccione la fila correspondiente al criterio y haga clic en el botón para que «suba» en la lista o en el botón para que «baje».
- Para eliminar un criterio, seleccione su fila correspondiente y haga clic en el botón **Eliminar nivel**.
- Para copiar un criterio, selecciónelo y haga clic en el botón **Copiar nivel**.

El botón **Opciones** del cuadro de diálogo **Ordenar** permite activar la opción **Distinguir mayúsculas de minúsculas** para diferenciar ambas opciones, y modificar la **Orientación** para ordenar columnas en vez de filas.

Utilizar un esquema

Los esquemas permiten ver o imprimir solo los resultados principales de una tabla obviando los pormenores de los datos.

Crear un esquema automáticamente

Si ha sintetizado la tabla con ayuda de fórmulas (suma, promedio, etc.), podrá crear esquemas automáticos.

- Seleccione la tabla que corresponda o haga clic en una celda cualquiera de la tabla.
- Active la pestaña **Datos**, abra la lista del botón **Agrupar** del grupo **Esquema** y seleccione la opción **Autoesquema**.

A la izquierda y en la parte superior de la hoja de cálculo aparecen unos botones que permiten gestionar los diferentes niveles del esquema. Este se compone de tres niveles: el nivel 3 corresponde a las filas de datos detallados (fila 4 a 7 y 9 a 14), el nivel 2 corresponde a los totales por tipo de gasto (filas 8 y 15). El nivel 1 corresponde al total de gastos (fila 16). Todos los niveles aparecen aquí desarrollados.

Reorganización de los datos

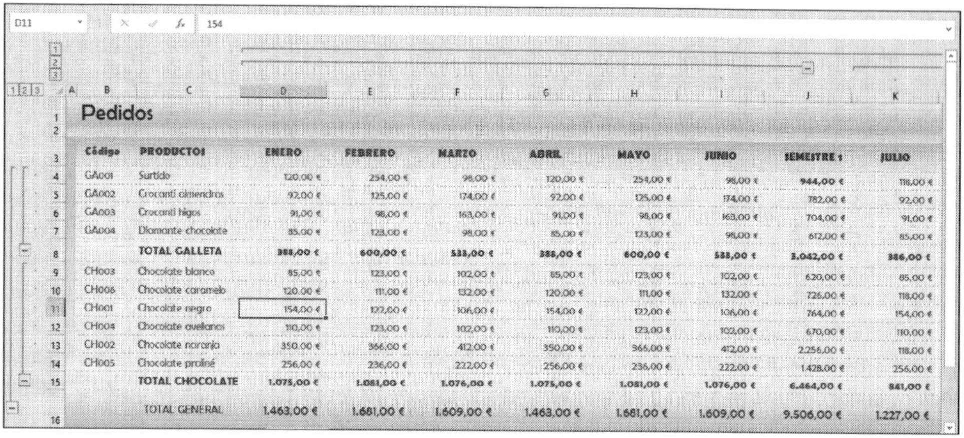

Pedidos

Código	PRODUCTOS	ENERO	FEBRERO	MARZO	ABRIL	MAYO	JUNIO	SEMESTRE 1	JULIO
GA001	Surtido	120,00 €	254,00 €	98,00 €	120,00 €	254,00 €	98,00 €	944,00 €	118,00 €
GA002	Crocantí almendras	92,00 €	125,00 €	174,00 €	92,00 €	125,00 €	174,00 €	782,00 €	92,00 €
GA003	Crocantí higos	91,00 €	98,00 €	163,00 €	91,00 €	98,00 €	163,00 €	704,00 €	91,00 €
GA004	Diamante chocolate	85,00 €	123,00 €	98,00 €	85,00 €	123,00 €	98,00 €	612,00 €	85,00 €
	TOTAL GALLETA	388,00 €	600,00 €	533,00 €	388,00 €	600,00 €	533,00 €	3.042,00 €	386,00 €
CH003	Chocolate blanco	85,00 €	123,00 €	102,00 €	85,00 €	123,00 €	102,00 €	620,00 €	85,00 €
CH006	Chocolate caramelo	120,00 €	111,00 €	132,00 €	120,00 €	111,00 €	132,00 €	726,00 €	118,00 €
CH001	Chocolate negro	154,00 €	122,00 €	106,00 €	154,00 €	122,00 €	106,00 €	764,00 €	154,00 €
CH004	Chocolate avellanas	110,00 €	123,00 €	102,00 €	110,00 €	123,00 €	102,00 €	670,00 €	110,00 €
CH002	Chocolate naranja	350,00 €	366,00 €	412,00 €	350,00 €	366,00 €	412,00 €	2.256,00 €	118,00 €
CH005	Chocolate praliné	256,00 €	236,00 €	222,00 €	256,00 €	236,00 €	222,00 €	1.428,00 €	256,00 €
	TOTAL CHOCOLATE	1.075,00 €	1.081,00 €	1.076,00 €	1.075,00 €	1.081,00 €	1.076,00 €	6.464,00 €	841,00 €
	TOTAL GENERAL	1.463,00 €	1.681,00 €	1.609,00 €	1.463,00 €	1.681,00 €	1.609,00 €	9.506,00 €	1.227,00 €

Si no visualiza los símbolos del esquema ⊟ y ⊞, haga clic en la pestaña **Archivo** y luego en el botón **Opciones**. En la categoría **Avanzadas**, desplace las opciones hasta llegar al grupo **Mostrar opciones para esta hoja** y active la opción **Mostrar símbolos de esquema si se aplica un esquema.**

Crear un esquema manualmente

Se trata de agrupar las filas o las columnas de la tabla según uno o varios niveles.

- Seleccione las filas (columnas) contiguas que deberán formar parte del mismo nivel de esquema (sin incluir la posible fila de resumen asociada a la selección, en caso de que esta exista).
- Active la pestaña **Datos** y haga clic en la herramienta **Agrupar** del grupo **Esquema**.
- Active la opción **Filas o Columnas** según el tipo de agrupación que quiera hacer y confirme mediante **Aceptar**.
- Para insertar o retirar una columna (fila) en el grupo del nivel anterior, seleccione la columna (o la fila) y haga clic de nuevo en el botón **Agrupar** o en **Desagrupar** del grupo **Esquema**, según el caso.
- Active la opción **Filas** o **Columnas** según el caso, y confirme mediante **Aceptar**.

Ordenar datos y trabajar con esquemas

Usar el esquema

- Para ocultar las columnas o las filas subordinadas, haga clic en el botón ⊟ correspondiente.
- Para ocultar todos los grupos del mismo nivel, haga clic en el botón numerado correspondiente al nivel.

  En este ejemplo no están a la vista las columnas pertenecientes al nivel 3. Los botones ⊟ se transforman en ⊞.

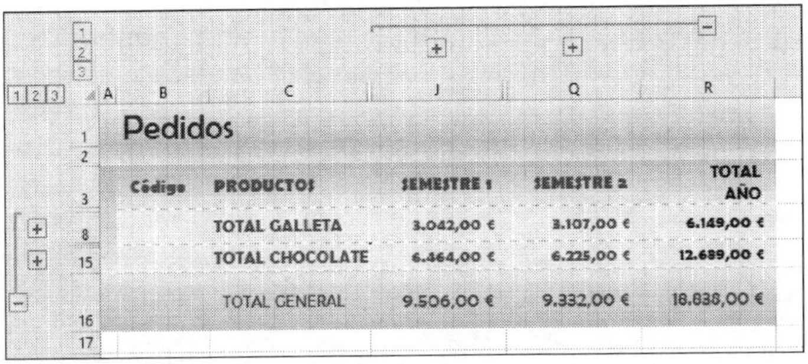

- Para volver a ver las columnas o filas subordinadas, haga clic en cada botón ⊞ o en el botón correspondiente al nivel siguiente.

Eliminar un esquema

- Active la hoja que contiene el esquema.
- Active la pestaña **Datos**, abra la lista asociada al botón **Desagrupar** del grupo **Esquema** y active la opción **Borrar esquema**.

Si elimina el esquema cuando los datos detallados están ocultos, es posible que las filas o columnas de datos detallados permanezcan ocultas. En ese caso, para volver a ver los datos, seleccione las filas o columnas visibles, muestre el menú contextual de la selección y active la opción **Mostrar**.

Activar el filtro automático

El filtro automático permite filtrar los datos de una tabla para ver solo las filas correspondientes a los criterios especificados.

*Si el rango de celdas se ha convertido en tabla de datos (véase Tablas de datos - Crear una tabla de datos), la función **filtro automático** ya se encuentra activada y los botones de las listas desplegables aparecen en los encabezados de columnas.*

- Active una de las celdas del rango de celdas correspondiente.
- Haga clic en el botón **Ordenar y filtrar** de la pestaña **Inicio**, grupo **Modificar**, y luego en la opción **Filtro**.

  En cada celda de encabezado de columna aparecen unas flechas de lista desplegable: esto indica que el filtro se ha activado, pero aún no se ha aplicado.

K4 =FECHA(AÑO(E4)+1;MES(E4)+2;DIA(E4))

Lista de socios — Núm. Socios 46

Apellido	Nombre	Edad	DEPORTE	Fecha de inscripción	Antigüedad	Importe Cuota	Entregado	Pendiente	Pagado	Siguiente pago
DELBOSQUE	Pedro	12	FÚTBOL	14/06/2010	5	150,00 €	30,00 €	120,00 €	N	14/08/2011
DELAPEÑA	Sofía	13	PETANCA	21/04/2003	12	98,00 €	19,60 €	78,40 €	S	21/06/2004
LE BRAZ	Gema	8	NATACIÓN	12/03/2007	8	120,00 €	24,00 €	96,00 €	S	12/05/2008
LASIERRA	Carina	15	BALONCESTO	02/03/2005	10	120,00 €	24,00 €	96,00 €	S	02/05/2006
MERCANTE	Elisabeth	13	VELA	14/06/2004	11	210,00 €	42,00 €	168,00 €	N	14/08/2005
MARTÍN	Matilde	8	BALONCESTO	17/05/2003	12	120,00 €	24,00 €	96,00 €	S	17/07/2004
MARTÍN	Clemente	12	PETANCA	15/06/2003	12	98,00 €	19,60 €	78,40 €	S	15/08/2004
MARTÍNEZ	Fabiola	9	SURF	29/07/2006	9	220,00 €	44,00 €	176,00 €	N	29/09/2007
PILLET	Prudencio	10	BALONCESTO	03/07/2003	12	120,00 €	24,00 €	96,00 €	S	03/09/2004
ANTÓN	Silvana	17	PATINAJE	02/06/2000	15	114,00 €	22,80 €	91,20 €	S	02/08/2001
BARBA	Cristina	16	NATACIÓN	11/04/2003	12	120,00 €	24,00 €	96,00 €	S	11/06/2004
CLOTET	Paula	16	PETANCA	30/10/2003	12	98,00 €	19,60 €	78,40 €	N	30/12/2004

- Cree los filtros deseados (véase más adelante Filtrar datos a partir de un contenido o de un formato).

  Puede crear tres tipos de filtros: por valores de lista, por formato o por criterios. Una vez filtrados los datos, puede copiarlos, modificarlos, formatearlos, representarlos en forma de gráfico e imprimirlos sin reorganizarlos ni desplazarlos.

- Para desactivar el filtro automático, haga clic de nuevo en el botón **Ordenar y filtrar** de la pestaña **Inicio**, grupo **Modificar**, y luego en la opción **Filtro**.

  La desactivación del filtro automático provoca la anulación de otros posibles filtros existentes y, por tanto, hace visibles todos los datos.

Filtrar datos a partir de un contenido o de un formato

Gracias al filtro automático, es posible filtrar los datos en función del contenido de las celdas, de su color de fondo, de su color de fuente o de su formato condicional por conjuntos de iconos.

Filtrar a partir de los valores de la columna

- Active el filtro automático.
- Abra la lista desplegable asociada a la columna que contiene los valores en función de los cuales desea filtrar.

  *Se abre el menú **Filtro automático**, en el que puede verse una lista con los valores comprendidos en la columna activa (hasta 10.000 valores). Las casillas de verificación correspondientes a los valores están activas de forma predeterminada: podrá ver todos los valores de la columna. En el menú encontrará también las opciones de ordenación.*

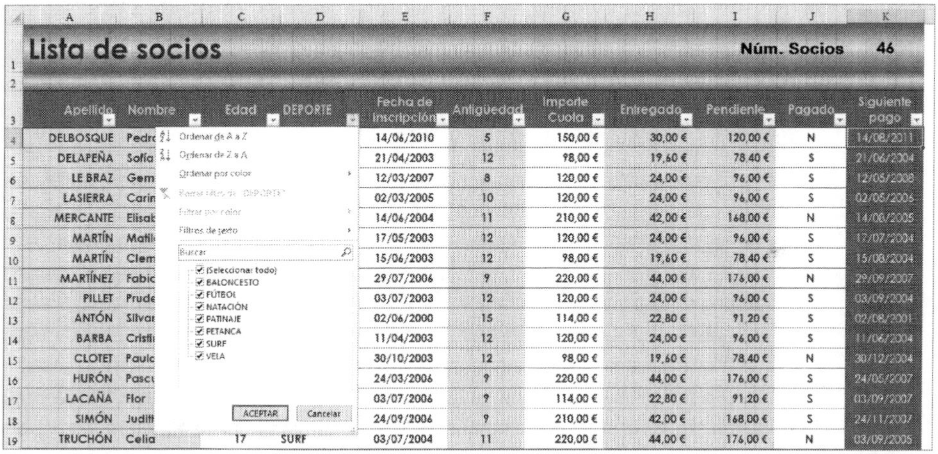

*Puede cambiar el tamaño del menú **Filtro automático** arrastrando la esquina inferior derecha.*

- Para ocultar determinados valores, desactive las casillas de verificación correspondientes a los valores que desea ocultar.

Reorganización de los datos

- Para ver valores, resulta más rápido desactivar la opción **(Seleccionar todo)** y activar los valores en cuestión.
- Para buscar un valor preciso, introdúzcalo en el cuadro **Buscar**.

  Si ese valor existe en la columna, también se seleccionará. En caso contrario, aparecerá el mensaje ***No hay coincidencias*** *en lugar de la lista de valores.*

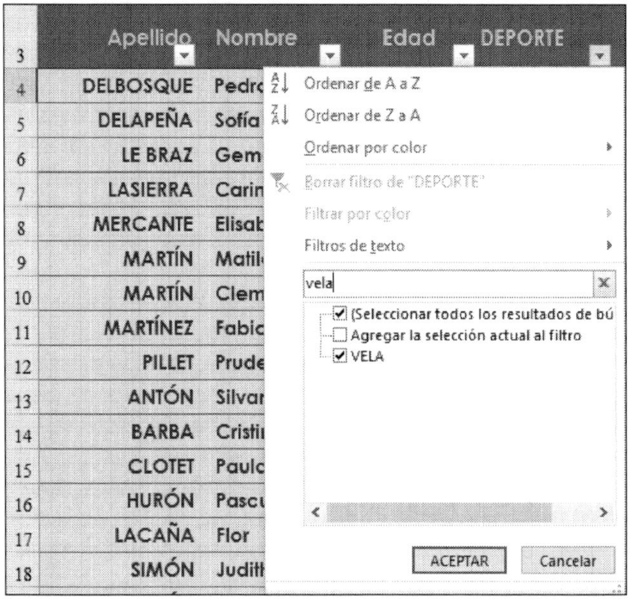

- Para mostrar de nuevo la lista completa de valores, haga clic en la cruz situada a la derecha del cuadro de búsqueda.
- Para filtrar las celdas que no están vacías, active la opción **(Seleccionar todo)** y desactive **(Vacías)**, situada en la parte inferior de la lista de valores. A la inversa, para filtrar las celdas vacías, desactive la opción **(Seleccionar todo)** y active **(Vacías)**.

*La opción **(Vacías)** no aparece si la columna no contiene celdas vacías.*

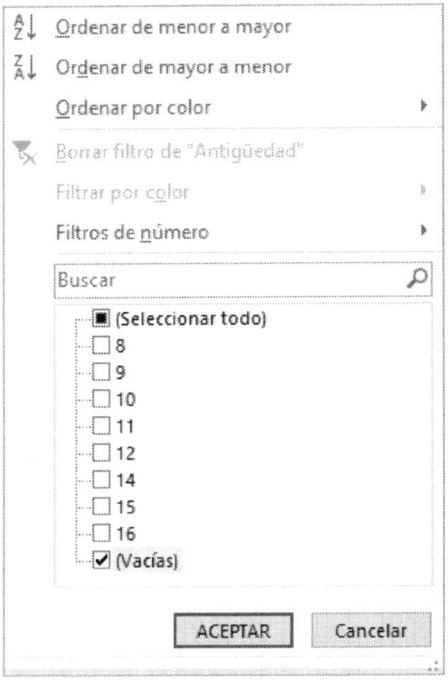

- Haga clic en **ACEPTAR**.

  Solo son visibles las filas correspondientes a los valores seleccionados. Al filtrar una columna, la flecha correspondiente a la lista desplegable aparece de la forma siguiente: . Si señala este botón se abrirá una etiqueta informativa en la que se describe el filtro aplicado.

  Puede personalizar los criterios de filtro o usar filtros específicos para datos de tipo número, fecha, etc.

Filtrar a partir de un color de celda, de fuente o un conjunto de iconos

Si ha aplicado a la tabla un color de celda o de fuente, o incluso un formato condicional en forma de conjunto de iconos, puede filtrar los datos en función de esos colores o del conjunto de iconos.

- Active el filtro automático y abra la lista desplegable asociada a la columna.
- Active la opción **Filtrar por color**.

Esta opción solo está disponible si la columna contiene colores o conjuntos de iconos.

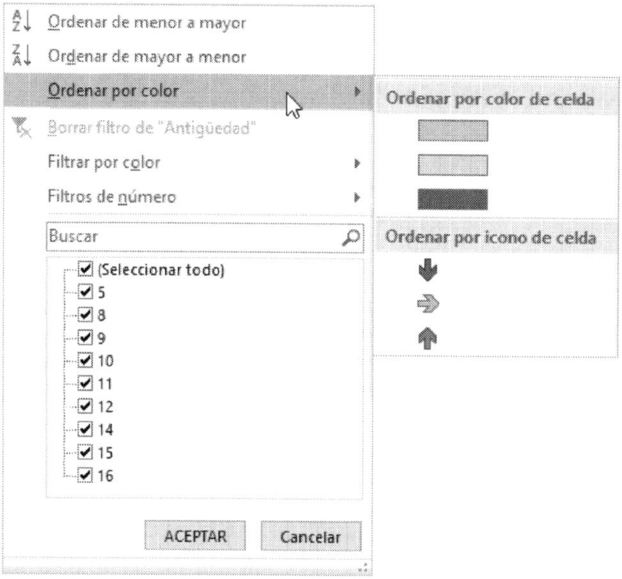

En función del formato aplicado a la columna, aparecen las opciones ***Filtrar por color de celda****,* ***Filtrar por color de fuente*** *o* ***Filtrar por icono de celda****.*

- De acuerdo con el tipo de formato, haga clic en un color de celda, un color de fuente o un icono de celda.

No es posible combinar estos tres tipos de filtro.

Filtrar a partir del contenido y el formato de la celda activa

Puede filtrar rápidamente los datos en función del valor que contiene una celda específica.

- Active el filtro automático.
- Haga clic con el botón secundario del ratón en la celda que contenga el valor, el color, el color de fuente o el icono a partir de los cuales se filtrarán las celdas.

- Active la opción **Filtrar** y haga clic en una de las opciones siguientes:

  Filtrar por valor de celda seleccionada para filtrar a partir del contenido texto, número, fecha u hora de la celda.

  Filtrar por color de celda seleccionada para, como indica la opción, filtrar a partir del color de celda.

  Filtrar por color de fuente de la celda seleccionada para filtrar a partir del color de fuente de la celda seleccionada.

  Filtrar por icono de celda seleccionada para filtrar a partir del icono que muestra la celda seleccionada.

Filtrar a partir de un criterio personalizado

La operación consiste en filtrar los datos de acuerdo con valores contenidos en la columna. En función del tipo de datos de la columna, Excel propone tres tipos de filtro: filtros numéricos (para datos de tipo numérico), filtros cronológicos (para datos de tipo fecha) o filtros de texto (para datos alfanuméricos).

- Active el filtro automático y abra la lista desplegable asociada a la columna que contiene los datos en función de los cuales desea aplicar el filtro.
- De acuerdo con el tipo de datos de la columna, haga clic en la opción **Filtros de número**, **Filtros de fecha** o **Filtros de texto**.
- Haga clic en la opción **Filtro personalizado** o en cualquier otra que abra un cuadro de diálogo (por ejemplo: **Es igual a**, **No es igual a**, **Mayor que**, **Antes**, etc.).

  *Cualquiera que sea la opción escogida, se abrirá el cuadro de diálogo **Autofiltro personalizado**. Si ha seleccionado una opción diferente de **Filtro personalizado**, la primera lista del cuadro de diálogo mostrará el término correspondiente a la opción escogida (p. ej.: **no es igual a** o **es anterior a**).*
- Seleccione el operador de comparación en la primera lista.
- Active el cuadro siguiente e introduzca o seleccione el valor de comparación. Puede usar caracteres genéricos como **?** para reemplazar un solo carácter o ***** para reemplazar una serie de caracteres.

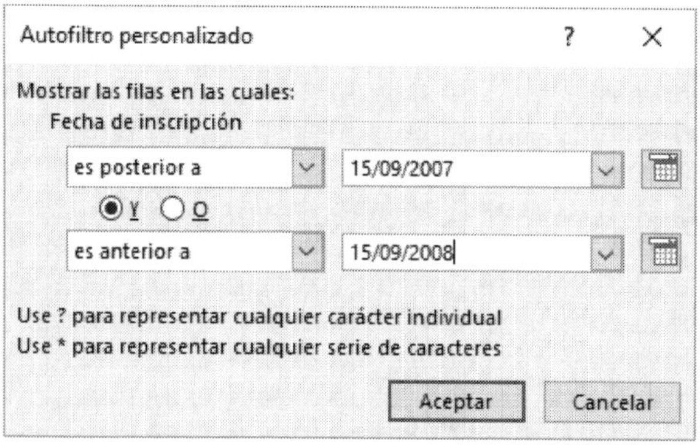

*Para los filtros de fecha puede hacer clic en el **Selector de fecha** y seleccionar una fecha en el calendario desplegable.*

*Las opciones **Y** y **O** permiten definir varios criterios de filtro (véase Filtrar a partir de varios criterios).*

- Haga clic en **Aceptar**.

Usar filtros específicos para los tipos de datos

Filtrar a partir de un intervalo de datos (filtro por número o por fecha)

- Active el filtro automático y abra la lista desplegable asociada a la columna.
- Active la opción **Filtros de fecha** o **Filtros de número** y haga clic en la opción **Entre**.
- En el cuadro de diálogo **Autofiltro personalizado** que aparece, especifique el valor inferior del intervalo con respecto al operador de comparación (**es posterior o igual a** o **mayor o igual a**).
- Compruebe que está activa la opción **Y**.
- Especifique el valor superior del intervalo con respecto al segundo operador de comparación (**es menor o igual a** o **es inferior o igual a**).
- Haga clic en el botón **Aceptar**.

Filtrar a partir de los valores máximos o mínimos (filtro numérico)

- Active el filtro automático y abra la lista desplegable asociada a la columna.
- Active la opción **Filtros de número** y luego la opción **Diez mejores**.
- Indique qué valores desea obtener, los máximos (**superiores**) o los mínimos (**inferiores**).

- Especifique el número de filas que desea ver, correspondientes a su criterio.
- En la última lista del cuadro de diálogo, seleccione la opción **Elementos** para filtrar las filas correspondientes al criterio establecido o la opción **Por ciento** para filtrar un número de filas correspondiente al porcentaje del número total de valores de la lista.

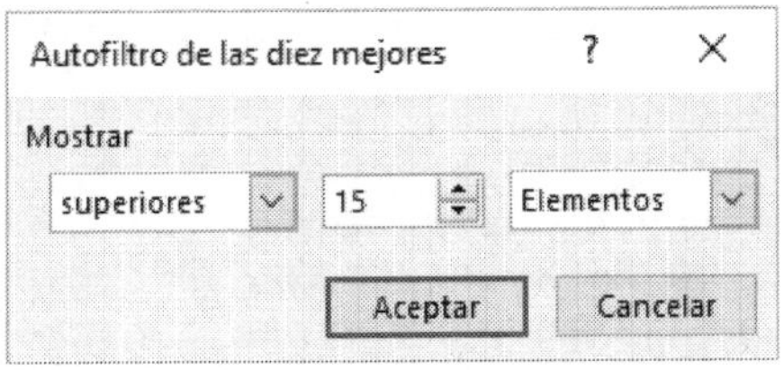

- Haga clic en **Aceptar**.

Filtrar a partir de la media de los valores (filtro numérico)

- Active el filtro automático y abra la lista desplegable asociada a la columna.
- Active la opción **Filtros de número** y luego una de las opciones siguientes:

Superior al promedio	Para filtrar los datos correspondientes a los valores que excedan el promedio.
Inferior al promedio	Para filtrar los datos correspondientes a los valores que están por debajo del promedio.

Los números superiores e inferiores al promedio son función del rango de celdas o de la columna de la tabla de origen, y no del posible subconjunto de datos filtrados.

Usar un filtro dinámico (filtro por fecha)

Los filtros dinámicos ofrecen la posibilidad de cambiar los criterios al volver a aplicar el filtro.

- Active el filtro automático y abra la lista desplegable asociada a la columna.
- Active la opción **Filtros de fecha** y haga clic en una de las opciones correspondientes a una fecha definida previamente (**Mañana**, **Hoy**, **Ayer**, **Próxima semana**, etc.).

*La opción **Todas las fechas en el periodo** permite filtrar por periodos (por ejemplo, **Enero** o **Trimestre 3**).*

*La opción **Este año** devuelve fechas futuras del año en curso, mientras que la opción **Hasta la fecha** solo devuelve las fechas hasta la fecha señalada como fecha límite (incluida).*

Filtrar a partir de varios criterios

Dos criterios para una misma columna

- Active el filtro automático y abra la lista desplegable asociada a la columna.
- De acuerdo con el tipo de datos de la columna, haga clic en la opción **Filtros de número, Filtros de fecha** o **Filtros de texto.**
- Haga clic en la opción **Filtro personalizado.**
- Concrete el primer criterio de filtro en la primera lista: especifique el operador y el valor de comparación.
- Especifique cómo deben concatenarse los dos criterios:
  - Mediante **Y** lógico: para que Excel filtre los datos que respondan simultáneamente a todos los criterios.
  - Mediante **O** lógico: para que Excel filtre los datos que respondan a uno u otro de los criterios.
- Especifique el segundo criterio de filtro en la segunda lista: especifique el operador y el valor de comparación.

  En este ejemplo solo se muestran las filas con una fecha de inscripción comprendida entre el 15/09/2007 y el 15/09/2008.

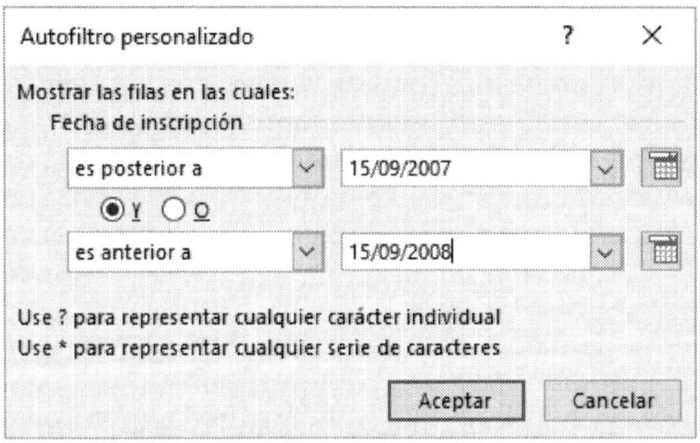

- Haga clic en **Aceptar**.

No es posible establecer un criterio de contenido y un criterio de formato en una misma columna.

Varios criterios en columnas diferentes

- Active el filtro automático.
- Defina cada criterio en su columna respectiva.

  Los filtros son acumulativos, es decir, cada filtro complementario se basa en el filtro activo, lo que reduce aún más el subconjunto de datos.

Es posible establecer un criterio de contenido y un criterio de formato en columnas diferentes.

Borrar un filtro

La operación consiste, simplemente, en volver a ver todos los datos.

- Para desactivar el filtro de una columna, abra la lista desplegable asociada a la columna y active la opción **Borrar filtro** de "nombre de la columna".
- Para desactivar todos los filtros, desactive el filtrado automático o haga clic en el botón **Ordenar y filtrar** del grupo **Modificar** (pestaña **Inicio**) y haga clic en la opción **Borrar**.

Filtrar datos con un filtro complejo

Los filtros complejos necesitan la creación previa de una zona de criterios en la que usted mismo introducirá los criterios de filtro. A continuación podrá filtrar los datos directamente en la lista, pero también copiarlos en otras ubicaciones.

Crear una zona de criterios

- Encima o al lado de los datos que se van a filtrar deberá haber varias filas y columnas vacías.
- En la primera de esas filas vacías, introduzca o copie el nombre de los encabezados de columnas que servirán para definir los criterios.
- En las filas de debajo introduzca los criterios que deben respetarse, sin olvidar las siguientes consignas:
  - Para vincular criterios con **O** lógico, introdúzcalos en varias filas.
  - Para vincular criterios con **Y** lógico, introdúzcalos en varias columnas.
  - Para vincular criterios con **Y** y **O** lógicos, introdúzcalos en varias filas y columnas.

Ejemplos:

Objetivo — Zona de criterios

Objetivo	Zona de criterios		
Inscritos en la categoría **Junior** O **Senior**	**Categoría**		
	junior		
	senior		

Objetivo	Zona de criterios		
Inscritos de la categoría **Junior** Y que se han inscrito antes del 1 de enero de 2006	**Categoría**	**Fecha inscripción**	
	junior	<1/1/2006	

Objetivo	Zona de criterios		
Inscritos de la categoría **Senior** Y cuya edad esté comprendida entre 30 Y 40 años	**Categoría**	**Edad**	**Edad**
	senior	>=30	<=40

Filtrar datos a partir de una zona de criterios

- Haga clic en la celda de la tabla que contiene los datos que se han de filtrar.
- Active la pestaña **Datos** y haga clic en el botón **Avanzadas** del grupo **Ordenar y filtrar**.

  *Se abre el cuadro de diálogo **Filtro avanzado**. En él aparece seleccionada la opción **Filtrar la lista sin moverla a otro lugar**.*
- Especifique, si es preciso, las referencias de las celdas que contienen los datos en el cuadro **Rango de la lista**.
- Haga clic en el cuadro **Rango de criterios** y en el botón para seleccionar el cuadro de criterios creado previamente. A continuación, haga clic en el botón para agrandar de nuevo el cuadro de diálogo.

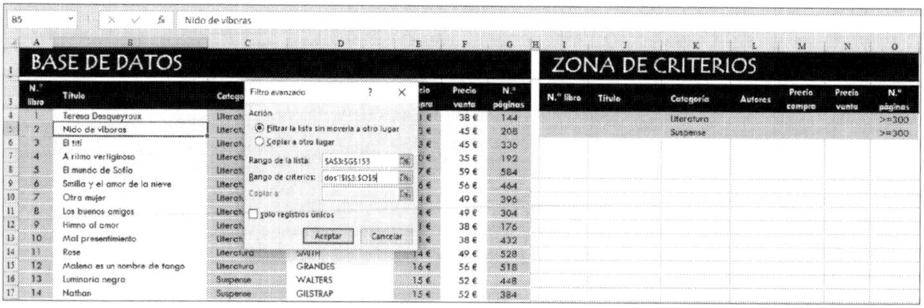

- Marque la opción **solo registros únicos** para filtrar las fichas retirando las repeticiones.
- Haga clic en **Aceptar**.

  Solo se mostrarán las filas que respondan a los criterios establecidos.
- Para ver de nuevo todas las filas, borre el filtro: haga clic en el botón **Borrar** del grupo **Ordenar y filtrar** de la pestaña **Datos**.

Copiar datos que respondan a un filtro complejo

- Prepare una ubicación vacía cerca de la tabla de origen.
- Cree, si es preciso, una zona de criterios.
- Haga clic en una de las celdas de la tabla que contiene los datos que desea copiar.
- Haga clic en el botón **Avanzadas** del grupo **Ordenar y filtrar** de la pestaña **Datos**.
- Active la opción **Copiar a otro lugar**.
- Especifique, si es preciso, las referencias de la tabla (**Rangos**) y el rango de criterios (**Rango de criterios**).
- Entre en el cuadro **Copiar a** y haga clic en el botón para seleccionar la celda superior izquierda de la zona en la que desea copiar las filas. A continuación haga clic en el botón para agrandar de nuevo el cuadro de diálogo.
- Haga clic en **Aceptar**.

Filtrar una tabla de datos por medio de segmentaciones

Con Excel 2016 es posible filtrar una tabla de datos utilizando segmentaciones. Recordemos que el uso de este tipo de filtro, introducido en Excel 2010, no se aplicaba más que a las tablas dinámicas.

También puede utilizar esta función con las tablas de consultas y otras tablas de datos.

- Cree una tabla de datos (véase Tablas de datos - Crear una tabla de datos) y haga clic en una de sus celdas.

  *Inmediatamente se activa la pestaña **Herramientas de tabla - Diseño**.*
- Haga clic en la herramienta **Insertar segmentación de datos** del grupo **Herramientas** de la pestaña **Herramientas de tabla - Diseño**.

- Marque el campo o los campos de la tabla de datos para los que desea crear un filtro de segmentación.

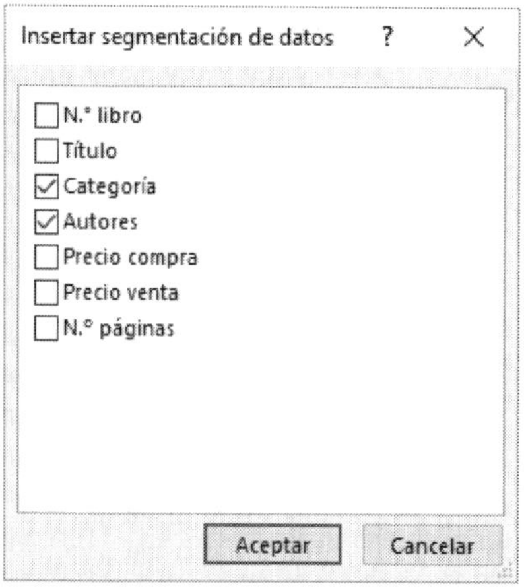

- Haga clic en **Aceptar**.

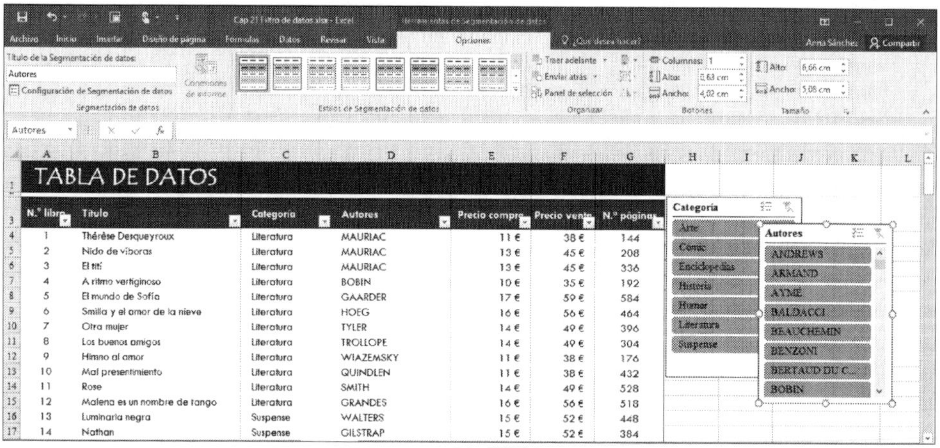

En este ejemplo, se superponen dos filtros de segmentación. Puede mover estos paneles arrastrando su barra de título, así como cambiar su tamaño arrastrando uno de sus ángulos.

Observe asimismo la aparición de una nueva pestaña, ***Herramientas de Segmentación de datos - Opciones****, que se muestra cuando uno de los filtros de segmentación (paneles) está activado.*

- Para filtrar los datos de la tabla, haga clic en uno de los botones del filtro de segmentación (mantenga pulsada la tecla Ctrl para filtrar según varios datos).

  Las modificaciones se aprecian automáticamente en la hoja de cálculo.

- Para cancelar un filtro, haga clic con el botón derecho en el panel correspondiente y escoja la opción **Borrar filtro de «nombre del campo»**.

  Por defecto, el estilo del filtro de segmentación retoma el estilo de la tabla a la que se refiere.

  Preste atención: las modificaciones que efectúe en la tabla una vez creado el filtro de segmentación no se tendrán en cuenta para la segmentación.

- Para modificar el formato de un filtro de segmentación, haga clic en el filtro en cuestión, seleccione el filtro que quiera en el grupo **Estilos de Segmentación de datos** de la pestaña **Herramientas de Segmentación de datos - Opciones**.

- Para cambiar la configuración de la segmentación activa, haga clic en la herramienta **Configuración de Segmentación de datos** del grupo **Segmentación de datos** (ficha **Herramientas de Segmentación de datos - Opciones**).

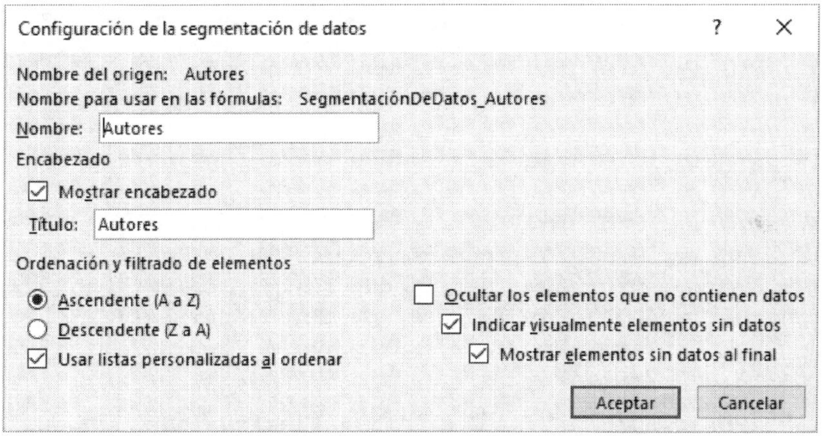

- Efectúe los cambios y confirme pulsando el botón **Aceptar**.

- Para eliminar un filtro de segmentación, haga clic en su barra de título y pulse Supr.

  *También puede hacer clic con el botón derecho en el panel y a continuación escoger la opción **Quitar «nombre del filtro»**.*

Efectuar estadísticas de los datos filtrados mediante una zona de criterios

Estos cálculos estadísticos harán referencia a las filas cuyos valores respondan a los criterios definidos en la zona de criterios.

- Cree la zona de criterios adecuada e introduzca los criterios (véase Filtrar datos con un filtro complejo).
- Seleccione la celda en la que desea que se muestre el resultado y use las funciones siguientes:

=BDCONTAR (BDD;nombre_de_campo;criterios)	cuenta el número de celdas.
=BDSUMA(BDD;nombre_de_campo; criterios)	suma los valores del campo.
=BDPROMEDIO (BDD;nombre_de_campo;criterios)	devuelve el promedio de los valores del campo.
=BDMAX (BDD; nombre_de_campo; criterios)	extrae el valor máximo del campo.
=BDMIN (BDD; nombre_de_campo; criterios)	extrae el valor mínimo del campo.

En las cuales reemplazará:

- **BDD** por la referencia de las celdas que corresponda a la lista de datos sobre la que se realiza el cálculo (incluidas las etiquetas de columna).
- **Nombre_de_campo** por la referencia de la celda que contiene la etiqueta de la columna sobre la que debe hacerse el cálculo; si utiliza la función **BDCONTAR**, debe especificar el valor **0** para este argumento con el fin de que el cálculo se efectúe correctamente.
- **criterios** por las referencias de las celdas que correspondan a la zona de criterios.

Cuando modifique un elemento de la zona de criterios, las estadísticas se actualizarán automáticamente.

Puede encontrar la lista de todas las funciones de base de datos en la categoría **Base de datos** del asistente para funciones (herramienta fx en la barra de fórmulas).

Modificar el origen de las etiquetas del eje horizontal

- Si es preciso active el gráfico.
- Active la pestaña **Herramientas de gráficos - Diseño** y haga clic en el botón **Seleccionar datos** del grupo **Datos.**
- Haga clic en el botón **Editar** de la parte **Etiquetas del eje horizontal (categoría).**
- Use el botón para seleccionar las celdas con las etiquetas del eje que desea agregar.
- Haga clic en el botón **Aceptar** del cuadro de diálogo **Rótulos del eje.**
- Haga clic en el botón **Aceptar** del cuadro de diálogo **Seleccionar origen de datos.**

También es posible seleccionar la primera serie del gráfico y modificar el segundo argumento de la función SERIE(), visible en la barra de fórmula.

Administrar las plantillas de gráfico

Crear una plantilla de gráfico permite volver a usar un tipo de gráfico previamente personalizado.

Guardar un gráfico como plantilla

- Haga clic con el botón derecho en el gráfico correspondiente y active la opción **Guardar como plantilla** del menú contextual.
- Introduzca el nombre de la plantilla de gráfico en el cuadro **Nombre de archivo.**

  Las plantillas de gráfico llevan la extensión .crtx y se guardan de forma predeterminada en la carpeta C:\Usuarios\Nombre del usuario\AppData\Microsoft\Plantillas\Charts.
- Haga clic en el botón **Guardar**.

Aplicar una plantilla de gráfico

- Para crear un nuevo gráfico a partir de una plantilla, active la pestaña **Insertar**, haga clic en el botón **Gráficos recomendados** o en el iniciador de cuadro de diálogo del grupo **Gráficos** y luego en la ficha **Todos los gráficos**.

  Para modificar un gráfico y atribuirle la plantilla, active la pestaña **Herramientas de gráficos - Diseño** y haga clic en el botón **Cambiar tipo de gráfico** del grupo **Tipo.**
- En el cuadro de diálogo **Cambiar tipo de gráfico** que aparece, haga clic en la carpeta **Plantillas** situada en la parte izquierda.

En la parte derecha del cuadro de diálogo aparece la lista de plantillas existentes.

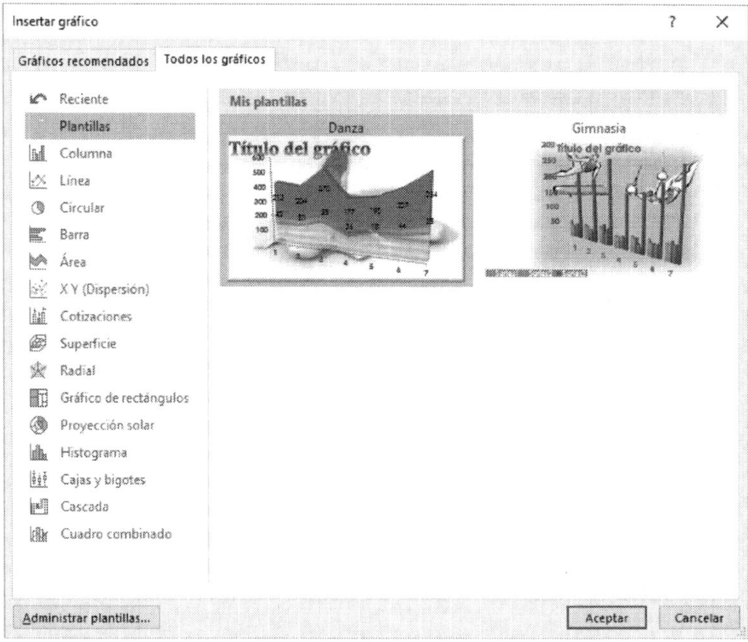

- Para aplicar un zoom a una plantilla, señale su miniatura, sin hacer clic.
- Haga doble clic en el nombre de la plantilla que desea usar.

Eliminar una plantilla de gráfico

- Entre en el cuadro de diálogo **Cambiar tipo de gráfico** o **Insertar un gráfico**.
- Haga clic en el botón **Administrar plantillas**.

  Se abre una ventana del Explorador de archivos con la carpeta de almacenamiento de plantillas activa.
- Haga clic en la plantilla que desea eliminar y pulse Supr o bien use el botón **Eliminar** de la cinta de opciones o la opción **Eliminar** del menú contextual. Confirme la eliminación haciendo clic en el botón **Sí**.
- Cierre la ventana del Explorador de archivos para volver al cuadro de diálogo de origen.
- Haga clic en **Aceptar**.

La eliminación de una plantilla personalizada no incide en los gráficos basados en esa plantilla.

Modificar las opciones del eje de las abscisas

El eje de las abscisas también se denomina eje de las X o eje de las categorías.

Esta operación permite modificar la posición de las graduaciones, los rótulos, la intersección entre el eje vertical y el horizontal, etc.

Si es preciso, active el gráfico y haga doble clic en el eje de las abscisas.

*El panel de Office **Dar formato al eje** se muestra a la derecha de la ventana. Este panel se administra (abrir, mover, cambiar, etc.) siguiendo los mismos principios que el panel **Selección**.*

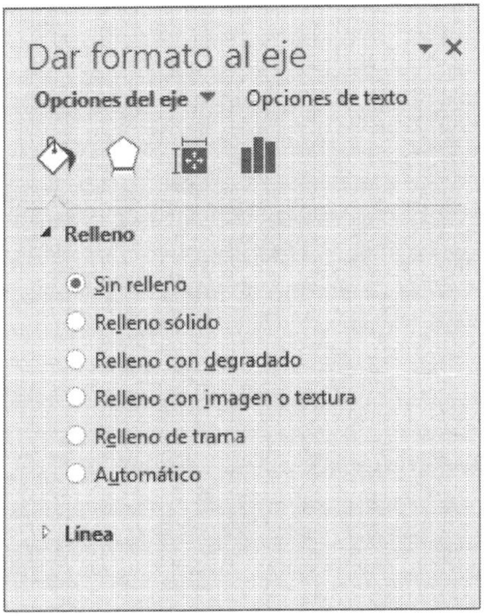

*Las opciones del panel de Office **Dar formato al eje** se organizan en dos temas: **Opciones del eje** y **Opciones de texto**. A su vez, las opciones de los temas se clasifican por categorías, las cuales están representadas por iconos.*

Opciones de eje:

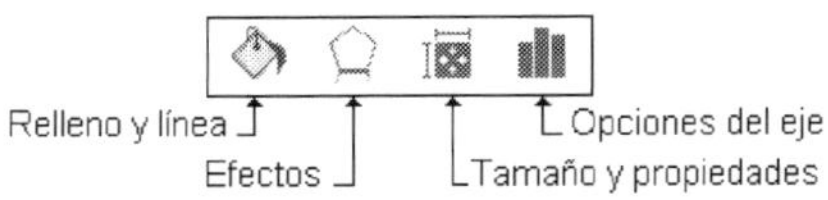

Opciones de texto:

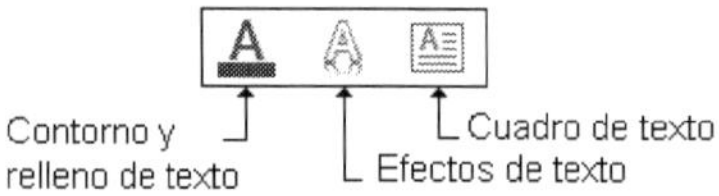

El icono correspondiente a la categoría activa aparece de color (verde por defecto).

Muestre la categoría **Dar formato al eje** (tema **Opciones del eje**).

*Las opciones del tema **Dar formato al eje** - categoría **Opciones del eje** están agrupadas, a su vez, en cuatro listas: **Opciones del eje**, **Marcas de graduación**, **Etiquetas** y **Número**.*

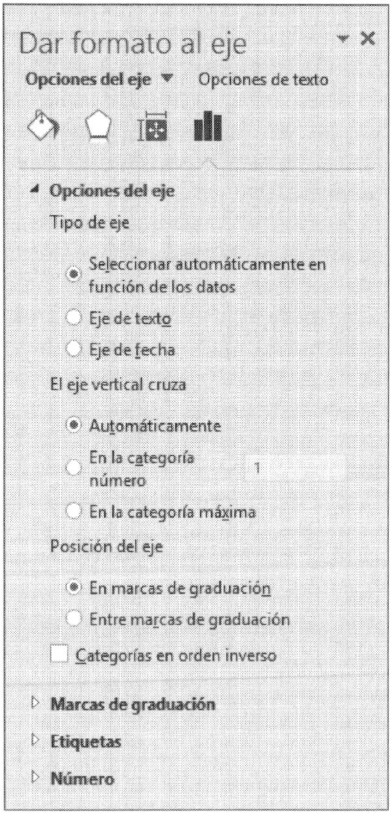

- Para abrir una lista, haga clic en la pequeña flecha blanca situada al lado de su nombre.
- Para ocultar una lista, haga clic en el símbolo ◢ situado al lado de su nombre.

  En nuestro ejemplo, la lista ***Opciones del eje*** *está abierta, mientras que las listas* ***Marcas de graduación, Etiquetas*** *y* ***Número*** *están cerradas.*

Lista: Opciones del eje

- Para definir el **Tipo de eje**, deje activada la opción **Seleccionar automáticamente en función de los datos** si desea que el tipo de eje utilizado corresponda lo máximo posible a los datos, o active la opción:
  - **Eje de texto** para espaciar de forma regular los puntos de datos y el texto sobre el eje de texto.
  - **Eje de fecha** para presentar las fechas por orden cronológico en intervalos definidos o en una base de unidades (número de días, número de meses, etc.), incluso aunque las fechas de la hoja de cálculo no estén en orden o no empleen la misma unidad de tiempo.
- Si desea modificar el punto de cruce del eje de las ordenadas y el eje de las abscisas, en la zona **El eje vertical cruza** active la opción:
  - **En la categoría número** e introduzca en el campo asociado el número que desee.
  - **En la categoría máxima** para que el eje de las ordenadas (eje Y) corte el eje de las abscisas (eje X) tras la última categoría del eje X.

  La opción ***Automáticamente*** *está activada por defecto.*
- Defina la **Posición del eje** activando la opción **En marcas de graduación** o **Entre marcas de graduación**, según prefiera.
- Para invertir el orden de las etiquetas de las categorías, marque la opción **Categorías en orden inverso.**

Lista: Marcas de graduación

- Si es preciso, muestre la lista **Marcas de graduación** haciendo clic en el símbolo ▷ situado al lado de su nombre.

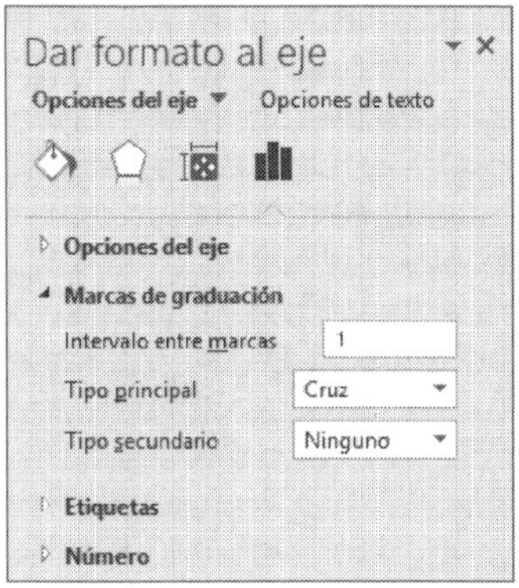

- Especifique en la zona **Intervalo entre marcas** el número de categorías de datos que se deben mostrar entre las marcas de graduación del eje.
- Para mostrar las marcas de la graduación principal, abra la lista **Tipo principal** y escoja su posición (**Interior**, **Exterior**, **Cruz**).
- Para mostrar las marcas de graduación secundarias, abra la lista **Tipo secundario** y escoja su posición (**Interior**, **Exterior**, **Cruz**).

Lista: Etiquetas

- Si es preciso, muestre la lista **Etiquetas** haciendo clic en el símbolo  situado al lado de su nombre.

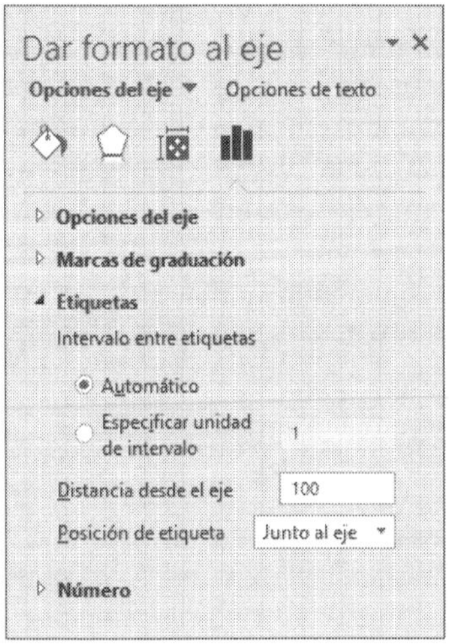

- Si desea precisar el intervalo entre las etiquetas de las marcas de graduación en el cuadro **Intervalo entre etiquetas**, active la opción **Especificar unidad de intervalo** e introduzca el número correspondiente al intervalo que desee; por ejemplo, escriba **2** para mostrar una etiqueta de cada dos.
- Si desea colocar las etiquetas a una distancia más o menos próxima a los ejes, haga clic en el cuadro **Distancia desde el eje** e introduzca un número bajo para acercar la etiqueta al eje o bien un número alto para separarla.
- Para mostrar el texto de las etiquetas de graduación, abra la lista **Posición de etiqueta** y escoja su posición (**Junto al eje**, **Alto**, **Bajo**).

Lista: Número

- Si es preciso, muestre la lista **Número** haciendo clic en el símbolo  situado al lado de su nombre.

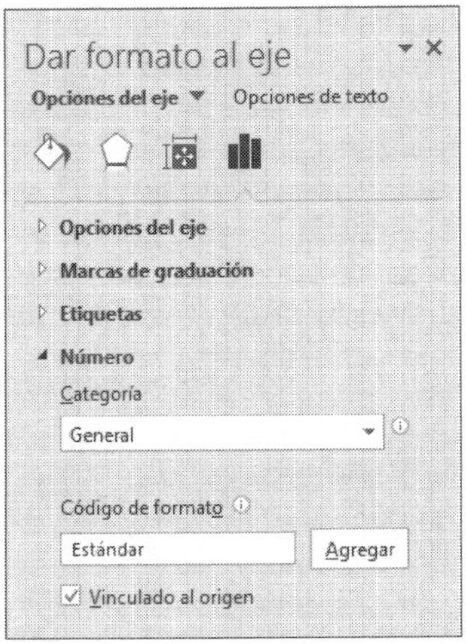

- Abra la lista **Categoría** y escoja la opción **General**, **Número**, **Moneda**, **Contabilidad**, **Fecha**, **Hora**, **Porcentaje**, **Fracción**, **Científico**, **Texto**, **Especial** o **Personalizado**.
- Determine las posibles opciones completando los parámetros que aparecen (estos varían según la categoría elegida).
- Si desea conservar los formatos de los números tal y como están en la hoja de cálculo, marque la opción **Vinculado al origen**.

Para establecer hasta qué punto se superponen o se separan las series, seleccione una serie de datos para que aparezca el panel de Office **Formato de serie de datos** y definir los parámetros que prefiera en la lista **Opciones de serie**.

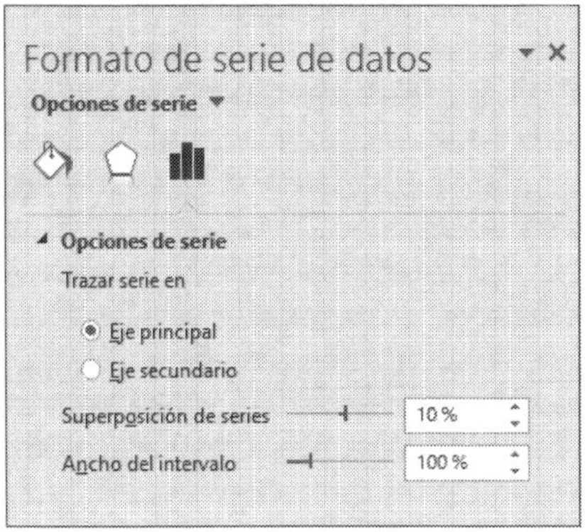

Modificar las opciones del eje de las ordenadas

El eje de las ordenadas también se denomina eje vertical, eje de las Y o eje de valores. Esta técnica permite modificar la escala del gráfico, la posición de las graduaciones, los rótulos, la intersección entre el eje horizontal y el vertical, etc.

Si es preciso active el gráfico correspondiente y haga doble clic en el eje de las abscisas.

*El panel de Office **Dar formato al eje** se muestra a la derecha de la ventana. Este panel es casi idéntico al que hemos estudiado en el apartado anterior (véase Modificar las opciones del eje de las abscisas).*

*También en este caso las opciones del panel de Office **Dar formato al eje** se distribuyen en dos temas: **Opciones del eje** y **Opciones de texto**. A su vez, las opciones de los temas están clasificadas en categorías, las cuales se representan mediante iconos.*

Opciones del eje

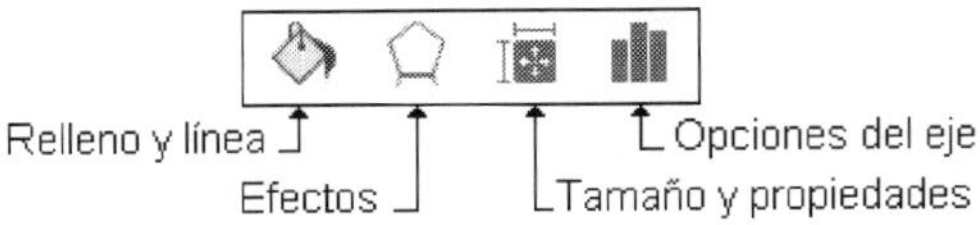

Opciones de texto

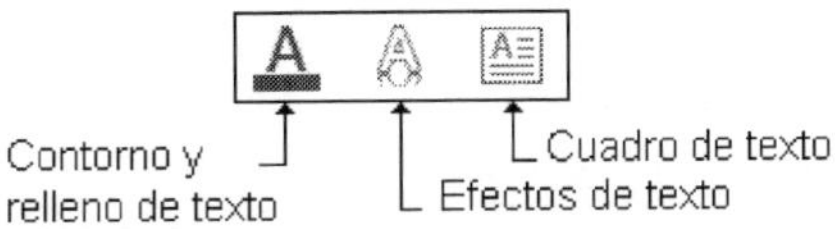

El icono de la categoría activa aparece de color (verde por defecto).

- Muestre la categoría **Opciones del eje** (tema **Opciones del eje**).

  *Las opciones del tema **Dar formato al eje** - categoría **Opciones del eje** están agrupadas a su vez en cuatro listas: **Opciones del eje**, **Marcas de graduación**, **Etiquetas** y **Número**.*

- Para abrir una vista, haga clic en el símbolo situado al lado de su nombre.
- Para ocultar una lista, haga clic en el símbolo situado al lado de su nombre.

Lista: Opciones del eje

- Si es preciso, abra la lista **Opciones del eje**.

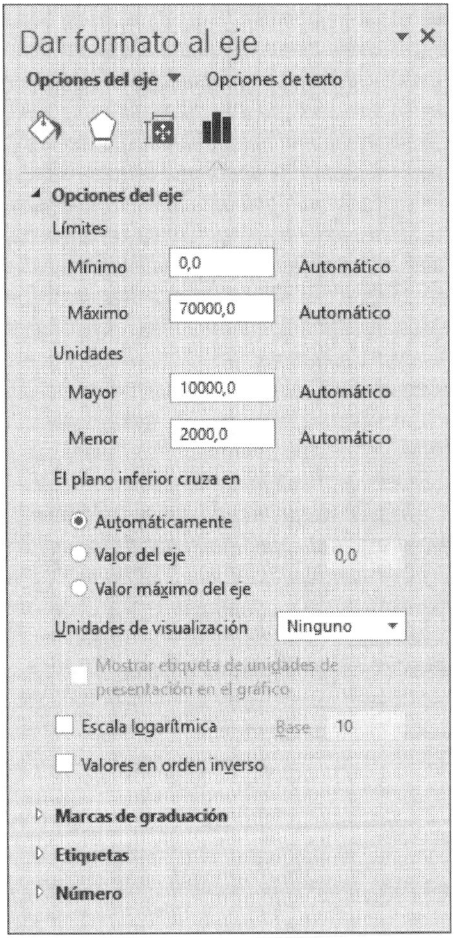

- Para definir un valor de escala particular, cambie los valores de las opciones **Mínimo** o **Máximo** de la zona **Límites**.

  *En ese caso, la indicación **Automático** se transforma en el botón **Restablecer**, que le permitirá volver al valor predeterminado.*

- Para definir el intervalo de las marcas de graduación y de las cuadrículas del gráfico, modifique los valores de las opciones **Mayor** o **Menor** de la zona **Unidades**.
- Si desea modificar el punto de intersección del eje de las ordenadas y el eje de las abscisas, en la zona **El eje horizontal cruza** active la opción:
  - **Valor del eje** e introduzca en el campo asociado el número que desee.
  - **Valor máximo del eje** para establecer que el eje de las abscisas (eje X) debe cruzar el eje de las ordenadas (eje Y) en el nivel del valor más elevado. En ese caso, las etiquetas de las categorías se colocarán en el lado opuesto en el gráfico.

  *La opción **Automáticamente** está activada por defecto.*
- Para cambiar si es preciso las **Unidades de visualización**, abra la lista correspondiente y haga clic en la opción que prefiera:

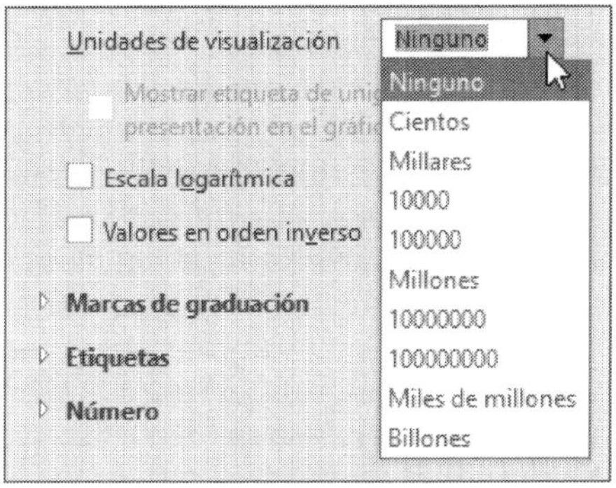

*Por defecto, está seleccionada la opción **Ninguno**.*

- Si ha elegido una de las unidades de visualización (por ejemplo, para reemplazar valores altos por otros más pequeños), puede marcar la opción **Mostrar etiqueta de unidades de presentación en el gráfico** para añadir una etiqueta que indique la unidad utilizada.
- Cuando los valores representados en el gráfico cubren un rango muy grande, tiene la posibilidad de reemplazar el eje de los valores por una escala logarítmica. Para ello, marque la opción **Escala logarítmica** y cambie, si es preciso, la **Base** asociada.

  Observe que es imposible utilizar una escala de este tipo para los valores negativos o nulos.
- Para invertir el orden de los valores, marque la opción **Valores en orden inverso**.

Tenga presente que, si cambia el orden de los valores en el eje de las ordenadas, de modo que vayan de abajo arriba, las etiquetas de las categorías en el eje de las abscisas aparecerán en la parte superior del gráfico, y no debajo. De igual modo, si cambia el orden de las categorías partiendo de la izquierda hacia la derecha, las etiquetas de los valores aparecerán a la derecha, y no a la izquierda del gráfico.

Lista: Marcas de graduación

- Si es preciso, muestre la lista **Marcas de graduación** haciendo clic en la pequeña flecha blanca situada al lado de su nombre.
- Para mostrar las graduaciones principales, abra la lista **Tipo principal** y escoja su posición (**Interior**, **Exterior**, **Cruz**).
- Para mostrar las graduaciones secundarias, abra la lista **Tipo secundario** y escoja su posición (**Interior**, **Exterior**, **Cruz**).

Lista: Etiquetas

- Si es preciso, muestre la lista **Etiquetas** haciendo clic en la pequeña flecha blanca situada al lado de su nombre.
- Para mostrar el texto de las etiquetas de graduación, abra la lista **Posición de etiqueta** y escoja su posición (**Junto al eje**, **Alto**, **Bajo**).

Lista: Número

- Si es preciso, muestre la lista **Número** haciendo clic en la pequeña flecha blanca situada al lado de su nombre.
- Abra la lista desplegable **Categoría** y escoja la opción **General**, **Número**, **Moneda**, **Contabilidad**, **Fecha**, **Hora**, **Porcentaje**, **Fracción**, **Científico**, **Texto**, **Especial** o **Personalizado**.
- Especifique las posibles opciones completando los parámetros que aparecen y que varían dependiendo de la categoría seleccionada.
- Si desea conservar los formatos de los números tal y como están en la hoja de cálculo, marque la opción **Vinculado al origen**.

Los gráficos de tipo líneas muestran los valores únicamente en el eje de las ordenadas (vertical), mientras que los gráficos de dispersión (XY) y en burbujas muestran sus valores en el eje de las abscisas y en el eje de las ordenadas. En caso de que la escala del eje horizontal del gráfico de tipo líneas no pueda modificarse en la misma medida que la escala del eje vertical utilizado en el gráfico de dispersión, puede resultar apropiado emplear un gráfico de dispersión (XY) antes que un gráfico de líneas si debe cambiarse la escala de este eje o mostrarlo en forma de escala logarítmica.

Crear un gráfico combinado con un eje secundario

Esta técnica permite representar en un mismo gráfico datos completamente diferentes, a partir de su escala o su unidad. En este ejemplo, la primera serie (Precipitaciones) se representa con barras asociadas al eje vertical principal, mientras que la segunda (valores de la serie Temperaturas) está representada por una curva asociada al eje vertical secundario:

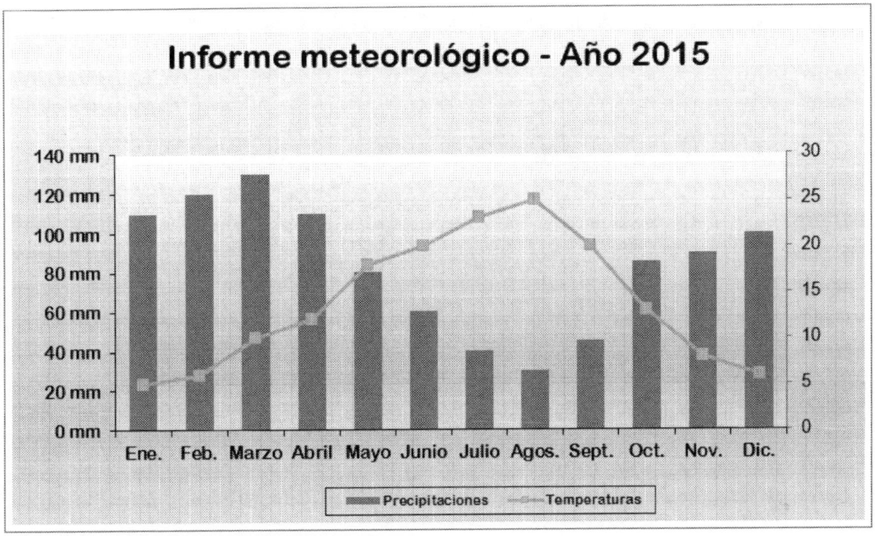

El principio consiste en convertir un gráfico en gráfico combinado.

- Haga clic en cualquier parte del gráfico que desea convertir en gráfico combinado.
- Active la ficha **Herramientas de gráficos - Diseño**, y haga clic en el botón **Cambiar tipo de gráfico** del grupo **Tipo**.
- Active la ficha **Todos los gráficos**.
- Active la categoría **Cuadro combinado** en el panel izquierdo de la ventana.
- Haga clic en la subcategoría **Columna agrupada - Línea en eje secundario** 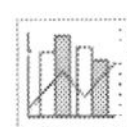, situada en la parte derecha de la ventana.

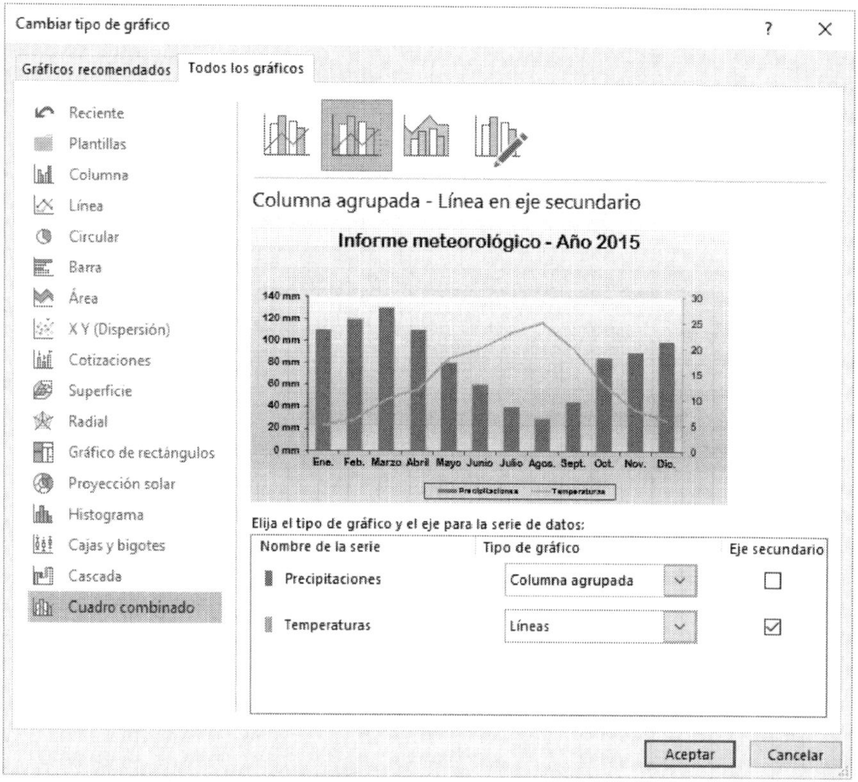

- En el cuadro **Elija el tipo de gráfico y el eje para la serie de datos**, marque la opción **Eje secundario** de cada serie de datos que desee trazar en el eje secundario.
- A continuación, escoja la opción **Líneas** en cada una de las listas **Tipo de gráfico** correspondientes.
- Compruebe que el **Tipo de gráfico** de las demás series sea **Columna agrupada.**

Para añadir un título a cada eje vertical con el fin de que resulte más legible, puede activar el gráfico correspondiente, hacer clic en la herramienta **Elementos de gráfico** , señalar (sin hacer clic) la categoría **Títulos de ejes** y hacer clic en la pequeña flecha asociada.

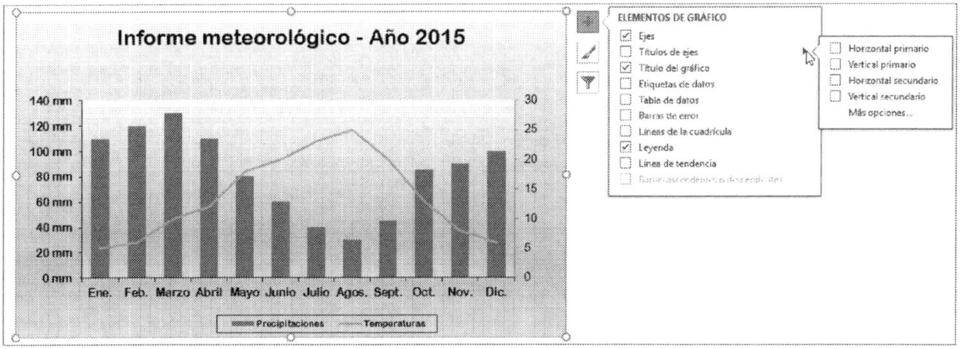

A continuación, marque la opción con las opciones que prefiera. Finalmente, en el gráfico, haga clic en cada título de eje que haya añadido para poder introducirlo.

Para modificar los parámetros del eje vertical secundario, puede hacer clic en la serie del gráfico, luego en la herramienta **Elementos de gráfico** (pestaña **Herramientas de gráficos - Formato**, grupo **Selección actual**) a fin de abrir el panel de Office **Formato de la serie de datos.** Efectúe los cambios usando las diferentes opciones distribuidas en las categorías **Relleno y línea**, **Efectos** y **Opciones de serie** (véase Modificar las opciones del eje de las ordenadas).

Modificar los rótulos de datos

Se trata de modificar la vista de los valores correspondientes a los datos de cada serie.

- En el gráfico, muestre, si es preciso, las etiquetas de datos de las series deseadas (véase Mostrar un elemento del gráfico).
- Active el gráfico y haga clic en la herramienta **Elementos de gráfico** .
- Señale (sin hacer clic) la opción **Etiquetas de datos** para mostrar las opciones suplementarias y haga clic en **Más opciones** para que se muestre el panel de Office **Formato de etiquetas de datos.**
- Active la categoría **Opciones de etiqueta** del panel de Office y luego la subcategoría **Opciones de etiqueta.**

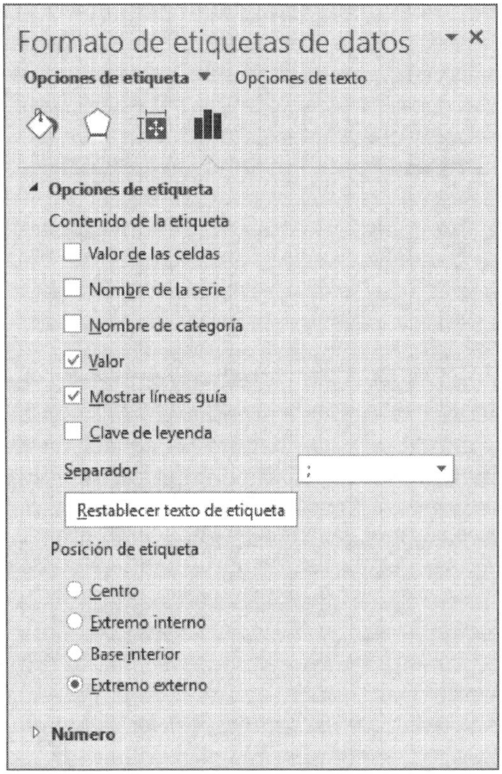

- Especifique lo que deben mostrar las etiquetas dentro de la zona **Contenido de la etiqueta**.
- Para mostrar también la clave de la leyenda en la etiqueta, marque la opción **Clave de leyenda**.
- Seleccione la disposición de las etiquetas en relación con la representación de las series (barras, líneas, etc.) en la zona **Posición de etiqueta**.

Para eliminar la visualización de todas las etiquetas, desmarque la opción **Etiquetas de datos** asociada a la herramienta **Elementos de gráfico** [+]. Para eliminar la visualización de una etiqueta en particular, haga clic en la zona correspondiente del gráfico para seleccionarla y pulse la tecla [Supr].

Cambiar la forma de una etiqueta de datos

- Para cambiar el conjunto de las etiquetas de una serie, seleccione dicha serie en el gráfico. Para modificar una etiqueta en particular, selecciónela.
- Haga clic con el botón derecho en la selección y active la opción **Cambiar formas de etiquetas de datos** o **Cambiar forma de etiqueta de datos**, según el caso.

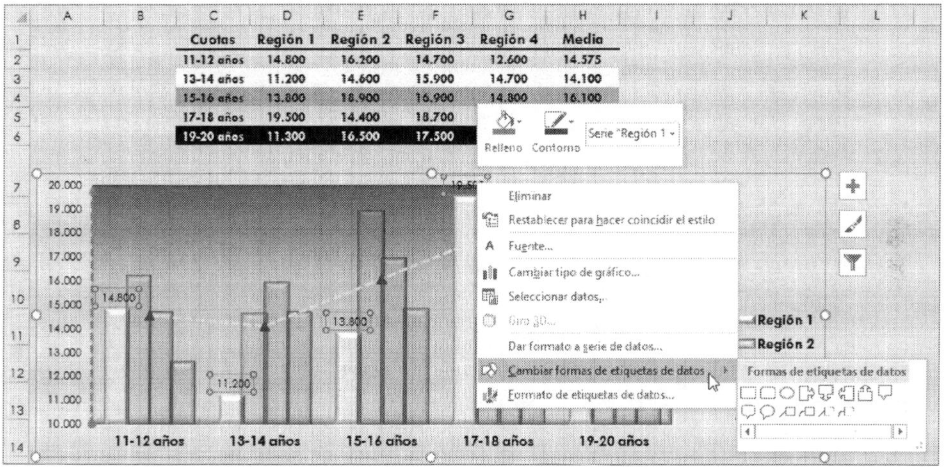

- A continuación, seleccione la forma que prefiera.

Restaurar el texto de una etiqueta

Si ha personalizado el contenido de una etiqueta de datos, tenga en cuenta que esta ya no está vinculada a los datos de la hoja de cálculo. Pero es posible restaurar el vínculo y restablecer al mismo tiempo el texto original de las etiquetas.

- Para restaurar el vínculo entre todas las etiquetas de una serie de datos y las celdas correspondientes de la hoja de cálculo, haga clic una vez en el gráfico en una de las etiquetas de datos de la serie correspondiente. Para restaurar el vínculo de una etiqueta en particular, haga doble clic en ella.
- Haga clic en la herramienta **Elementos de gráfico** , señale la opción **Etiquetas de datos** y escoja **Más opciones**.
- Haga clic en el botón **Restablecer texto de etiqueta** de la lista **Opciones de etiqueta** (categoría **Opciones de etiqueta**).

Para mostrar el panel **Formato de etiquetas de datos,** también puede hacer clic con el botón derecho en la etiqueta de datos y escoger la opción **Cambiar formas de etiquetas de datos** o **Cambiar forma de etiqueta de datos,** según qué haya seleccionado.

Agregar una línea de tendencia a un gráfico

La línea de tendencia, asociada (obligatoriamente) a una serie de datos, permite ilustrar las tendencias de los datos existentes o las previsiones de datos futuros. Esta herramienta sirve para hacer un análisis de regresión que puede usarse para efectuar previsiones.

Según el tipo de análisis que busque, podrá, por ejemplo, extender una línea de tendencia en un gráfico más allá de los datos existentes con el fin de prever valores futuros. Pero también puede crear una media móvil que permita suavizar las fluctuaciones de los datos para, de este modo, ilustrar la tendencia con más precisión.

Observe que es imposible añadir una línea de tendencia a un gráfico 3D, apilado, radial, circular, de superficie o de anillos.

Seleccione la serie a la que desea añadir una línea de tendencia.

Haga clic en la herramienta **Elementos de gráfico** , señale la opción **Línea de tendencia** y haga clic en la pequeña flecha asociada.

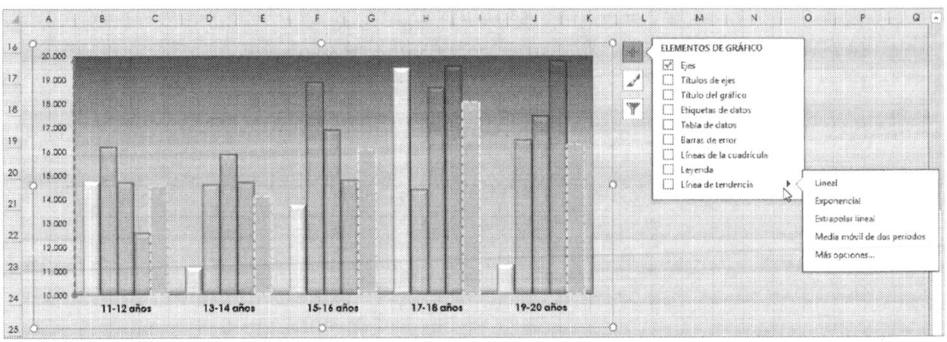

- Escoja una de las líneas de tendencia preestablecidas o haga clic en la opción **Más opciones** para definir su configuración, seleccione la serie correspondiente y haga clic en **Aceptar**.

*Aparece en pantalla en el panel de Office **Formato de línea de tendencia**.*

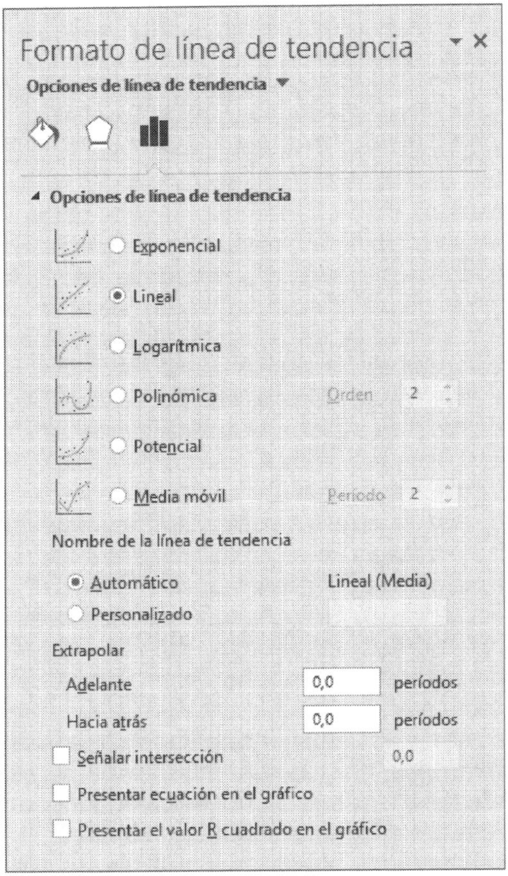

*Para mostrar este panel de Office, también puede hacer clic con el botón derecho en la serie de datos que corresponda y escoger la opción **Agregar línea de tendencia**.*

Microsoft Excel propone seis tipos de líneas de tendencia o de regresión. La elección de una o de otra línea de tendencia dependerá del tipo de datos de que se disponga.

- Escoja el tipo de tendencia o regresión activando la opción:
  - **Exponencial** para obtener una línea curva a partir de valores que aumentan o disminuyen de forma constante. Los valores nulos o negativos no pueden utilizarse en una línea de tendencia exponencial. Escoja este tipo de línea si usa una ecuación del tipo $y = ce^{bx}$ (donde c y b son constantes, y e, la base del logaritmo neperiano) para calcular los mínimos cuadrados.
  - **Lineal** para obtener una línea recta ponderada a partir de conjuntos de datos lineales simples, como sucede cuando la unión de los puntos de sus datos se asemeja a una recta. Este tipo de línea se utiliza en una ecuación del tipo $y = ax + b$ (donde a es la pendiente y b la ordenada en el origen) para calcular los mínimos cuadrados para una línea.
  - **Logarítmica** para obtener una línea lo más exacta posible en caso de que la frecuencia de cambio de los datos varíe rápidamente y luego se estabilice. Pueden usarse valores positivos y negativos en una línea de tendencia logarítmica. Escoja este tipo de línea si utiliza una ecuación de tipo $y = cln\ x + b$ (donde c y b son constantes y ln, la función del logaritmo neperiano) para calcular los mínimos cuadrados.
  - **Polinómica** para representar generalmente fluctuaciones (tales como pérdidas y ganancias, por ejemplo) en un gran número de datos. El orden de esta línea puede determinarse por el número de fluctuaciones en los datos o el número de curvas de línea. Escoja este tipo de líneas si utiliza una ecuación del tipo $y = b + c_1x + c_2x^2 + c_3x^3 + \ldots + c_6x^6$ (donde b y $c_1 \ldots c_6$ son constantes) para calcular los mínimos cuadrados. Tras activar la opción **Polinómica**, defina la potencia más elevada para la variable independiente en el cuadro **Orden**.
  - **Potencial** si, por ejemplo, el conjunto de los datos compara medidas que aumentan con una velocidad específica (como la aceleración de un dragster por segundo). Los valores nulos o negativos no pueden utilizarse en una línea de tendencia potencial. Escoja este tipo de línea si usa una ecuación del tipo $y = cx^b$ (donde c y b son constantes) para calcular los mínimos cuadrados.
  - **Media móvil**: este tipo de línea de tendencia iguala las fluctuaciones de los datos con el fin de resaltar una pauta o una tendencia. Utiliza un número específico de puntos de datos (definido por el valor de la opción **Período**), calcula una media y luego utiliza este valor como punto de la línea de tendencia. Escoja este tipo de curva si utiliza una ecuación del tipo:

$$Ft = \frac{At + At\text{-}1 + \ldots At - n+1}{n}$$

- Observe que el número de puntos de este tipo de línea es igual al número total de puntos de la serie menos el número especificado por el **Período**. Este último corresponde a los periodos que hay que utilizar para calcular la media móvil.
- Para cambiar el nombre de la línea de tendencia que Excel atribuye automáticamente, active la opción **Personalizado** de la zona **Nombre de la línea de tendencia** e introduzca el nombre que prefiera en el campo correspondiente.
- Para especificar el número de periodos que se deben incluir para una previsión sobre un gráfico 2D (en áreas no apiladas, en barras, en columnas, en líneas, en dispersión (XY) o en burbujas), introduzca en el campo **Adelante** o **Hacia atrás** el valor de los **períodos** que hay que incluir.
- Si utiliza una línea de tendencia exponencial, lineal o polinómica, puede, si lo desea, especificar el punto donde la línea de tendencia corta el eje de las ordenadas (vertical) sobre un gráfico 2D (en áreas no apiladas, en barras, en columnas, en líneas, en dispersión (XY) o en burbujas). Para ello, marque la opción **Señalar intersección** e introduzca en el campo asociado el valor que indica el punto donde la línea de tendencia cruza el eje de las ordenadas (vertical).
- Para mostrar la ecuación de la línea de tendencia sobre un gráfico 2D (en áreas no apiladas, en barras, en columnas, en líneas, en dispersión (XY) o en burbujas), marque la opción **Presentar ecuación en el gráfico.**
- Recordemos, si es necesario, que una línea de tendencia está más ajustada cuando su coeficiente de determinación (R^2) es igual o próximo a 1. Tenga en cuenta que Excel calcula automáticamente el valor de la raíz cuadrada de la línea de tendencia que habrá aplicado a sus datos. Para mostrar el coeficiente de determinación de una línea de tendencia sobre un gráfico 2D (en áreas no apiladas, en barras, en columnas, en líneas, en dispersión (XY) o en burbujas), marque la opción **Presentar el valor R cuadrado en el gráfico.**
- Para cambiar/verificar el formato de la línea de tendencia, utilice los parámetros que se ofrecen en las diferentes categorías de opciones del panel de Office (**Relleno y línea**, **Estilo de línea**, **Efectos**).

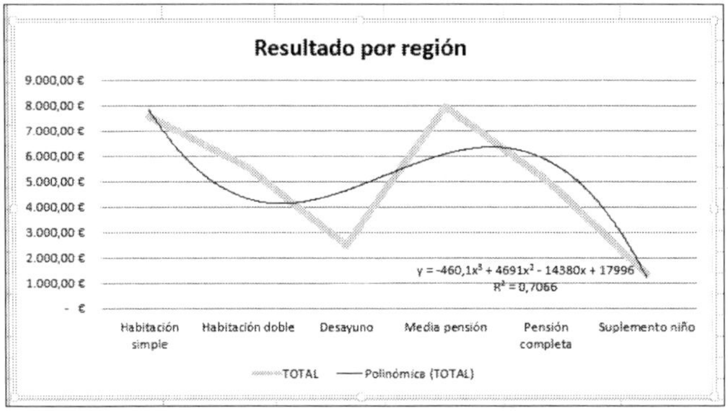

- Para eliminar una línea de tendencia, selecciónela haciendo clic en ella y pulse la tecla Supr.

Modificar la orientación del texto en un elemento

- Haga doble clic en el elemento del gráfico que contiene el texto que desee modificar, a fin de que aparezca el panel de Office.
- Active la categoría **Tamaño y propiedades**  y abra la lista de la opción **Dirección del texto**.

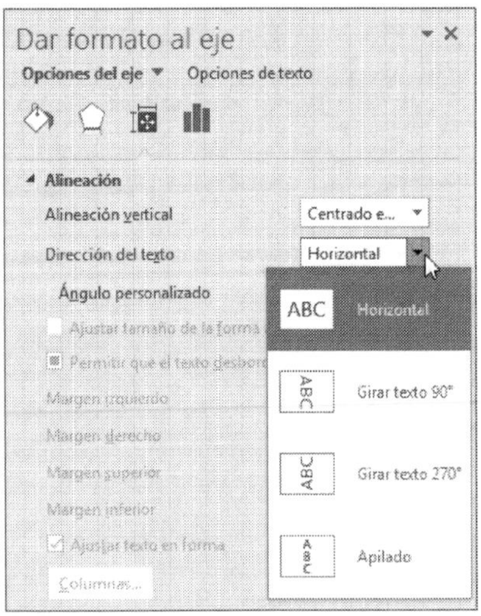

- Seleccione la opción **Girar texto 90°**, la opción **Girar texto 270°** o la opción **Apilado** para ver los caracteres unos debajo de otros,

  o

  conserve la opción **Horizontal** en la lista **Dirección del texto** y especifique un grado de inclinación en el cuadro **Ángulo personalizado.**

  En este ejemplo, los rótulos del eje horizontal se han orientado a -56°.

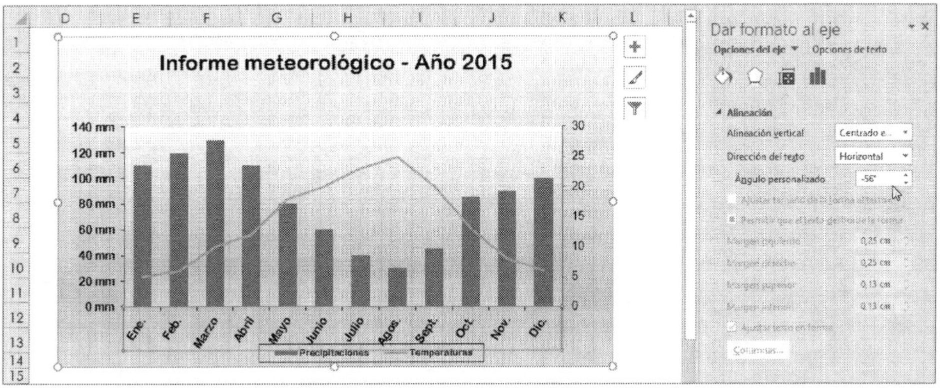

Modificar el formato 3D de un elemento

Estas opciones permiten formatear el elemento de gráfico seleccionado con un efecto en tres dimensiones.

- Seleccione el elemento del gráfico en cuestión.
- Active la pestaña **Herramientas de gráficos - Formato** y haga clic en el botón **Aplicar formato a la selección** del grupo **Selección actual.**
- Active la categoría **Efectos**  del panel de Office y abra la lista **Formato 3D.**

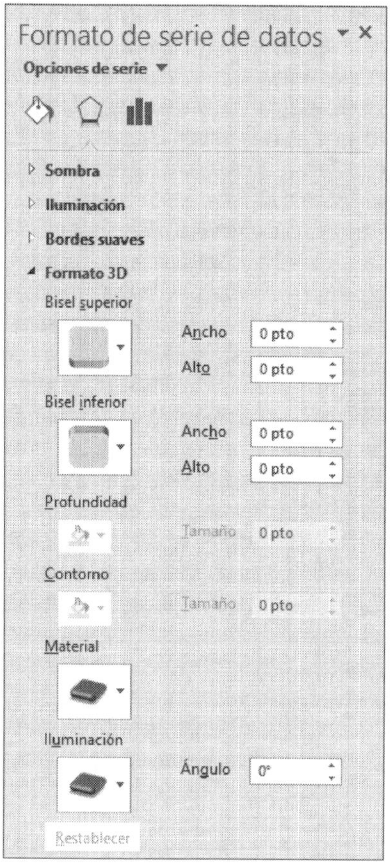

Algunas opciones de formato 3D no están disponibles con ciertos gráficos.

- Para obtener un efecto en 3D en el borde superior de un elemento, abra la lista **Bisel superior** o **Bisel inferior**, según el caso, y seleccione la opción deseada. A continuación defina el **Ancho** y el **Alto** del borde.

  Los efectos de bisel dan relieve al contorno gracias a la incorporación de sombras y luces en torno al elemento.

- Seleccione seguidamente, si es posible, el **Contorno** y la **Profundidad** del efecto 3D.
- Para modificar el aspecto del elemento cambiando su iluminación especular, abra las listas **Material** e **Iluminación**, seleccione el modelo que desee y defina, si es preciso, el **Ángulo** (en grados) de reflexión de la luz.

*La iluminación especular hace que los objetos aparezcan más o menos brillantes. El uso de un efecto de la lista **Material** permite hacer los elementos más mates, plásticos, metálicos o traslúcidos.*

El botón **Restablecer** anula el formato 3D aplicado al elemento.

Modificar la orientación y la perspectiva de un gráfico en 3D

- Haga doble clic en el área del gráfico.

  *También puede seleccionar el área del gráfico o el área de trazado, activar la pestaña **Herramientas de gráficos - Formato** y hacer clic en el botón **Aplicar formato a la selección** del grupo **Selección actual**.*

- Active la categoría **Efectos** del panel de Office y abra la lista **Giro 3D**.

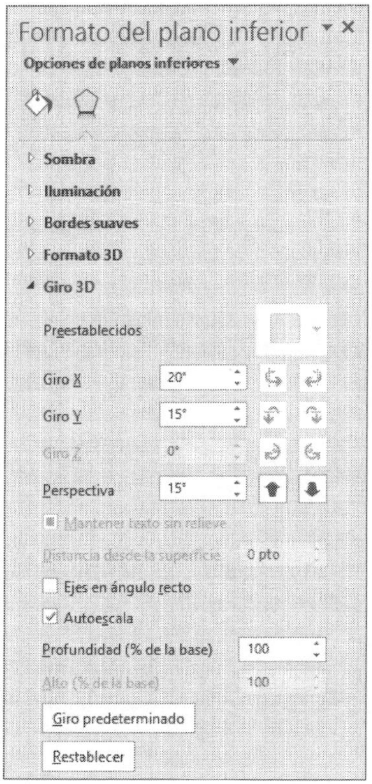

- Para modificar la orientación (el giro) y la posición de la cámara (vista) usada para visualizar los elementos, especifique los valores en los cuadros:

  Giro X para modificar la orientación del eje horizontal.

  Giro Y para modificar la orientación del eje vertical.

  Giro Z para modificar la posición de las formas por encima o por debajo de otras formas.

- Para modificar la profundidad del efecto 3D, teclee un valor en el cuadro **Perspectiva**.

  El valor mínimo (0) es como tener una cámara en paralelo, y el valor máximo (120) produce una perspectiva más exagerada, similar a la generada por una cámara con gran angular.

- Active la opción **Mantener texto sin relieve** para evitar que, al girar la forma, rote también el texto situado dentro de ella.

  Cuando esta opción está seleccionada, el texto permanece siempre encima de la forma. Si no lo está, el texto insertado en la forma sigue el movimiento de rotación de la forma.

- Para mover la forma hacia delante o hacia atrás en un espacio 3D, introduzca un valor en el cuadro **Distancia desde la superficie**.

El botón **Restablecer** cancela los efectos de giro 3D y de perspectiva aplicados al elemento.

Modificar un gráfico sectorial

También es posible hacer rotar gráficos sectoriales e incluso separar una o varias de sus partes.

- Seleccione la serie del gráfico o uno de sus datos.
- Active la ficha **Herramientas de gráficos - Formato** y haga clic en el botón **Aplicar formato a la selección** del grupo **Selección actual**.

  También puede hacer doble clic directamente en la selección.

  *Si ha seleccionado el conjunto de la serie gráfica, el título del panel de Office es **Formato de serie de datos**; si la selección concierne solo a un dato, el panel de Office se llama **Formato de punto de datos**.*

- Para hacer que el gráfico sectorial rote, arrastre el cursor del cuadro **Ángulo del primer sector** o introduzca un grado de rotación en el cuadro de texto situado debajo del cursor.

- Para separar las partes del gráfico, arrastre el cursor del cuadro **Sección circular** o **Sección de puntos** si se trata de un solo dato o introduzca un porcentaje en el cuadro de texto situado debajo de ese cursor.

  En este ejemplo, solo se ha separado una parte.

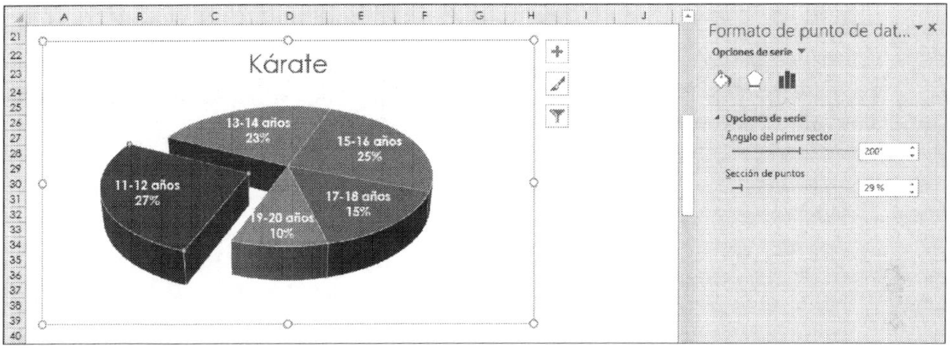

Para destacar una de las partes del gráfico, es posible separarla de las demás: haga clic dos veces en la parte en cuestión para seleccionarla y haga clic y arrastre hacia la parte exterior del gráfico.

Los gráficos sectoriales son prácticos para mostrar puntos de datos en forma de porcentaje, pero cuando estos puntos representan un porcentaje muy pequeño, puede resultar difícil distinguirlos. En ese caso, es posible utilizar un subtipo de gráfico: subgráfico circular o subgráfico de barras.

Usar un subgráfico circular o un subgráfico de barras

Este subtipo de gráfico circular separa los sectores más pequeños del gráfico principal y los muestra en un gráfico circular o en un gráfico de barras apiladas suplementario.

- Para cambiar el tipo de gráfico, selecciónelo y haga clic en el botón **Cambiar tipo de gráfico** de la pestaña **Herramientas de gráficos - Diseño**, grupo **Tipo**.
- Active, si es preciso, la categoría **Circular** en el panel izquierdo, y luego haga clic en el modelo **Gráfico circular con subgráfico circular**  o **Gráfico circular con subgráfico de barras**  según el tipo que desee, y confirme mediante **Aceptar**.

- Para modificar este tipo de gráfico, seleccione la serie completa o uno de los datos del gráfico.

  *Si ha seleccionado el conjunto de la serie del gráfico, el título del cuadro de diálogo es **Formato de serie de datos**; si la selección solo concierne a un dato, el cuadro de diálogo se llama **Formato de punto de datos**.*

- En la lista **Opciones de serie**, abra la lista desplegable **Dividir serie por** y escoja el criterio en función del cual Excel debe separar los datos (**Posición**, **Valor**, **Valor del porcentaje**, **Personalizado**).

  *Según la opción elegida, se solicita información suplementaria. Para la opción **Valor del porcentaje**, se le pide que complete el valor del porcentaje de referencia en el campo **Valores en segundo trazado**.*

  Complete la información asociada al criterio de separación de datos.

  Si la modificación solo concierne a un dato (panel de Office **Formato de punto de datos**), abra la lista desplegable **El punto pertenece a** y elija su posición: **Segundo trazado** (gráfico secundario) o **Primer trazado** (gráfico principal).

- Para separar las partes del gráfico, arrastre el cursor de la zona **Sección circular** o la zona **Sección de puntos** si se trata de un solo dato, o bien introduzca un porcentaje en el cuadro de edición situado al lado de este cursor.
- Varíe, si es preciso, la distancia que separa los dos gráficos arrastrando el cursor de la zona **Ancho del intervalo** o introduciendo la anchura del intervalo en porcentaje del tamaño del gráfico secundario.
- Modifique, si es preciso, el **Tamaño del segundo trazado** arrastrando el cursor de la zona correspondiente o bien introduciendo el tamaño en porcentaje del tamaño del gráfico principal.

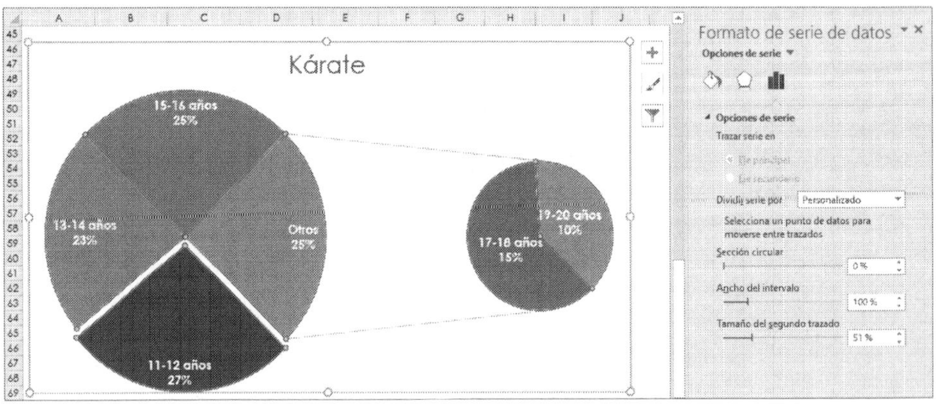

Los dos gráficos se sitúan siempre uno al lado de otro horizontalmente. El gráfico de la izquierda corresponde al gráfico principal, y el de la derecha, al gráfico secundario.

El gráfico secundario presenta los sectores que responden a los criterios definidos, y el total de estos sectores se presenta globalmente en el gráfico principal. Las líneas de conexión permiten visualizar mejor la asociación entre los dos gráficos.

Crear un gráfico en media luna

Se trata de integrar en el gráfico sectorial la columna Total, que ocupará la mitad del gráfico sectorial; luego bastará con ocultarla para obtener un gráfico en media luna.

- Seleccione los datos que hay que presentar sin los títulos y cree un gráfico circular según el procedimiento habitual (pestaña **Insertar**).
- Haga clic en el botón **Seleccionar datos** de la pestaña **Herramientas de gráficos - Diseño** y luego en el botón **Editar** del cuadro **Etiquetas del eje horizontal**.
- Seleccione las celdas que contienen las etiquetas excepto la del total, y haga clic en **Aceptar**.
- Haga clic en los datos del gráfico para mostrar el panel de Office **Formato de serie de datos** o **Formato de punto de datos**. Si es preciso, active la categoría **Opciones de serie** .

  *También puede hacer clic en el botón **Aplicar formato a la selección** de la pestaña **Herramientas de gráficos - Formato**.*
- Aplique una rotación de **270°** en el **Ángulo del primer sector**.

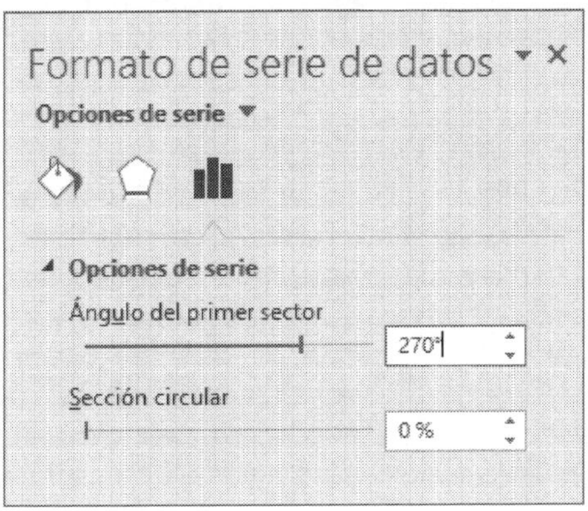

- Para ocultar la parte inferior del gráfico, selecciónelo y active la opción **Sin relleno** del panel de Office **Formato de punto de datos** - **Opciones de serie** - categoría **Relleno y línea** - lista **Relleno:**

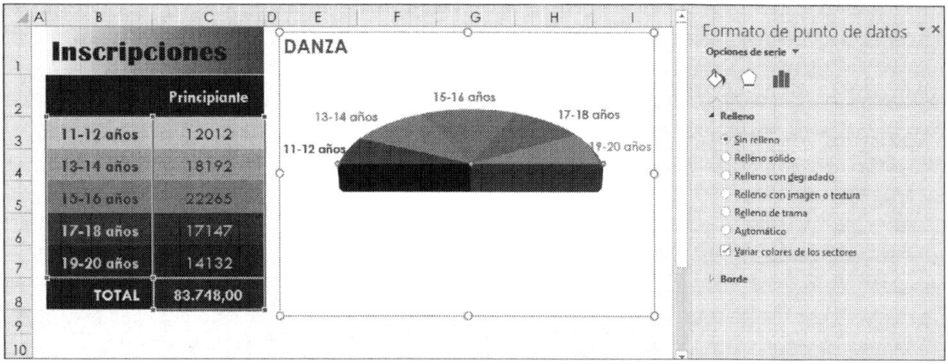

*También puede utilizar la opción **Sin relleno** de la herramienta **Relleno de forma** (pestaña **Herramientas de gráfico - Formato**, grupo **Estilos de forma**).*

- Complete la presentación del gráfico en media luna añadiéndole un efecto 3D, etiquetas de datos (evite los porcentajes, ya que no resultarían coherentes en la medida en que la mitad del gráfico está oculto), etc.

Unir los puntos de un gráfico de tipo línea

- Active la pestaña **Herramientas de gráficos - Diseño.**
- Para ver líneas entre los puntos, haga clic en el botón **Agregar elemento de gráfico** y luego en la opción **Líneas** y seleccione:

Líneas de unión	Para ver líneas que parten del valor de la ordenada más alta y acaban en el eje de las abscisas.
Líneas de máximos y mínimos	Para ver filas que unen el valor de la ordenada más alta y el valor de la más baja.

- Para ver barras entre los puntos, haga clic en el botón **Barras ascendentes o descendentes** del botón **Agregar elemento de gráfico** y active la opción del mismo nombre.

En este ejemplo aparecen líneas de unión y barras ascendentes y descendentes.

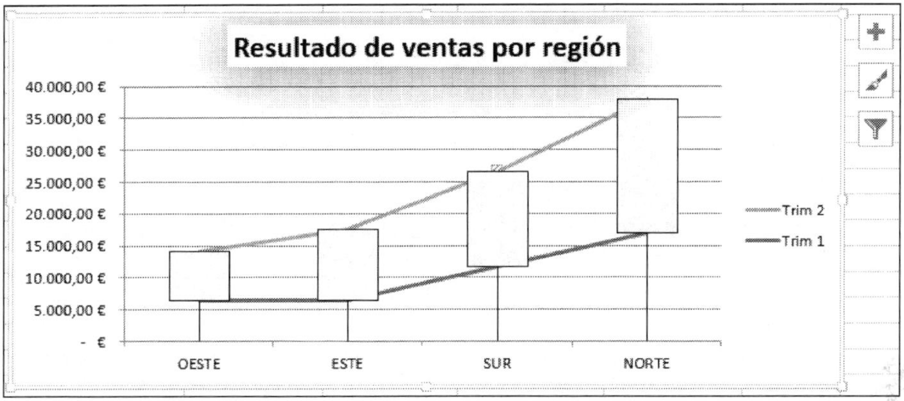

Para agregar barras ascendentes o descendentes, también puede hacer clic en la herramienta **Elementos de gráfico** y marcar la opción **Barras ascendentes o descendentes.**

Seleccionar los objetos

Las técnicas abordadas en este capítulo son válidas para los objetos gráficos, pero también para los gráficos (exceptuando los minigráficos) y, en lo que respecta a formato, para los elementos de un gráfico.

Sin el panel Selección

- Para seleccionar un objeto, haga clic en él.

Atención: en los cuadros de texto u objetos WordArt, pulse esc *para seleccionar el objeto entero, y no su contenido. En los diagramas, pulse* esc *dos veces si ha seleccionado una forma haciendo clic sobre ella.*

Cuando los objetos están seleccionados (exceptuando los diagramas y gráficos), aparece un marco ficticio a su alrededor que contiene ***indicadores de selección****, representados por circulos blancos en los laterales y en los ángulos:*

Al señalar estos indicadores, el cursor del ratón adopta la forma de una flecha doble vertical, horizontal u oblicua, en función del indicador.

Algunos objetos presentan también un círculo verde encima, llamado ***indicador de rotación*** *(véase Administrar objetos). Por su parte, los diagramas o gráficos seleccionados aparecen rodeados de un marco más elaborado, pero el principio de los indicadores sigue siendo el mismo.*

- Para seleccionar varios objetos al mismo tiempo, seleccione el primero de ellos y, manteniendo pulsada la tecla Mayús o Ctrl, haga clic sobre los demás.

  También puede trazar un cuadro de selección alrededor de los objetos una vez haya escogido la opción **Seleccionar objetos** en la lista del botón **Buscar y seleccionar** de la pestaña **Inicio**.

Con el panel Selección

- Para mostrar u ocultar el panel **Selección**, active la pestaña **Diseño de página** y haga clic en la herramienta **Panel de selección** del grupo **Organizar**.

  *También puede activar la pestaña **Inicio**, hacer clic en la herramienta **Buscar y seleccionar** del grupo **Modificar** y hacer clic en la opción **Panel de selección**.*

  *De forma predeterminada, el panel **Selección** se muestra a la derecha de la pantalla.*

- Para seleccionar un objeto, haga clic en su nombre; para seleccionar varios objetos, haga clic en el primero de ellos, mantenga pulsada la tecla Ctrl y haga clic sucesivamente en el nombre de cada objeto que quiera seleccionar.

- Para mover el panel **Selección**, señale su encabezado y, cuando el puntero tome la forma siguiente ✥, haga clic y arrastre el panel a la ubicación que desee.

  De este modo, puede fijar el panel a la izquierda o a la derecha de la pantalla, o bien mantenerlo en una ventana independiente que puede ubicarse en cualquier parte.

- Para cambiar el tamaño del panel, haga clic en la flecha situada al lado del título del panel **Selección**, y haga clic en la opción **Tamaño**.

El puntero del ratón toma la siguiente forma: ⇔.

- Mueva (sin hacer clic) el ratón para cambiar el tamaño del panel instantáneamente y haga clic cuando el nuevo tamaño sea de su agrado.

  También puede arrastrar el borde izquierdo del panel para cambiar su tamaño.

- Para ocultar uno de los objetos gráficos del libro, haga clic en el símbolo asociado a ese objeto.

  El símbolo del objeto ocultado se reemplaza por una línea horizontal.

- Haga clic en la línea horizontal situada al lado del objeto ocultado para que se muestre de nuevo.
- Para cambiar el nombre de un objeto, haga doble clic en dicho nombre, modifíquelo y confirme pulsando la tecla ↵.
- Para cerrar el panel **Selección**, haga clic en la herramienta ✕ situada a la derecha de su barra de título.

  *También puede hacer clic de nuevo en la opción **Panel de selección** (pestaña **Inicio** - grupo **Modificar** - herramienta **Buscar y seleccionar**), o la herramienta **Panel de selección** (pestaña **Diseño de página** - grupo **Organizar**).*

Administrar objetos

- Para eliminar, mover, cambiar su tamaño, rotar, agrupar o desagrupar objetos, empiece siempre seleccionando los objetos que corresponda.
- Para eliminar los objetos seleccionados, pulse la tecla Supr.
- Para mover los objetos seleccionados, señale uno de los bordes de la selección hasta que el puntero del ratón adopte la siguiente forma: ✥ y haga clic y arrastre hasta la nueva ubicación.
- Para cambiar el tamaño de los objetos, arrastre uno de los indicadores de selección.

  También es posible especificar las dimensiones exactas del objeto en los cuadros **Alto** y **Ancho** del grupo **Tamaño** (pestaña **Formato**).

- Para rotar un objeto, señale el controlador circular situado en la parte superior del objeto y arrástrelo para hacer girar el elemento.

Es posible hacer girar cuadros de texto, formas, objetos WordArt, imágenes, así como formas situadas dentro de diagramas.

- Para aplicar una rotación precisa, haga clic en la herramienta **Girar** , situada en el grupo **Organizar** de la pestaña **Formato**, y escoja una de las opciones propuestas.

- Para agrupar/desagrupar los objetos seleccionados con el fin de moverlos, cambiar su tamaño o su formato en una única operación, active la pestaña **Formato** y haga clic en la herramienta **Agrupar** del grupo **Organizar** y active la opción **Agrupar**.

  Los objetos aparecen rodeados de un solo marco. Observe que el cuadro de nombre de la barra de fórmula muestra en estos casos el término ***Grupo n.***
- Para desagrupar objetos, seleccione el grupo, haga clic en la herramienta y seleccione la opción **Desagrupar**.
- Para alinear objetos entre sí con respecto a su borde superior, inferior, izquierdo, derecho y a su medio horizontal o vertical, active la pestaña **Formato**, haga clic en la herramienta **Alinear** del grupo **Organizar** y active una de las seis primeras opciones, aquella que corresponda al tipo de alineación deseado.

  Las opciones ***Distribuir horizontalmente*** *y* ***Distribuir verticalmente*** *del submenú permiten uniformizar el espacio existente entre los objetos de la selección.*
- Para modificar el orden de superposición de los objetos, active la pestaña **Formato** y escoja una de las opciones siguientes:
  - Haga clic en el botón **Traer adelante** del grupo **Organizar** y active la opción **Traer al frente** para situar el objeto delante de los demás o la opción del mismo nombre para situar el objeto delante de aquel que le precede.
  - Haga clic en el botón **Enviar atrás** del grupo **Organizar** y active la opción **Enviar al fondo** para situar el objeto detrás de los demás o la opción **Enviar atrás** para situar el objeto detrás de aquel que le sigue.

Cambiar el formato de un objeto

- Para aplicar un estilo de forma predefinido a los objetos seleccionados (cuadros de texto, formas y objetos WordArt, así como formas incluidas dentro de diagramas e incluso de elementos de gráfico), active la pestaña **Formato** y haga clic en el estilo deseado en el grupo **Estilos de forma**.

☐ Para modificar el relleno de los objetos seleccionados (cuadros de texto, formas, objetos WordArt, así como formas incluidas dentro de diagramas o diagramas enteros e incluso elementos de gráfico), active la pestaña **Formato**, y haga clic en el botón **Relleno de forma** del grupo **Estilos de forma**:

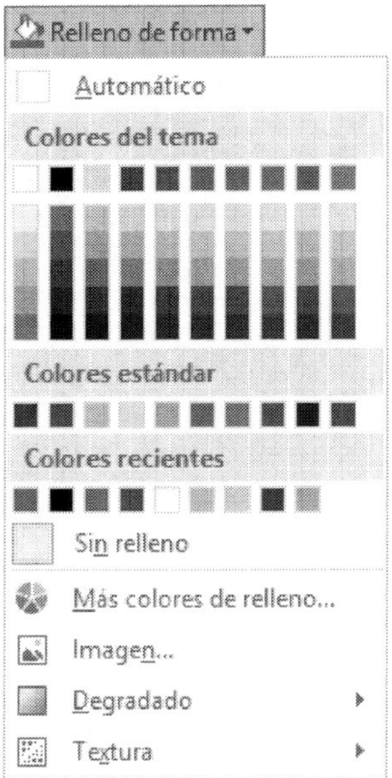

Efectúe una de las siguientes operaciones:

- Haga clic en una de las muestras de los **Colores del tema** o los **Colores estándar** para rellenar el objeto con el color escogido.

  *La opción **Más colores de relleno** le permite crear sus propios colores.*

- Haga clic en la opción **Imagen** para rellenar el objeto con un archivo **Imagen** que se seleccionará en el cuadro de diálogo **Insertar imágenes**.

- Haga clic en la opción **Degradado** para aplicar al fondo del objeto un degradado del color escogido más arriba.

- Haga clic en la opción **Textura** para aplicar una textura particular al fondo del objeto.

- Para modificar el borde de la selección, haga clic en el botón **Contorno de forma** del grupo **Estilos de forma:**

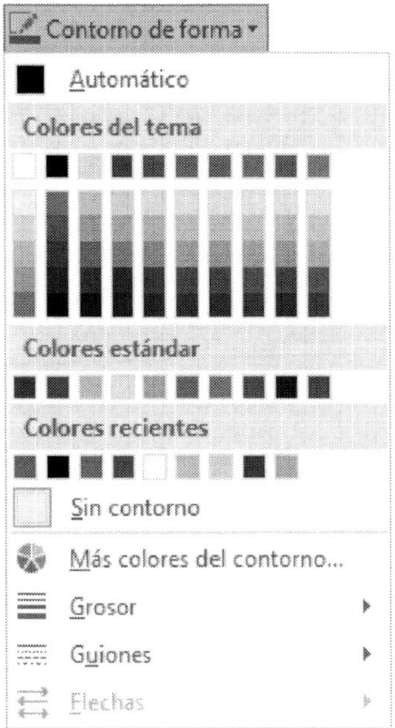

Efectúe una de las siguientes operaciones:

- Haga clic en una de las muestras de los **Colores del tema** o los **Colores estándar** para aplicar al borde del objeto el color escogido.

  *La opción **Más colores del contorno** le permite crear sus propios colores.*

- Haga clic en la opción **Grosor** para modificar el tamaño del borde del objeto.
- Haga clic en la opción **Guiones** para cambiar el estilo del borde del objeto.

Para aplicar un efecto de profundidad al objeto, haga clic en el botón **Efectos de forma** del grupo **Estilos de forma**, active una de las opciones para ver el submenú y haga clic sobre la opción deseada:

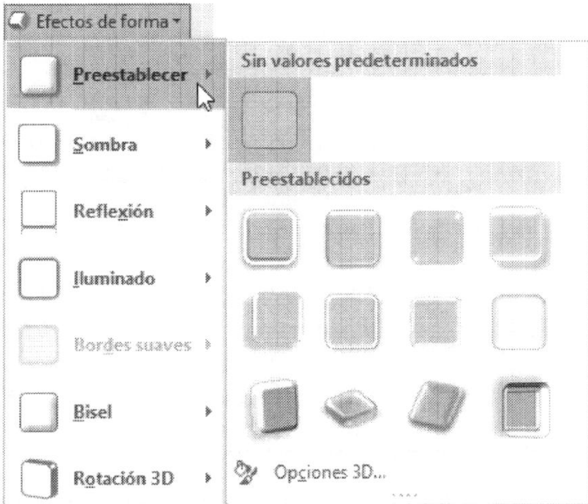

Encontrará estas opciones en el panel de Office **Formato de forma**, que se abre haciendo clic en el iniciador de cuadro de diálogo del grupo **Estilos de forma**.

La opción **Sin relleno** del botón **Relleno de forma** del grupo **Estilos de forma** permite eliminar el relleno del objeto seleccionado. La opción **Sin contorno** del botón **Contorno de forma** permite eliminar el borde del objeto. Por último, cada submenú del botón **Efectos de forma** comporta una opción de tipo **Sin** (**Sin sombra**, **Sin reflejos**, etc.), que permite cancelar los diferentes efectos.

Modificar el formato de una imagen

Seleccione la imagen haciendo clic una vez o, en caso necesario, dos veces para que aparezca la pestaña **Herramientas de imagen - Formato**.

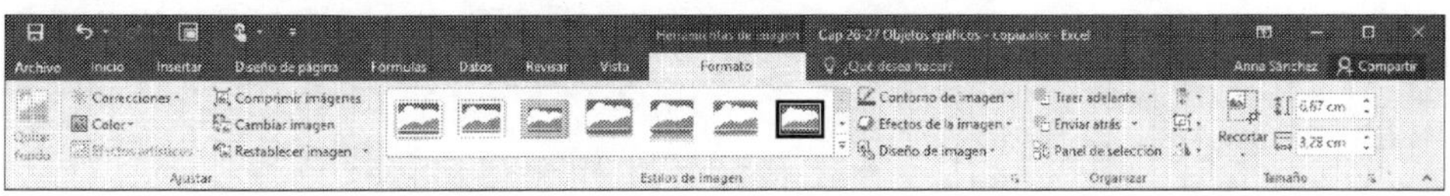

- Para aplicar un estilo predefinido a la imagen, abra la galería del grupo **Estilos de imagen** haciendo clic en la herramienta  y haga clic en uno de los estilos que se proponen.
- Para modificar el borde de la imagen, haga clic en el botón **Contorno de imagen** del grupo **Estilos de imagen** y seleccione el color, el grosor y el estilo del borde.
- Para aplicar un efecto concreto a la imagen, haga clic en el botón **Efectos de la imagen** del grupo **Estilos de imagen** y seleccione el tipo de efecto **Preestablecer** (para un efecto 3D), **Sombra**, **Reflexión**, **Iluminado**, **Bordes suaves**, **Bisel** o **Giro 3D** y haga clic en el subtipo deseado.
- Para modificar la luminosidad y el contraste de la imagen, haga clic en el botón **Correcciones** del grupo **Ajustar**.
- Para modificar los parámetros de color de una imagen, haga clic en el botón **Color** del grupo **Ajustar**.

  Señale uno de los modelos para ver el efecto que produce en la imagen seleccionada y luego haga clic en el modelo que elija,

  o

  haga clic en **Opciones de color de imagen** para establecer la **Saturación de color**, y el **Tono de color** en el panel de Office **Formato de imagen**.
- Para aplicar transparencia a un color de la imagen seleccionada, haga clic en el botón **Color** del grupo **Ajustar** y luego en **Definir color transparente**.

  El puntero del ratón toma la forma siguiente: .

  Haga clic entonces en la zona de la imagen que contiene el color que desea borrar.
- Para aplicar uno de los **Efectos artísticos** disponibles, haga clic en el botón correspondiente del grupo **Ajustar** y luego en el modelo que prefiera.

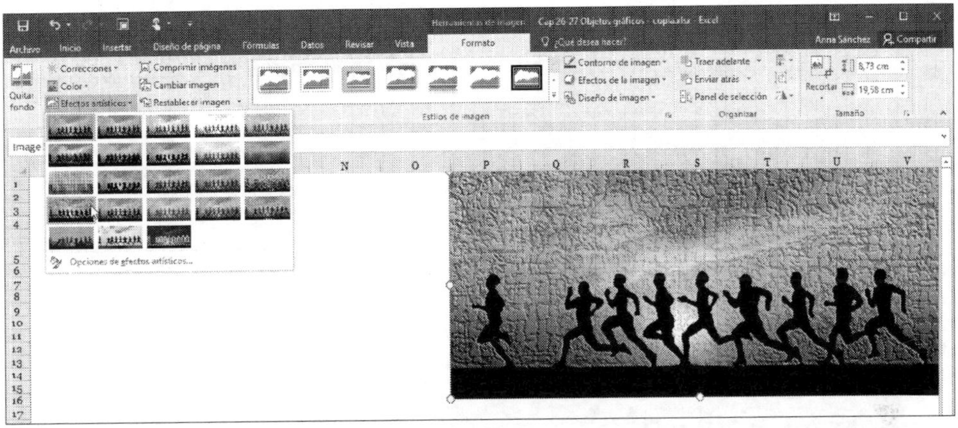

*Puede cambiar la configuración de un efecto artístico desde la opción **Opciones de efectos artísticos**.*

Para cancelar todos los formatos de la imagen, abra la lista del botón **Restablecer imagen** del grupo **Ajustar** y haga clic en **Restablecer imagen** para cancelar todos los formatos de imagen o en **Restablecer imagen y tamaño** para cancelar únicamente los cambios de tamaño.

El botón **Cambiar imagen** del grupo **Ajustar** permite, como su nombre indica, reemplazar la imagen seleccionada por otra (archivo de imagen) conservando el formato aplicado.

Para cambiar el tamaño de una imagen, vaya al apartado Administrar objetos, al principio de este capítulo.

También puede acceder a todas las opciones de formato en el panel de Office **Formato de imagen**, que puede abrir haciendo clic en el iniciador de cuadro de diálogo del grupo **Estilos de imagen** o **Tamaño**.

Recortar una imagen

Esta técnica sirve para eliminar áreas situadas en los bordes de la imagen.

- Seleccione la imagen que corresponda.
- En la pestaña **Herramientas de imagen** - **Formato**, haga clic en el botón **Recortar** del grupo **Tamaño**, señale el lado o el ángulo de la imagen que corresponda a la parte que desea eliminar y arrastre el ratón hacia el interior. Ajuste el cuadro de recorte haciendo clic y arrastrando si es necesario.

  Las partes que se van a suprimir aparecen con una película gris.

- Para recortar la imagen según una forma particular, haga clic en la parte inferior del botón **Recortar** (grupo **Tamaño** - pestaña **Herramientas de imagen** - **Formato**), señale la opción **Recortar a la forma** y luego haga clic en la forma con la que desea recortar la imagen.
- Para recortar la imagen seleccionada a fin de adaptarla a las proporciones habituales de fotografía, haga clic en la flecha asociada al botón **Recortar** (grupo **Tamaño** - pestaña **Herramientas de imagen** - **Formato**), señale la opción **Relación de aspecto** y haga clic en la proporción que prefiera.
- Cuando haya terminado, pulse Esc o haga clic de nuevo en el botón **Recortar**.

Para cancelar el recorte efectuado, utilice la herramienta **Deshacer**, situada en la barra de herramientas de acceso rápido (o pulse Ctrl **Z**).

Si tras haber recortado una imagen desea que esta ocupe toda el área de imagen, utilice la opción **Relleno** asociada al botón **Recortar**; para conservar las proporciones de la imagen, utilice la opción **Ajustar** en lugar de la opción **Relleno**.

Eliminar el fondo de una imagen

Con esta técnica puede suprimir determinadas partes de una imagen.

- Seleccione la imagen correspondiente.
- Haga clic en el botón **Quitar fondo** del grupo **Ajustar** de la pestaña **Herramientas de imagen - Formato**.
- Arrastre el contorno de selección de forma que se incluyan (o se excluyan) las zonas que deben conservarse (o eliminarse).

  Las partes de color rosa corresponden a los elementos que se eliminarán (no se verán) en la imagen final:

*Observe que la ficha **Eliminación del fondo** se mostrará mientras se mantenga activo el proceso de eliminación.*

- Si es preciso, utilice los siguientes botones del grupo **Afinar** de la ficha **Eliminación del fondo**:

  Marcar las áreas para mantener para indicar, mediante un clic o haciendo clic y arrastrando, las zonas que no deben suprimirse automáticamente.

Marcar las áreas para quitar para indicar (siguiendo el mismo principio) las zonas que se deben eliminar al mismo tiempo que las zonas marcadas automáticamente.

Eliminar marca para suprimir las marcas de la zona que indican que dicha zona se ha de conservar (signo +) o se ha de eliminar (signo -); para ello, haga clic en el signo correspondiente.

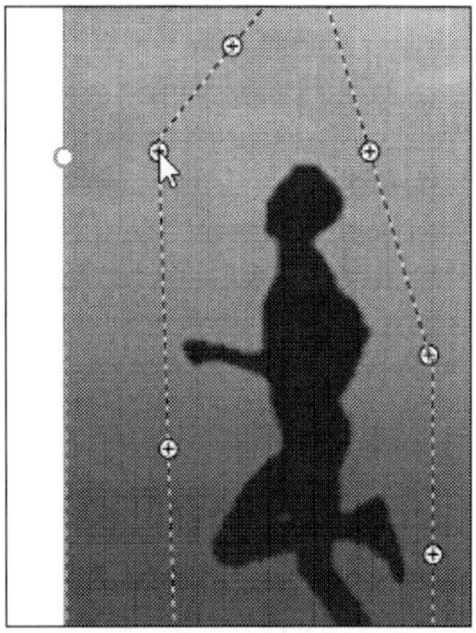

- Para salir del proceso de eliminación del fondo, haga clic en el botón **Descartar todos los cambios** o **Mantener cambios**, según desee.

Cambiar la resolución de las imágenes

Puede resultar interesante cambiar la resolución o la calidad, o bien comprimir una imagen para disminuir su tamaño con el fin de que el archivo correspondiente ocupe menos espacio en su disco duro o para reducir el tiempo de descarga.

Modificar la resolución por defecto de las imágenes

- Para cambiar la resolución que se aplica por defecto a las imágenes insertadas en un libro, abra el libro de Excel correspondiente.
- Active la pestaña **Archivo** haga clic en **Opciones** y seleccione la categoría **Avanzadas.**
- Abra si es necesario la lista **Tamaño y calidad de la imagen** y seleccione el libro correspondiente.
- En la lista **Establecer salida de destino predeterminada en**, escoja la resolución que quiera.

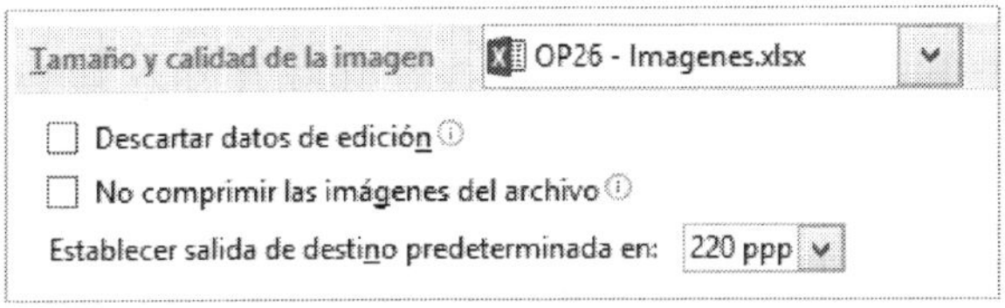

Por defecto, la resolución definida es de 220 ppp. Esta resolución se aplica generalmente a las imágenes destinadas a impresión de alta calidad. Para verlas por pantalla o si solo se requiere una calidad normal de impresión, puede elegir una resolución inferior.

*Si está marcada la opción **No comprimir las imágenes del archivo**, la imagen conservará la máxima calidad, pero en este caso el tamaño del archivo puede resultar muy elevado (sin límite máximo).*

Cambiar la resolución de la imagen o las imágenes seleccionadas

- Seleccione la imagen o las imágenes correspondientes.
- Haga clic en la herramienta **Comprimir imágenes** del grupo **Ajustar** de la pestaña **Herramientas de imagen - Formato**.
- Marque la opción **Aplicar solo a esta imagen** y, en la parte **Destino**, active la resolución que desee.

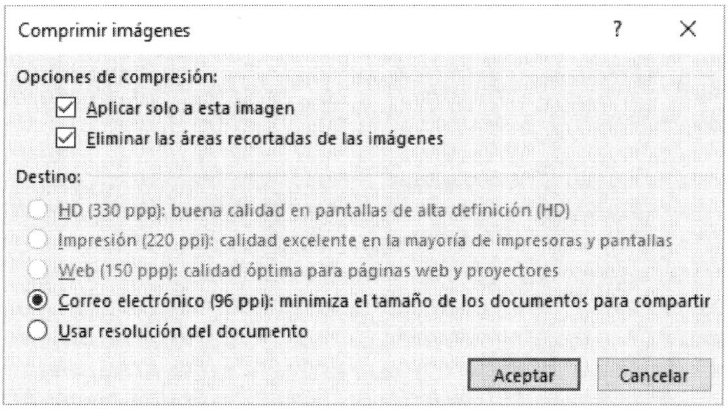

- Confirme mediante **Aceptar**.

Para reducir el tamaño de un archivo de imagen, también puede eliminar las posibles zonas de recorte de la imagen (véase Recortar una imagen).

Formatear los caracteres de un objeto

Estas operaciones permiten modificar el aspecto de los caracteres de los cuadros de texto, las formas, los objetos WordArt, así como de las formas incluidas en diagramas o en elementos de gráfico.

- Seleccione el objeto o los objetos que contienen el texto que se desea formatear.

Sin el panel Formato de forma

- Use la minibarra de herramientas asociada a la selección de caracteres o las herramientas y botones del grupo **Fuente** de la pestaña **Inicio** para modificar la fuente, el tamaño, el formato y el color de los caracteres.
- Para aplicar efectos especiales, active la pestaña **Formato** y use los siguientes botones del grupo **Estilos de WordArt**:

Estilos rápidos	para aplicar un efecto de carácter de tipo WordArt a partir de uno de los 20 modelos.
	para aplicar un color, un degradado, una imagen o una textura al fondo de los caracteres.
	para aplicar un contorno a los caracteres.
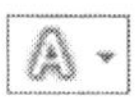	para aplicar un efecto especial a los caracteres (sombra, luz, etc.).

Con el panel Formato de forma

- Haga clic en el iniciador de cuadro de diálogo  del grupo **Estilos de WordArt** (pestaña **Formato**) para mostrar el panel de Office **Formato de forma.**
- Si es preciso, active la ficha **Opciones de texto**.

  *Este panel de Office agrupa las **Opciones de texto** en distintas listas distribuidas en tres grandes categorías: **Contorno y relleno de texto*** *, **Efectos de texto***  *y **Cuadro de texto*** 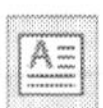.

En este caso, se muestran las seis listas de opciones de la categoría ***Efectos de texto*** .

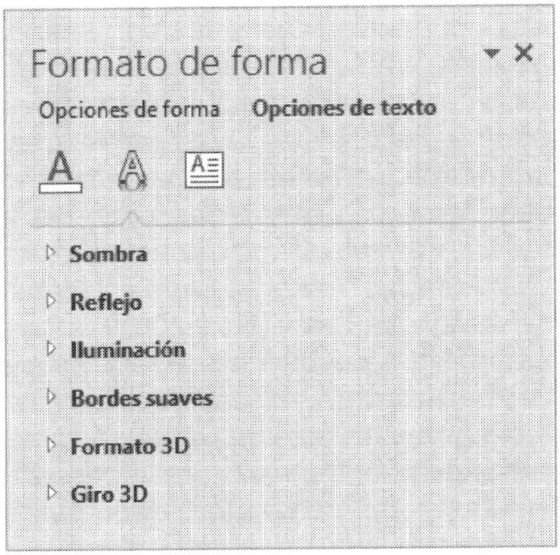

- Para ver los detalles de una lista, haga clic en el nombre de dicha lista.
- Efectúe las modificaciones que desee a la forma seleccionada usando las diferentes opciones de este panel.

Crear una tabla de datos

*Las **tablas de datos**, también llamadas listas de datos (en las versiones anteriores de Excel), son conjuntos de filas y columnas con datos conectados y administrados independientemente de los datos de otras filas y columnas de la hoja de cálculo. Las tablas permiten administrar y analizar los datos con mayor facilidad.*

No debe confundirse este tipo de tabla de datos con las tablas de datos que forman parte de una serie de comandos de análisis de los escenarios.

- Seleccione el rango de celdas que se ha de definir como tabla de datos.
- Haga clic en el botón **Análisis rápido** situado en el ángulo inferior derecho de la selección.
- Active la pestaña **Tablas**.
- Señale el icono **Tabla** para obtener una vista previa del resultado en una ventana independiente.

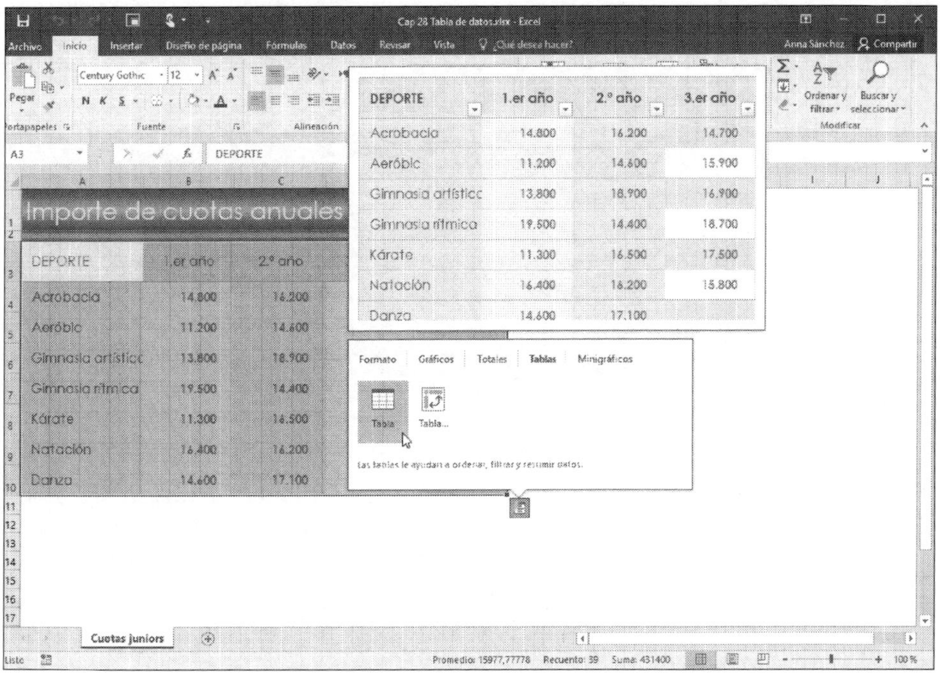

- Haga clic en el icono **Tabla** para crear la tabla de datos.

  *Los encabezados de tabla aparecen automáticamente y presentan una serie de flechas de lista desplegable. Aparece también una nueva pestaña llamada **Herramientas de tabla - Diseño**. Puede usar las herramientas que se proponen en ella para personalizar o modificar la tabla.*

Otra posibilidad para crear una tabla es seleccionar las celdas y aplicarles un estilo de tabla mediante la opción **Dar formato como tabla** del grupo **Estilos** (pestaña **Inicio**). Para crear una tabla de datos, también puede activar la pestaña **Insertar** y hacer clic en el botón **Tabla** del grupo **Tablas**. En ese caso, se le pedirá que indique dónde se encuentran los datos de la tabla y que marque la opción **La tabla tiene encabezados** si el rango de celdas seleccionado contiene los encabezados de las columnas.

Poner nombre a una tabla de datos

- Haga clic en una de las celdas de la tabla de datos.
- Active, si es preciso, la pestaña **Herramientas de tabla - Diseño**.
- Haga clic en la zona **Nombre de la tabla** del grupo **Propiedades**, introduzca el nombre que desea dar a la tabla y pulse ⏎.

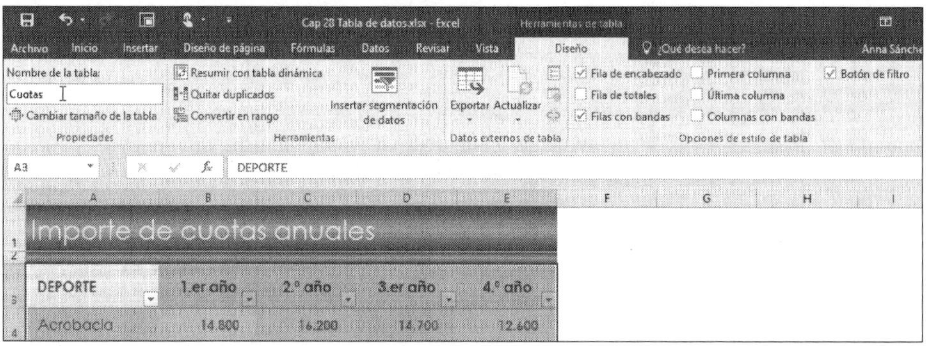

Si hay tablas dinámicas que hacen referencia a esta tabla de datos, tenga en cuenta que el nombre que acaba de modificar se actualiza automáticamente para evitar que aparezca el signo de aviso que advierte de la existencia de referencias no válidas.

Cambiar el tamaño de una tabla de datos

- Haga clic en una de las celdas de la tabla.
- Haga clic en el botón **Cambiar tamaño de la tabla** del grupo **Propiedades**, pestaña **Herramientas de tabla - Diseño.**
- Modifique la selección de las celdas y confirme.

Otra posibilidad es señalar el indicador de cambio de tamaño (triangulito situado en la esquina inferior derecha de la tabla) y arrastrarlo hasta seleccionar el rango de celdas deseado.

Mostrar u ocultar los encabezados de una tabla

- Haga clic en una de las celdas de la tabla.
- Active, si es preciso, la pestaña **Herramientas de tabla - Diseño.**
- Para ver los encabezados de la tabla, marque la opción **Fila de encabezado** del grupo **Opciones de estilo de tabla** y, para ocultarlos, desactive esa opción.

Cuando se desactivan los encabezados de una tabla, se eliminan de ella los filtros automáticos de encabezado y también los demás filtros que pudieran haberse aplicado.

Agregar una fila o una columna a una tabla de datos

- Para agregar una fila a la tabla, introduzca un dato en una celda situada justo debajo de la tabla.
- Para agregar una columna a la tabla, introduzca un dato en una celda situada inmediatamente a la derecha de la tabla.
- Para agregar filas y columnas, también puede arrastrar el indicador de cambio de tamaño (esquina inferior derecha de la tabla) hacia abajo o hacia la derecha y seleccionar filas y columnas.
- Para agregar una fila vacía en la parte inferior de la tabla, haga clic en la última celda de la tabla y pulse la tecla ⇥.

  Si existe una fila de totales en la tabla, sitúela en la última celda de la fila que precede a la de subtotales.

Para insertar o eliminar filas y columnas en una tabla de datos, use el mismo procedimiento que en las hojas de cálculo (véase el capítulo Filas, columnas y celdas).

Seleccionar filas y columnas en una tabla de datos

- Para seleccionar los datos de una columna perteneciente a una tabla, señale el borde superior del encabezado de la columna de la tabla (el puntero del ratón adopta la forma ⬇) y haga clic o active una de las celdas de la columna y pulse Ctrl Espacio.

  Para seleccionar toda la columna (incluyendo el encabezado), haga doble clic o use dos veces el método abreviado Ctrl Espacio.
- Para seleccionar los datos de una fila de una tabla, señale el borde izquierdo de la fila (el puntero del ratón adopta la forma ➡) y haga clic o active una de las celdas de la fila y pulse Mayús Espacio.
- Para seleccionar todos los datos de una tabla, señale el borde superior izquierdo de la tabla (el puntero del ratón adopta la forma ↘) y haga clic o active una de las celdas de la columna y pulse Ctrl Mayús Espacio o Ctrl **E**.

  Para seleccionar toda la tabla (incluyendo los encabezados), haga doble clic o use dos veces uno de los métodos abreviados.

Mostrar una fila de totales en una tabla de datos

Primer método

- Haga clic en una de las celdas de la tabla.
- Active, si es preciso, la pestaña **Herramientas de tabla** - **Diseño** y marque la opción **Fila de totales** del grupo **Opciones de estilo de tabla**.

  *La fila de totales aparece en la última fila de la tabla con la mención **Total** en la celda de la izquierda.*
- Para ver el resultado de otro cálculo o de otra columna, haga clic en la celda de la columna correspondiente y haga clic en la flecha de la lista desplegable que aparece:

Excel propone las funciones habituales de cálculo:

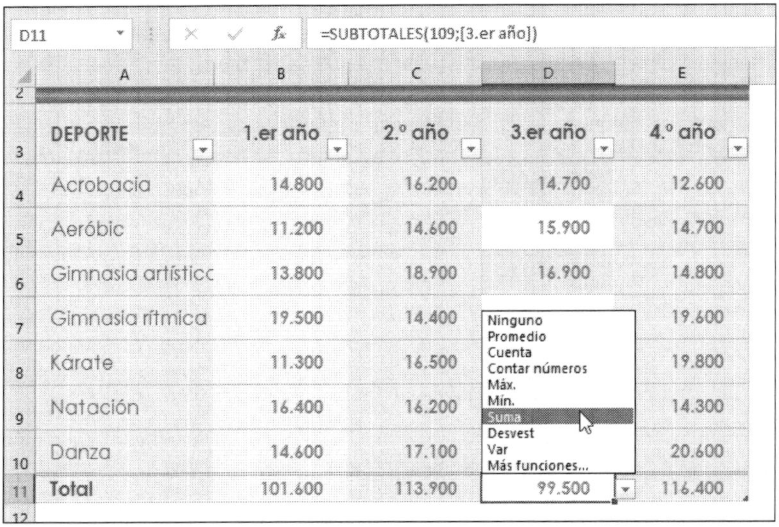

También puede insertar una fórmula personalizada directamente en una celda de la fila de totales.

Haga clic en la función que desea usar.

- Para ocultar la fila de totales, desactive la opción **Fila de totales** del grupo **Opciones de estilo de tabla.**

Segundo método

- Para insertar una fila calculada debajo de la tabla de datos seleccionada, haga clic en el botón **Análisis rápido**  y active la pestaña **Totales.**

  *Los primeros iconos (**Sumar**, **Promedio**, **Recuento**, **% del total**, **Total**) añaden una «fila» de totales.*

- Señale el botón que corresponda al tipo de cálculo que se debe efectuar (**Sumar**, **Promedio**, **Recuento**, **% del total**, **Total**) para obtener una vista previa del resultado en la última fila de la tabla.

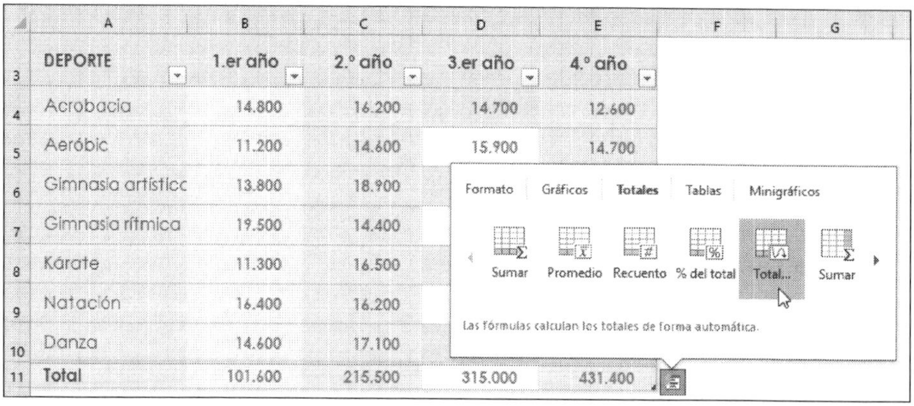

- Haga clic en el icono correspondiente para confirmar su elección.

Crear una columna calculada en una tabla de datos

- Seleccione la tabla de datos.
- Haga clic en el botón **Análisis rápido** , situado en la esquina inferior derecha de la tabla.
- Active la pestaña **Totales**.
- Muestre los cinco iconos de inserción de columnas (naranja y blanco) haciendo clic en la flecha .
- Señale (sin hacer clic) el icono del tipo de cálculo que debe efectuarse (**Sumar**, **Promedio**, **Recuento**, **% del total**, **Total**) para obtener una vista previa del resultado en la nueva columna de la tabla.

*En nuestro ejemplo, podemos ver en la columna F el **Promedio** de cada fila de datos.*

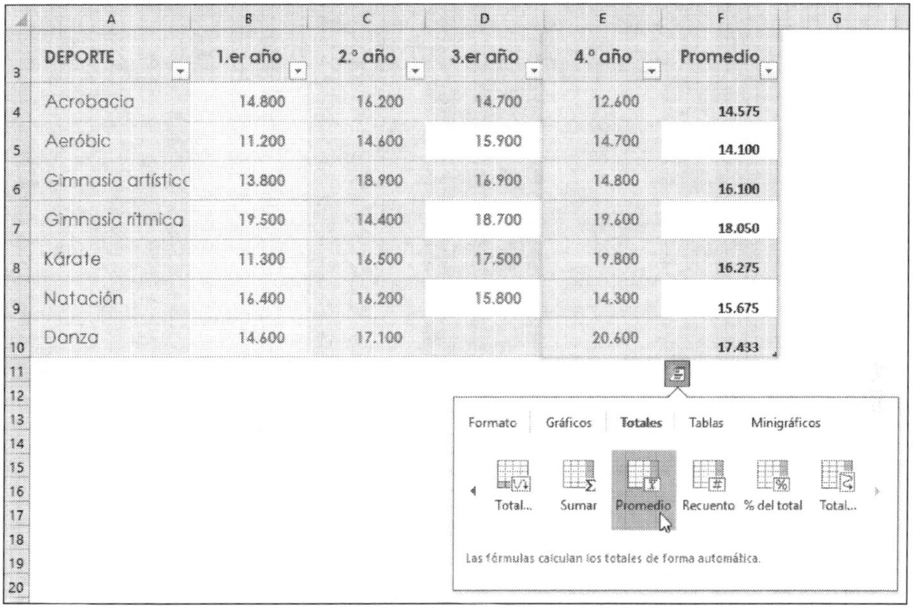

DEPORTE	1.er año	2.° año	3.er año	4.° año	Promedio
Acrobacia	14.800	16.200	14.700	12.600	14.575
Aeróbic	11.200	14.600	15.900	14.700	14.100
Gimnasia artístic	13.800	18.900	16.900	14.800	16.100
Gimnasia rítmica	19.500	14.400	18.700	19.600	18.050
Kárate	11.300	16.500	17.500	19.800	16.275
Natación	16.400	16.200	15.800	14.300	15.675
Danza	14.600	17.100		20.600	17.433

- Haga clic en el icono correspondiente para confirmar su elección.

Para eliminar una columna calculada, proceda como si se tratara de eliminar una columna cualquiera.

Para modificar una columna calculada, basta con modificar una de las fórmulas de cálculo de la columna: las demás celdas se actualizarán automáticamente.

Aplicar un estilo de tabla a una tabla de datos

- Haga clic en una de las celdas de la tabla.
- Active, si es preciso, la pestaña **Herramientas de tabla - Diseño** y haga clic en la herramienta **Más** de la galería de estilos del grupo **Estilos de tabla**.
- Señale (sin hacer clic) uno de los estilos para ver su aplicación en la tabla.

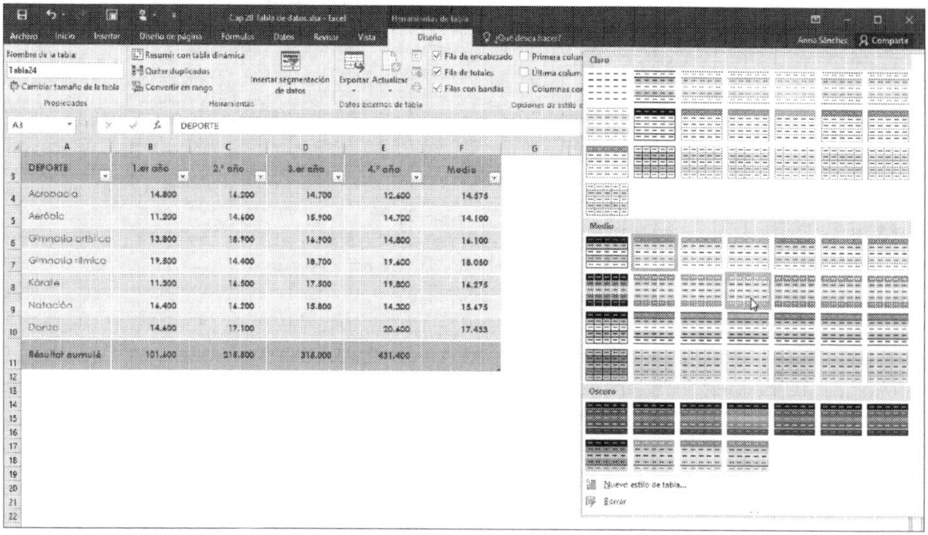

⊡ Haga clic en el estilo de tabla que desea usar.

Convertir una tabla de datos en rango de celdas

Cuando ya no necesite la tabla de datos, puede convertirla en un rango de celdas normal, manteniendo su formato.

⊡ Haga clic en una de las celdas de la tabla de datos.

⊡ Haga clic en el botón **Convertir en rango** del grupo **Herramientas** de la pestaña **Herramientas de tabla - Diseño** o utilice la opción **Tabla - Convertir en rango** del menú contextual de la tabla.

⊡ Confirme la conversión de la tabla en rango de celdas haciendo clic en el botón **Sí**.

Eliminar una tabla y sus datos

⊡ Haga clic en una de las celdas de la tabla de datos y pulse las teclas [Ctrl] **E** dos veces para seleccionar toda la tabla.

⊡ Pulse la tecla [Supr].

Si no desea trabajar con los datos en una tabla de datos, puede convertirla en un rango de celdas normal conservando su formato (véase Convertir una tabla de datos en rango de celdas).

Elegir una tabla dinámica recomendada

Una tabla dinámica permite resumir, analizar, explorar y presentar datos de síntesis. Excel 2016, además, puede sugerir varias tablas dinámicas que se adaptan particularmente a los datos de la hoja de cálculo, ayudando de este modo al usuario a sintetizarlos y analizarlos.

- Si el rango de celdas en el que se basa la tabla dinámica contiene encabezados de columna o ya está organizado en una tabla de Excel, haga clic en una de las celdas. De lo contrario, seleccione el rango de celdas que desea tratar en la tabla dinámica.
- Asegúrese de que sus datos no contienen filas vacías.
- Active la pestaña **Insertar** y haga clic en el botón **Tablas dinámicas recomendadas**

del grupo **Tablas**.

Excel analiza los datos seleccionados y sugiere algunos tipos de tablas que se adaptan a ellos.

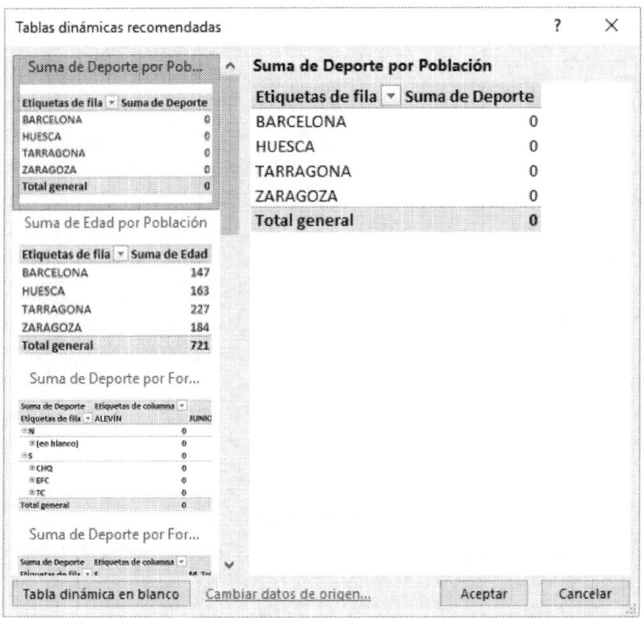

- Haga clic en una de las disposiciones de tablas dinámicas de la parte izquierda de la ventana para obtener una vista previa en la parte derecha.

  *El botón **Tabla dinámica en blanco** situado en la parte inferior izquierda de la ventana permite, como indica su nombre, ignorar las sugerencias de Excel y definir desde cero la tabla dinámica.*

- Si la tabla dinámica propuesta se adapta a lo que necesita, haga clic en el botón **Aceptar**.

  *La nueva hoja de cálculo (denominada **Hojax**) que crea esa tabla dinámica muestra también el panel de **Campos de tabla dinámica**, con el que puede modificar la tabla dinámica.*

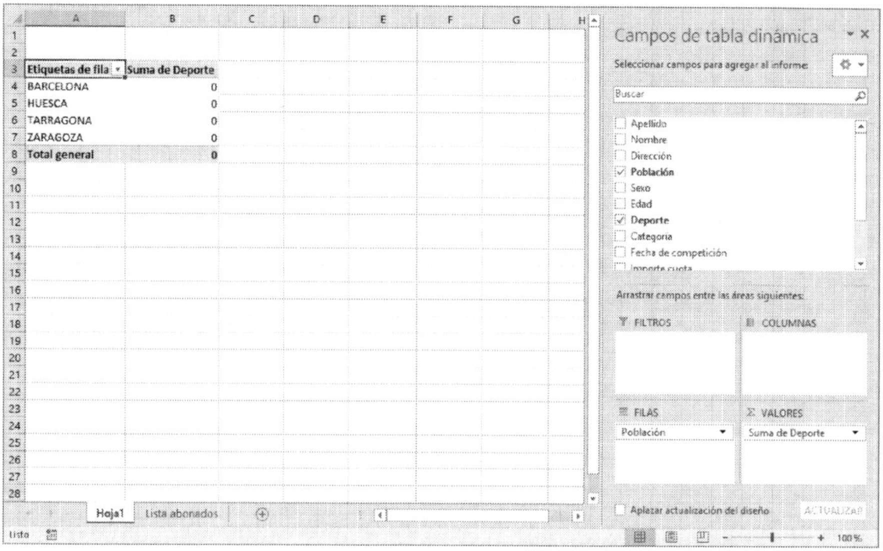

Si desea modificar la tabla dinámica que ha creado automáticamente Excel, siga los mismos procedimientos que se describen en el apartado Administrar los campos de una tabla dinámica, en este capítulo.

Para crear una tabla dinámica a partir de las sugerencias de Excel, también puede seleccionar los datos, hacer clic en el botón **Análisis rápido** , situado en la esquina inferior derecha de la selección, y activar la ficha **Tablas**.

En ese caso, puede señalar uno de los modelos propuestos para obtener una vista previa del resultado y luego hacer clic en la disposición deseada. El icono **Más** abre la ventana **Tablas dinámicas recomendadas**.

Crear una tabla dinámica

Una tabla dinámica permite resumir, analizar, explorar y presentar datos de síntesis.

Para usar una de las tablas dinámicas recomendadas por Excel, vaya al apartado Elegir una tabla dinámica recomendada, en este capítulo.

- Si el rango de celdas a las que afecta la tabla dinámica contiene encabezados de columnas o ya está organizado en una tabla de datos, haga clic en una de las celdas de la tabla; en caso contrario, seleccione el rango de celdas que se van a tratar en la tabla dinámica.
- Asegúrese de que los datos no contienen filas vacías.
- Active la pestaña **Insertar** y haga clic en el botón **Tabla dinámica** 

del grupo **Tablas**.

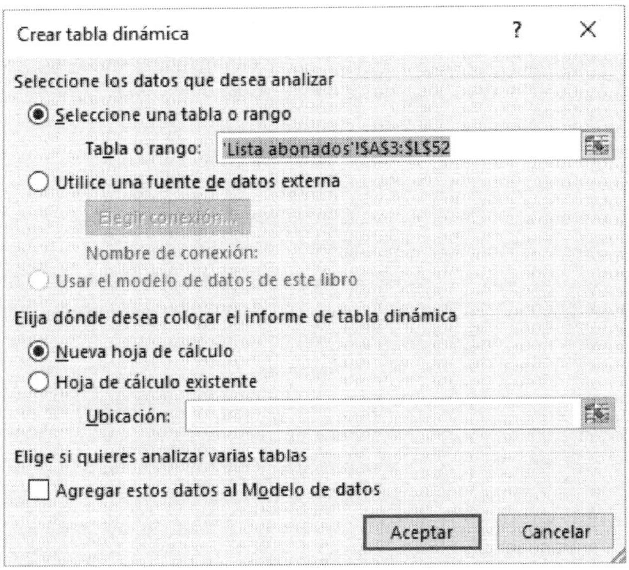

- Asegúrese de que el cuadro **Seleccione una tabla o rango** contenga exactamente los datos que se deben analizar; en caso contrario, utilice el botón  para seleccionarlos.

*Observe que el botón **Elegir conexión** asociado a la opción **Utilice una fuente de datos externa** permite seleccionar tablas en una plantilla de datos de Excel (véase Importar datos - Importar datos de una base de datos de Access).*

- Elija entre ubicar la tabla dinámica en una nueva hoja o en una de las hojas del libro. Para ello, active la opción **Nueva hoja de cálculo** en el primer caso, o la opción **Hoja de cálculo existente** en el segundo; si ha elegido esta última opción, utilice el botón  para activar la primera celda en la que se colocará el informe.
- Haga clic en el botón **Aceptar**.

*Aparecen las pestañas **Herramientas de tabla dinámica - Analizar** y **Diseño**.*

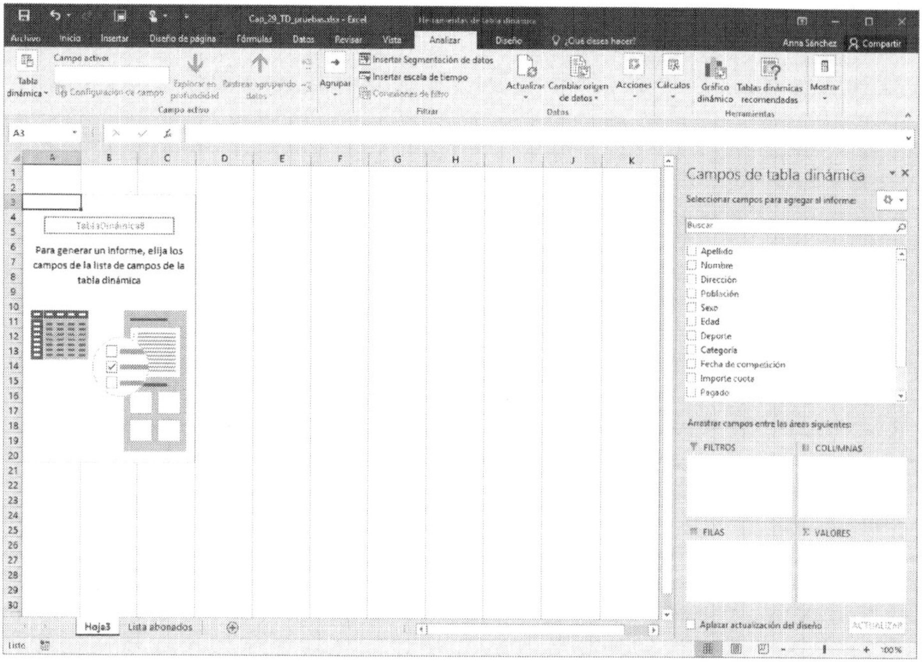

*En la ubicación indicada se inserta un informe vacío de tabla dinámica (aquí en la celda **A3** de una nueva hoja denominada **Hoja3**) y aparece a la derecha el panel **Campos de tabla dinámica**, desde el que puede empezar a agregar campos, crear un diseño y personalizar el informe. Este panel incluye dos secciones: la parte superior, llamada sección de **Campos**, que muestra la lista de campos, y la parte inferior, llamada sección de **Áreas**, que permite reorganizar y recolocar los campos en uno de los cuatro cuadros del informe de tabla dinámica.*

*Puede obtener este mismo resultado usando el botón **Tabla dinámica en blanco**, situado en la esquina inferior izquierda de la ventana **Tablas dinámicas recomendadas** (véase Elegir una tabla dinámica recomendada).*

- Por defecto, las secciones **Campos** y **Áreas** están superpuestas; para cambiar esta disposición, haga clic en el botón **Herramientas** 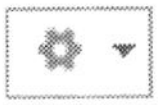, situado en la parte superior derecha del panel:

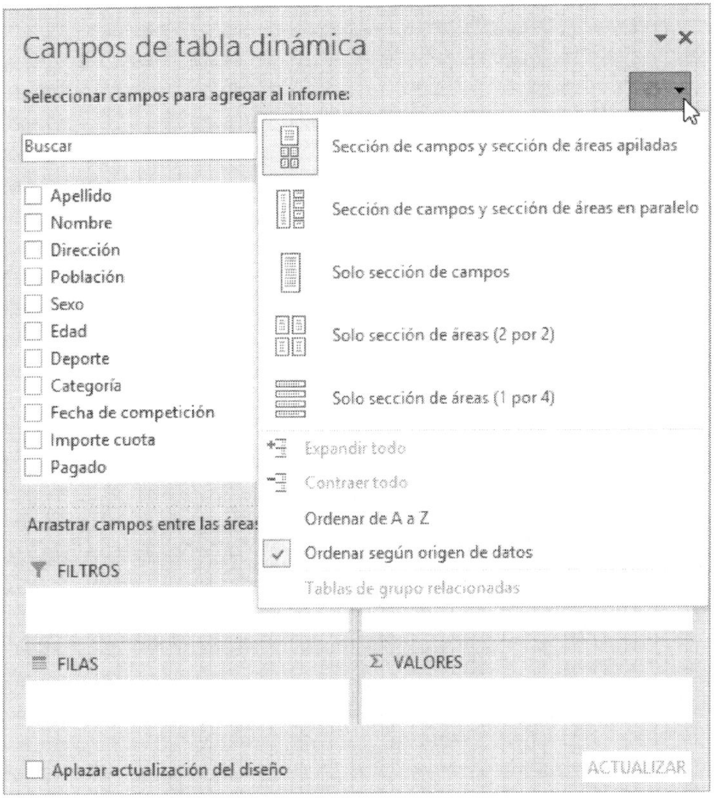

- Haga clic en la disposición que prefiera.

*Observe que si la opción **Diseño de tabla dinámica clásica (permite arrastrar campos en la cuadrícula)** está activada (pestaña **Herramientas de tabla dinámica - Analizar** - botón **Tabla dinámica** - botón **Opciones** - ficha **Mostrar**), la zona que representa la tabla tiene este formato:*

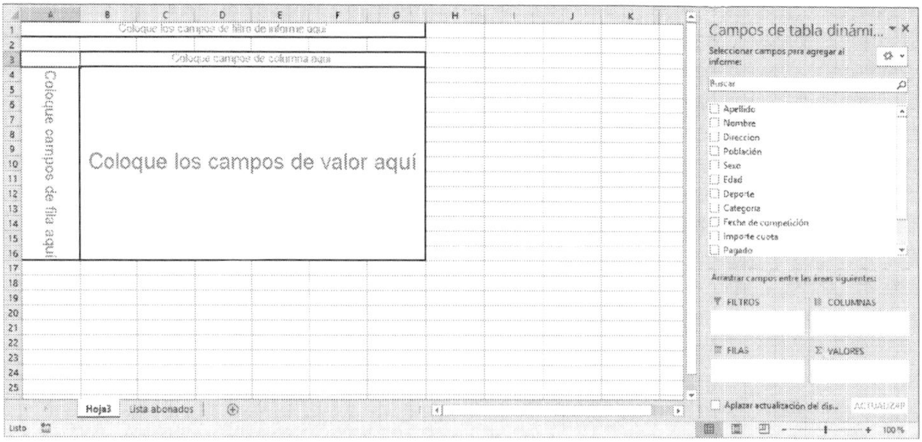

Esta disposición permite insertar los campos en la tabla arrastrándolos hasta la zona adecuada.

- Si hace clic fuera de la zona destinada a la tabla dinámica, desaparece el panel **Campos de tabla dinámica**. Para mostrar de nuevo la lista de campos, haga clic en dicha zona.
- A partir de ahí, el usuario podrá agregar los campos que desee para crear la tabla dinámica (véase Administrar los campos de una tabla dinámica).
- Para dar nombre a una tabla dinámica, haga clic en el botón **Tabla dinámica** de la pestaña **Herramientas de tabla dinámica - Analizar**; cambie el **Nombre de tabla dinámica** en la zona correspondiente, y confirme.

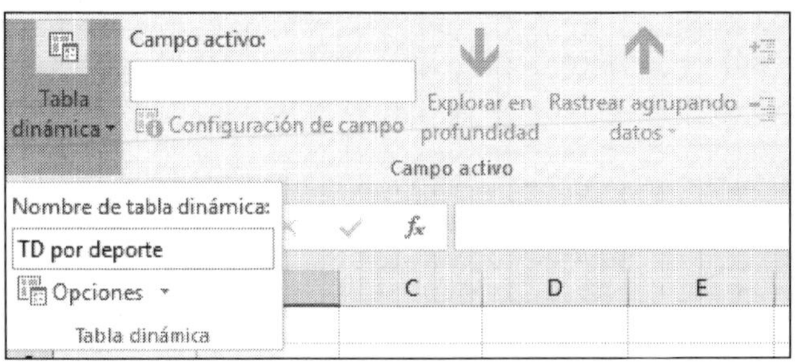

Las modificaciones efectuadas en la lista de campos de la tabla dinámica se integran inmediatamente en el área del informe. Para acelerar el proceso de añadir, mover o eliminar uno de los campos, puede marcar la opción **Aplazar actualización del diseño** (situada en la parte inferior del panel de Office **Campos de tabla dinámica**). No obstante, tenga presente que no podrá utilizar el informe antes de haber desmarcado esta opción.

Crear una tabla dinámica basada en varias tablas

*Esta función permite listar los campos de varias tablas en el panel **Campos de tabla dinámica**, lo que facilita la creación de una única tabla dinámica.*

Para importar varias tablas en una lista de campos de tabla dinámica, puede importarlas simultáneamente desde una base de datos relacional (véase Importar datos - Importar datos de una base de datos de Access), o bien importar las tablas una a una desde una única fuente de datos o desde fuentes de datos diferentes, añadirlas a un modelo de datos de Excel, crear relaciones y utilizar este modelo de datos como base de una tabla dinámica.

En el contexto de este libro, usaremos el ejemplo de la importación de varias tablas desde una base de datos de Access, con las que hemos creado una plantilla de datos de Excel.

- Active la pestaña **Insertar**, haga clic en el botón **Tablas** y en la opción **Tabla dinámica**.

  *Según la resolución de su pantalla, el botón **Tabla dinámica** puede estar directamente accesible en la pestaña **Insertar**.*
- Active la opción **Utilice una fuente de datos externa** del cuadro de diálogo **Crear tabla dinámica**.
- Haga clic en el botón **Elegir conexión**.
- Active la ficha **Tablas** y haga clic en el elemento que desee.

Para nuestro ejemplo, hemos seleccionado la opción ***Tablas del modelo de datos del libro****. Nuestro modelo de datos contiene* ***8 Tablas*** *previamente importadas desde una base de datos de Access.*

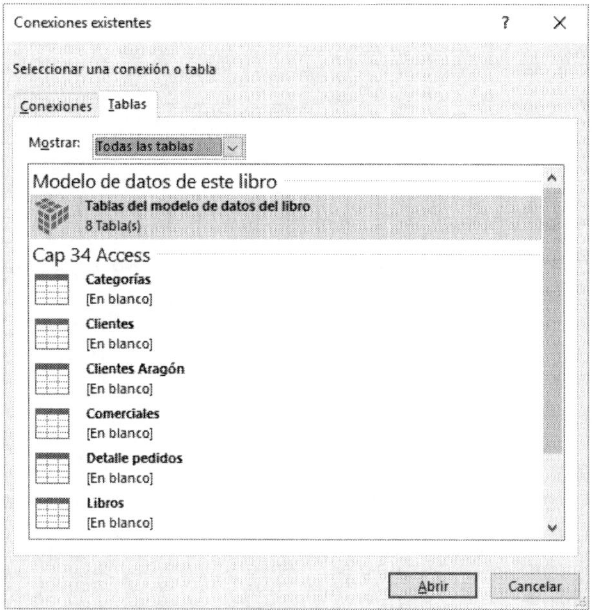

- Haga clic en el botón **Abrir**.
- Elija a continuación entre crear la nueva tabla dinámica en una nueva hoja de cálculo (opción **Nueva hoja de cálculo**) o bien en la hoja activa (opción **Hoja de cálculo existente**) en la **Ubicación** definida.
- Haga clic en el botón **Aceptar**.

En este ejemplo, la tabla dinámica se ha creado en una nueva hoja de cálculo.

Observe la presencia de varias tablas en la lista de los campos. Estas tablas (y sus campos) pueden verse en las pestañas ***ACTIVO*** *y* ***TODOS****.*

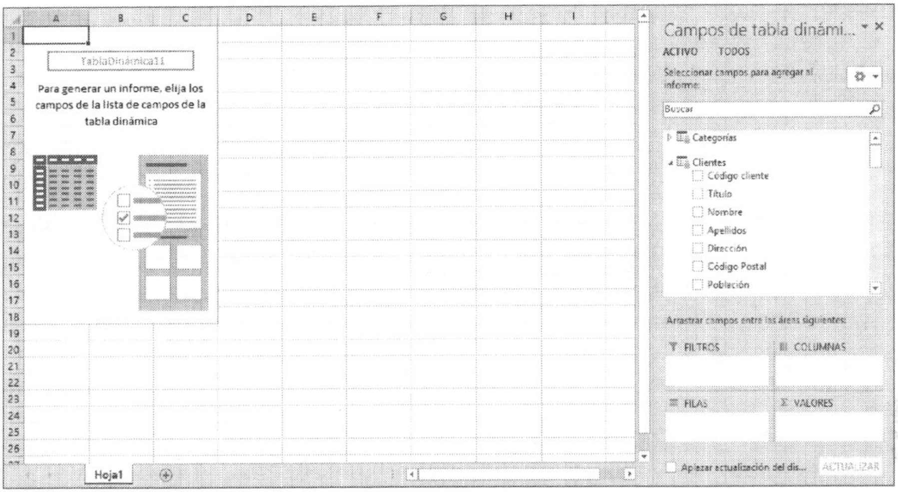

- Para ver los campos asociados a una tabla, haga clic en el símbolo situado a la izquierda de su nombre. Y para ocultarlos, haga clic en el símbolo .
- Defina la disposición de esta nueva tabla dinámica siguiendo el mismo procedimiento que para una tabla dinámica común; por ejemplo, arrastrando los campos que desee de cualquiera de las tablas a la zona **VALORES**, **FILAS** o **COLUMNAS** (véase Crear una tabla dinámica).

El botón **MÁS TABLAS** situado debajo de los campos del panel **Campos de tabla dinámica** de una tabla dinámica común también permite integrar tablas en una nueva tabla dinámica.

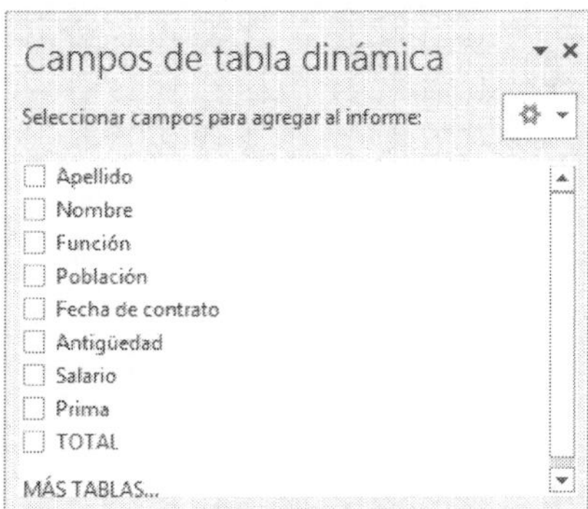

Administrar los campos de una tabla dinámica

Agregar o eliminar un campo

- Haga clic con el botón secundario en el nombre del campo (sección de **Campos** del panel **Campos de tabla dinámica**) y seleccione la opción correspondiente a la zona en que desea colocar el campo:

Agregar a filtro de informe	Para que los valores de este campo se propongan, en forma de lista, como criterios de filtro de la tabla dinámica.
Agregar a etiquetas de fila	Para que los valores de este campo se conviertan en encabezados de fila de la tabla.
Agregar a etiquetas de columna	Para que los valores de este campo se conviertan en encabezados de columna de la tabla.
Agregar a valores	Para que los valores de este campo se utilicen con objeto de rellenar las diferentes celdas de la tabla dinámica. Por defecto, Excel utiliza la función SUMA para resumir los datos numéricos, y la función CONTAR para los datos de tipo texto. Observe que es posible cambiar esta función de resumen, igual que es posible efectuar un cálculo personalizado con esos datos (véase Modificar la función de resumen o el cálculo personalizado de un campo).

*Esta tabla dinámica permite mostrar la suma de las cuotas por deporte y por población. Los campos situados en la lista dinámica aparecen en las **Áreas** correspondientes del panel **Campos de tabla dinámica**.*

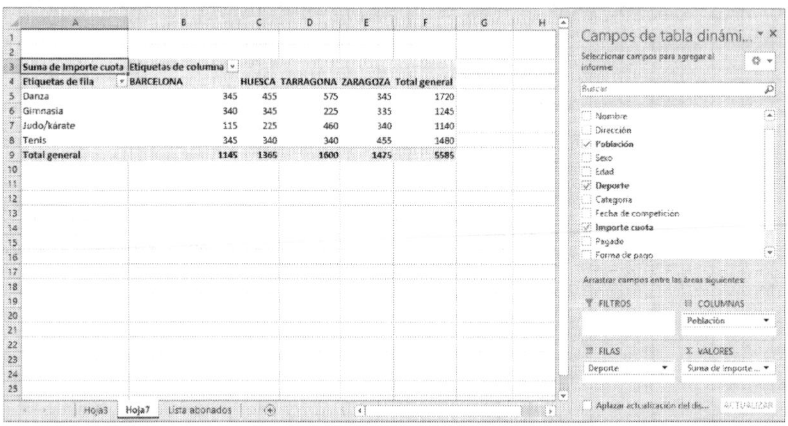

También es posible arrastrar el campo a la zona correspondiente de la sección de Áreas que aparece por defecto bajo la lista de los campos o, si la disposición clásica de la tabla dinámica está activada (pestaña ***Herramientas de tabla dinámica - Analizar - Tabla dinámica - Opciones*** *- ficha* ***Mostrar****), arrastrar los campos directamente a la zona adecuada de la tabla.*

- Para eliminar un campo de tabla dinámica, desactive su casilla de verificación correspondiente en la sección de los **Campos**.
- Para mostrar u ocultar alternativamente los encabezados de filas o de columnas, haga clic en **Encabezados de fila** o **Encabezados de columna** del grupo **Opciones de estilo de tabla dinámica** en la pestaña **Herramientas de tabla dinámica - Diseño.**
- Para crear varios niveles de filas o de columnas en la tabla dinámica, añada el campo o los campos correspondientes en las zonas que desee, según el procedimiento descrito anteriormente.

  En este ejemplo, hemos añadido el campo ***Categoría*** *al segundo nivel de las* ***Etiquetas de fila*** *(ver el área* ***FILAS****); las etiquetas de fila de la tabla ahora van precedidas por un signo + que indica la presencia de un nivel suplementario.*

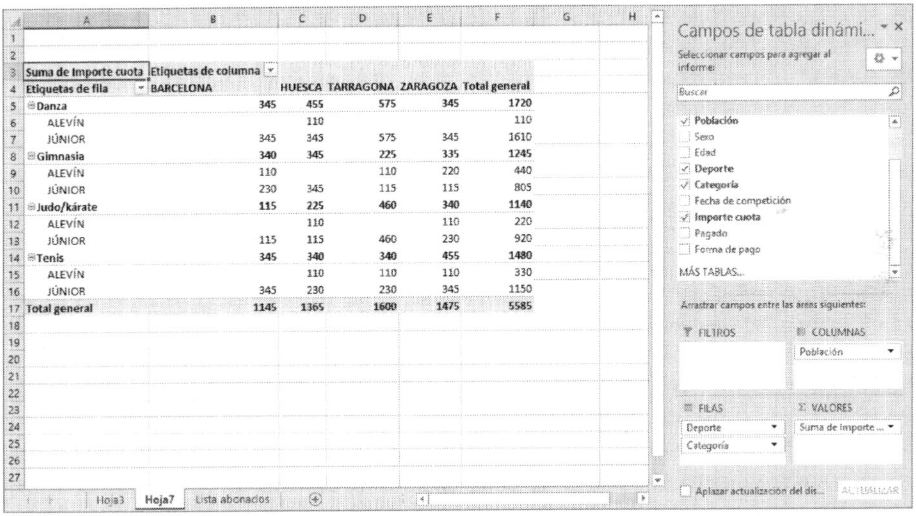

Suma de Importe cuota	Etiquetas de columna				
Etiquetas de fila	BARCELONA	HUESCA	TARRAGONA	ZARAGOZA	Total general
Danza	345	455	575	345	1720
ALEVÍN		110			110
JÚNIOR	345	345	575	345	1610
Gimnasia	340	345	225	335	1245
ALEVÍN	110		110	220	440
JÚNIOR	230	345	115	115	805
Judo/kárate	115	225	460	340	1140
ALEVÍN		110		110	220
JÚNIOR	115	115	460	230	920
Tenis	345	340	340	455	1480
ALEVÍN		110	110	110	330
JÚNIOR	345	230	230	345	1150
Total general	1145	1365	1600	1475	5585

- Para mostrar u ocultar los botones de nivel (signo + o -), puede hacer clic en el botón

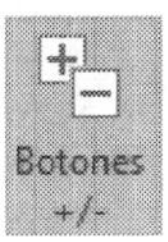

(pestaña **Herramientas de tabla dinámica - Analizar**, grupo **Mostrar**).

Para expandir o contraer la visualización de un nivel, haga clic con el botón derecho en el elemento correspondiente y señale la opción **Expandir o contraer**.

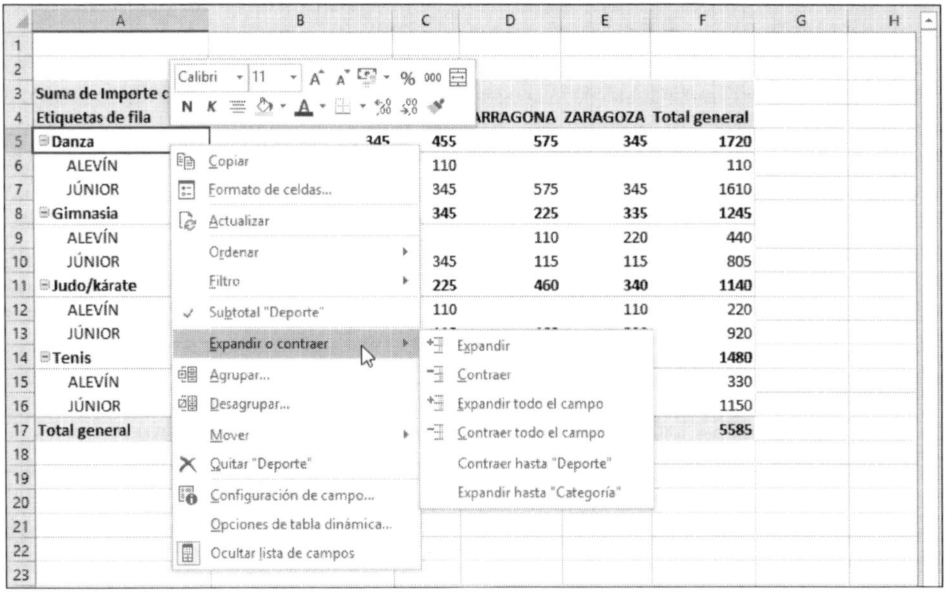

Luego haga clic en la opción:

- **Expandir** o **Contraer** para mostrar la información detallada del elemento activo.
- **Expandir todo el campo** o **Contraer todo el campo** para mostrar u ocultar la información detallada de todos los elementos de un campo.
- **Expandir hasta** o **Contraer hasta** para mostrar u ocultar un nivel de detalle más allá del nivel siguiente.

*También puede activar el campo (de fila o de columna) correspondiente, hacer clic en el botón **Campo activo** (pestaña **Herramientas de tabla dinámica - Analizar**) y hacer clic en la opción **Expandir campo** o **Contraer campo**, según el caso.*

Dependiendo de la resolución de su pantalla, puede hallar estos botones directamente en la cinta de opciones.

Para contraer o expandir una de las etiquetas, también puede hacer clic en el signo + (para expandir) o en el signo - (para contraer), situado al lado de la etiqueta correspondiente.

Reorganizar los campos

Haga clic en el nombre del campo correspondiente en una de las cuatro zonas de la sección de **Áreas** y arrástrelo hasta otra zona; si la zona contiene varios campos, también puede arrastrar los campos dentro de la misma zona para cambiar su orden.

Estos cambios se reflejan automáticamente en la tabla dinámica.

Las diferentes posibilidades de organización se encuentran en el menú que aparece cuando hace clic en el nombre de un campo visible en una de estas zonas:

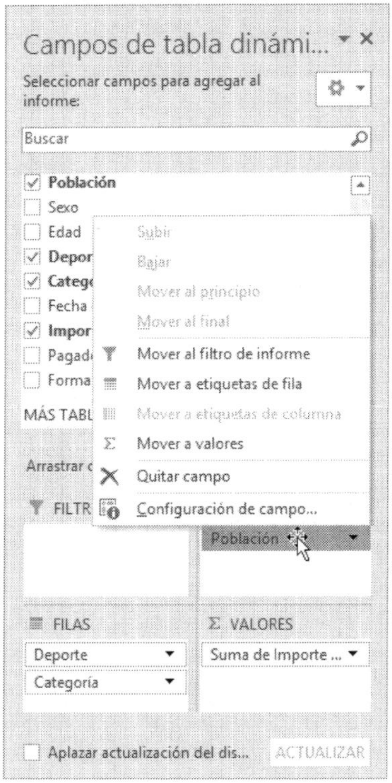

Insertar un campo calculado

Para añadir un campo calculado a la tabla dinámica, haga clic en la tabla dinámica con objeto de que se activen las herramientas específicas, haga clic a continuación en el botón **Cálculos** de la pestaña **Herramientas de tabla dinámica** - **Analizar** y luego en el botón **Campos, elementos y conjuntos.**

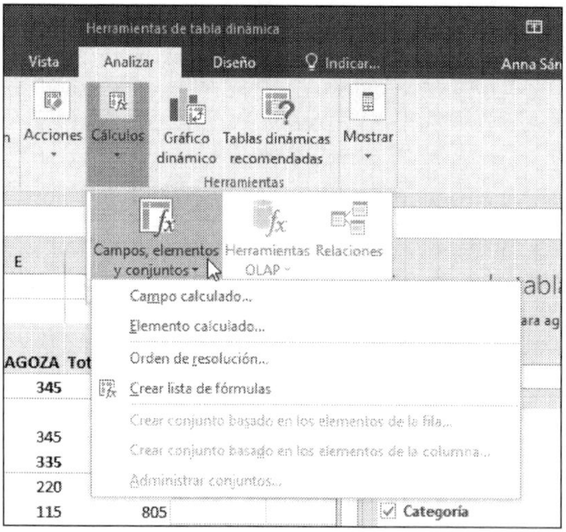

- Haga clic en el botón **Campo calculado.**
- En el cuadro de diálogo **Insertar campo calculado**, escriba el **Nombre** del nuevo campo calculado.
- Introduzca la **Fórmula** que elija; para integrar uno de los campos existentes, seleccione el campo correspondiente en la lista **Campos** y luego haga clic en el botón **Insertar campo**. Complete la fórmula según el cálculo que se deba efectuar.

  Como ejemplo de esta función, vamos a calcular el importe de las cuotas con un incremento del 3 %.

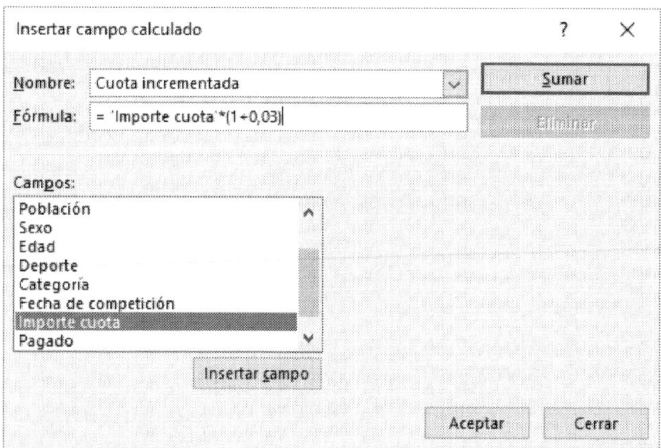

- Haga clic en el botón **Aceptar** para confirmar.

  Los valores del campo calculado aparecen en la tabla; el nombre del nuevo campo puede verse en la lista de los campos. Observe también que, por defecto, la función SUMA se ha aplicado automáticamente a este campo.

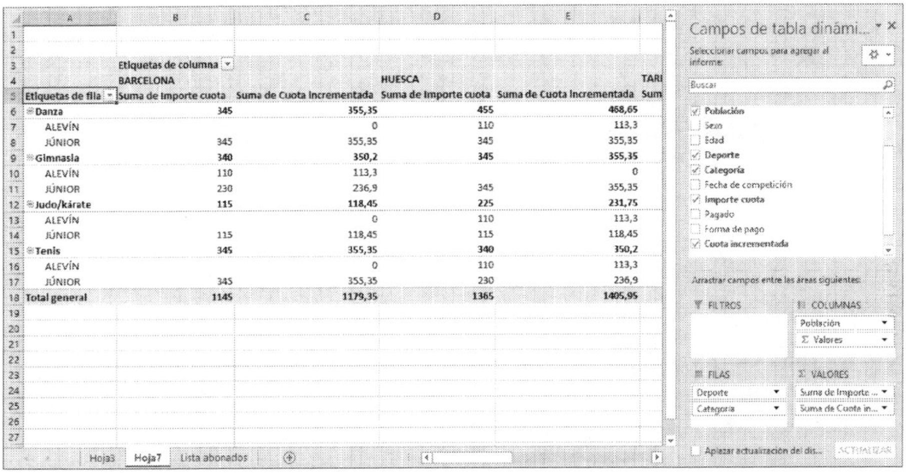

	Etiquetas de columna				
	BARCELONA		HUESCA		TARI
Etiquetas de fila	Suma de Importe cuota	Suma de Cuota incrementada	Suma de Importe cuota	Suma de Cuota incrementada	Sum
Danza	**345**	**355,35**	**455**	**468,65**	
ALEVÍN		0	110	113,3	
JÚNIOR	345	355,35	345	355,35	
Gimnasia	**340**	**350,2**	**345**	**355,35**	
ALEVÍN	110	113,3		0	
JÚNIOR	230	236,9	345	355,35	
Judo/kárate	**115**	**118,45**	**225**	**231,75**	
ALEVÍN		0	110	113,3	
JÚNIOR	115	118,45	115	118,45	
Tenis	**345**	**355,35**	**340**	**350,2**	
ALEVÍN		0	110	113,3	
JÚNIOR	345	355,35	230	236,9	
Total general	**1145**	**1179,35**	**1365**	**1405,95**	

Para eliminar un campo calculado, abra la lista **Nombre** del cuadro de diálogo **Insertar campo calculado** (botón **Cálculos** - opción **Campos, elementos y conjuntos** - botón **Campo calculado**) para seleccionarlo; luego haga clic en el botón **Eliminar**. También puede hacer clic con el botón derecho en la etiqueta del campo calculado y escoger la opción **Quitar «nombre del campo»** del menú contextual.

Modificar la función de resumen o el cálculo personalizado de un campo

Recordemos que, por defecto, se aplica la función SUMA a los datos numéricos de la zona VALORES y la función CONTAR a los datos de tipo texto.

- Para cambiar la función de resumen utilizada o efectuar un cálculo personalizado con objeto de tratar los datos de un campo de la zona **VALORES**, haga clic en el nombre del campo correspondiente en esta zona y active la opción **Configuración de campo de valor**.

  *Se abre el cuadro de diálogo **Configuración de campo de valor**.*

  *También puede acceder a este cuadro de diálogo mediante la pestaña **Herramientas de tabla dinámica** - **Analizar** - grupo **Campo activo** - botón **Configuración de campo**.*

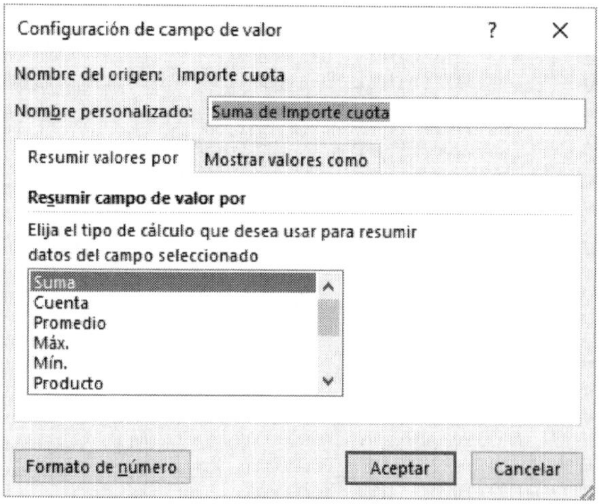

La zona ***Nombre personalizado*** *contiene el nombre del campo activo, o el nombre del origen si no se ha definido ningún nombre personalizado, precedido del tipo del cálculo efectuado.*

- Para cambiar la función de resumen, active la ficha **Resumir valores por** y, en el cuadro **Resumir campo de valor por**, haga clic en la función de resumen que desee.
- Para utilizar un cálculo personalizado, active la ficha **Mostrar valores como** y abra la lista desplegable **Mostrar valores como**.

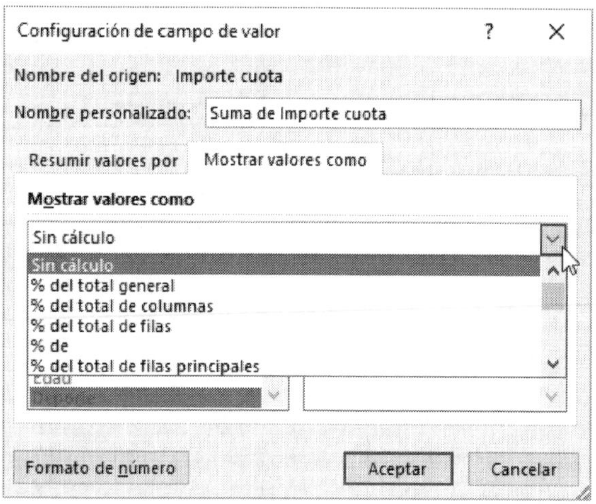

Luego haga clic en el cálculo personalizado que más le convenga:

- **% de**: para mostrar el valor en forma de porcentaje del valor del **Elemento base** en el **Campo base**.
- **Diferencia de** o **% de la diferencia de**: para mostrar el valor, en número o en porcentaje, correspondiente a la diferencia en relación con el valor del **Elemento base** en el **Campo base**.
- **Total en**: para mostrar los valores para elementos sucesivos en el **Campo base** en forma de total acumulado.
- **% del total de filas** o **% del total de columnas**: para mostrar los valores de cada fila (o categoría) o de cada columna (o serie) en porcentaje del total de la fila (o categoría) o de la columna (o serie).
- **% del total en**: para mostrar un valor en porcentaje del total general de todos los datos o puntos de datos del informe.
- **Índice**: para calcular un valor según esta fórmula: *[(valor en la celda) x (Total general)]/[(Total general de la fila) x (Total general de la columna)]*.

*La opción **Sin cálculo** desactiva el cálculo personalizado.*

Según el tipo de cálculo solicitado, puede seleccionar a continuación un **Campo base** y un **Elemento base** sabiendo que el **Campo base** debe ser diferente del seleccionado al principio del procedimiento (zona **VALORES**).

En este caso, pedimos que se muestre la diferencia en los ingresos de las cuotas tomando como referencia BARCELONA.

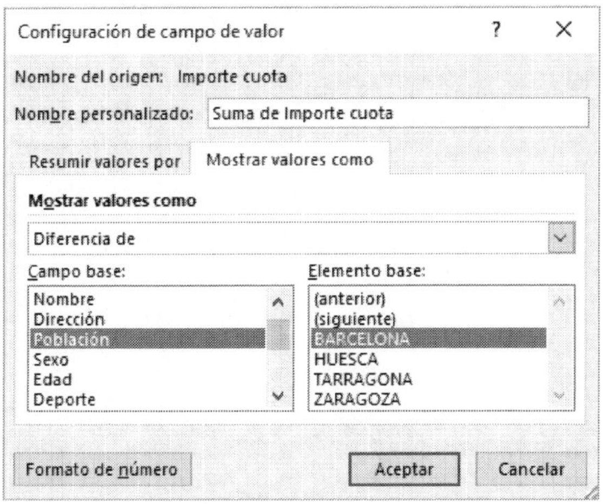

Para cambiar el formato de los resultados del cálculo, haga clic en el botón **Formato de número**.

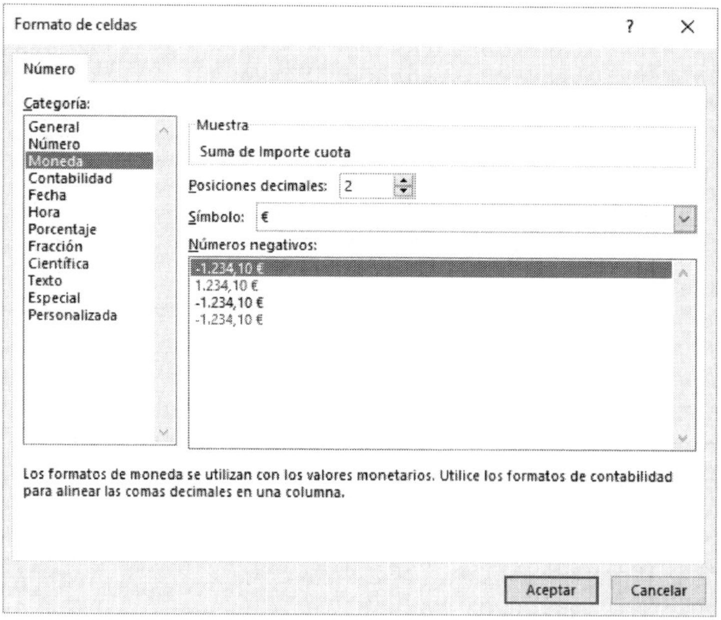

Escoja la **Categoría** de número que hay que asignar al resultado y modifique, si es preciso, las opciones que se le han asociado en el panel derecho del cuadro de diálogo. Confirme mediante el botón **Aceptar**.

Haga clic en el botón **Aceptar** del cuadro de diálogo **Configuración de campo de valor** para confirmar las modificaciones.

En esta tabla, podemos ver que la columna de cada población muestra con claridad la diferencia (en euros) de las cuotas en relación con las de Barcelona (columna vacía, puesto que se trata de nuestro valor de referencia).

Suma de Importe cuota	Etiquetas de columna				
Etiquetas de fila	BARCELONA	HUESCA	TARRAGONA	ZARAGOZA	Total general
Danza		**110,00 €**	**230,00 €**	**0,00 €**	
ALEVÍN		110,00 €	0,00 €	0,00 €	
JÚNIOR		0,00 €	230,00 €	0,00 €	
Gimnasia		**5,00 €**	**-115,00 €**	**-5,00 €**	
ALEVÍN		-110,00 €	0,00 €	110,00 €	
JÚNIOR		115,00 €	-115,00 €	-115,00 €	
Judo/kárate		**110,00 €**	**345,00 €**	**225,00 €**	
ALEVÍN		110,00 €	0,00 €	110,00 €	
JÚNIOR		0,00 €	345,00 €	115,00 €	
Tenis		**-5,00 €**	**-5,00 €**	**110,00 €**	
ALEVÍN		110,00 €	110,00 €	110,00 €	
JÚNIOR		-115,00 €	-115,00 €	0,00 €	
Total general		**220,00 €**	**455,00 €**	**330,00 €**	

Si desea utilizar varios métodos de resumen para un campo en particular, puede añadir otra vez el campo en cuestión desde la lista de campos de la tabla dinámica y seguir el mismo procedimiento para asignarle otra función de resumen.

Utilizar los campos de totales y de subtotales

Para ilustrar este apartado, vamos a utilizar una tabla dinámica simple en la que se calcularán por defecto las sumas de las cuotas (campo ***TOTAL****) por Deporte y por Población.*

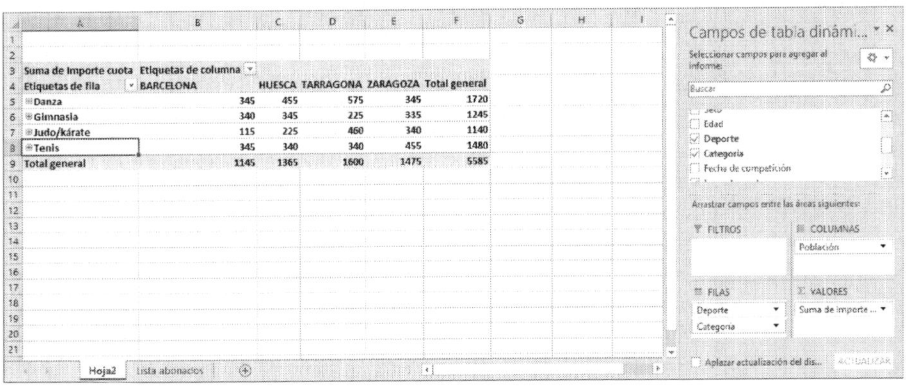

Suma de Importe cuota	Etiquetas de columna				
Etiquetas de fila	BARCELONA	HUESCA	TARRAGONA	ZARAGOZA	Total general
Danza	345	455	575	345	1720
Gimnasia	340	345	225	335	1245
Judo/kárate	115	225	460	340	1140
Tenis	345	340	340	455	1480
Total general	1145	1365	1600	1475	5585

- Seleccione uno de los elementos del campo de fila o de columna para el que desea añadir subtotales o totales.

  En el grupo **Campo activo**, haga clic en el botón **Configuración de campo** (pestaña **Herramientas de tabla dinámica - Analizar**) para mostrar el cuadro de diálogo **Configuración de campo.**

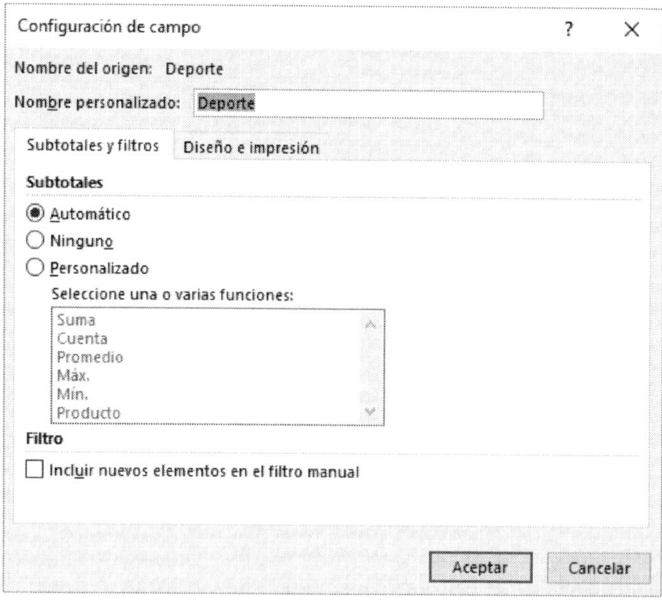

- Para calcular el subtotal de la etiqueta de fila o de columna seleccionada usando la función de resumen por defecto (SUMA para los valores numéricos, CONTAR para los valores de tipo texto), active la opción **Automático** del cuadro **Subtotales.**
- Para calcular los subtotales usando una función diferente, o bien calcular varios tipos de subtotales, active la opción **Personalizado** y escoja la función o las funciones que quiere utilizar, usando la tecla Ctrl para seleccionar varias funciones si es preciso.
- Para cambiar el modo de visualización de los subtotales, active la ficha **Diseño e impresión**; active, si no lo está, la opción **Mostrar etiquetas de elementos en formato esquemático** y marque la opción **Mostrar subtotales en la parte superior de cada grupo.** Confirme mediante **Aceptar.**

  Para saber más acerca de la presentación y el diseño de una tabla dinámica, véase el apartado Cambiar el diseño y la presentación de una tabla dinámica, un poco más adelante en este capítulo.

Haga clic en el botón **Aceptar** para confirmar.

*En este caso, hemos añadido los subtotales de tipo **Suma** y **Promedio** por etiqueta de fila.*

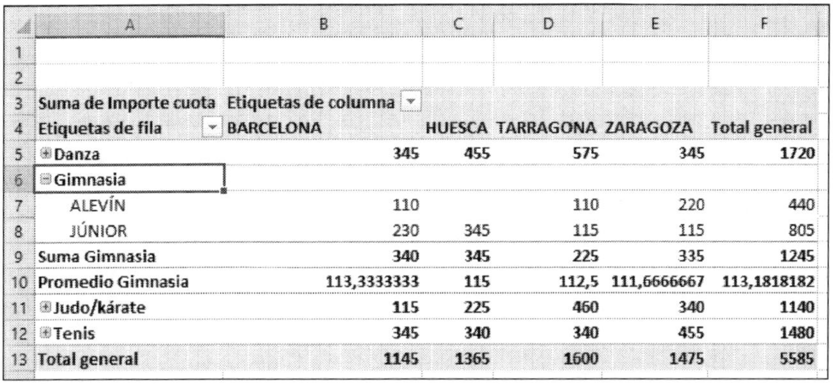

	A	B	C	D	E	F
1						
2						
3	Suma de Importe cuota	Etiquetas de columna				
4	Etiquetas de fila	BARCELONA	HUESCA	TARRAGONA	ZARAGOZA	Total general
5	⊞Danza	345	455	575	345	1720
6	⊟Gimnasia					
7	ALEVÍN	110		110	220	440
8	JÚNIOR	230	345	115	115	805
9	Suma Gimnasia	340	345	225	335	1245
10	Promedio Gimnasia	113,3333333	115	112,5	111,6666667	113,1818182
11	⊞Judo/kárate	115	225	460	340	1140
12	⊞Tenis	345	340	340	455	1480
13	Total general	1145	1365	1600	1475	5585

Para modificar la visualización de los totales generales, también puede hacer clic en el botón **Totales generales** del grupo **Diseño** de la pestaña **Herramientas de tabla dinámica - Diseño**, y hacer clic en la opción de visualización que prefiera:

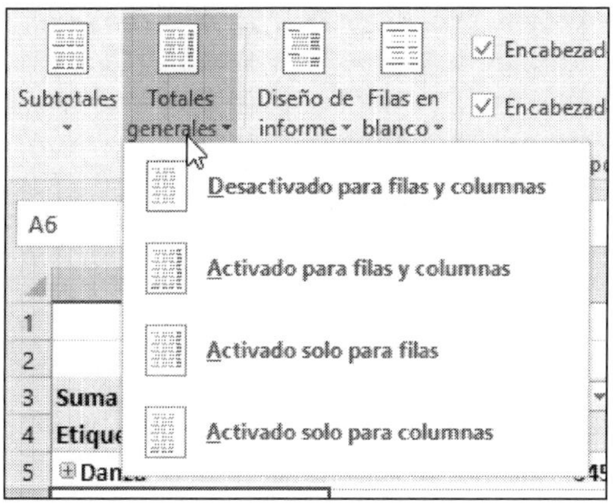

Para modificar la visualización de los subtotales, también puede hacer clic en el botón **Subtotales** del grupo **Diseño** de la pestaña **Herramientas de tabla dinámica - Diseño**, y hacer clic en la opción de visualización que prefiera:

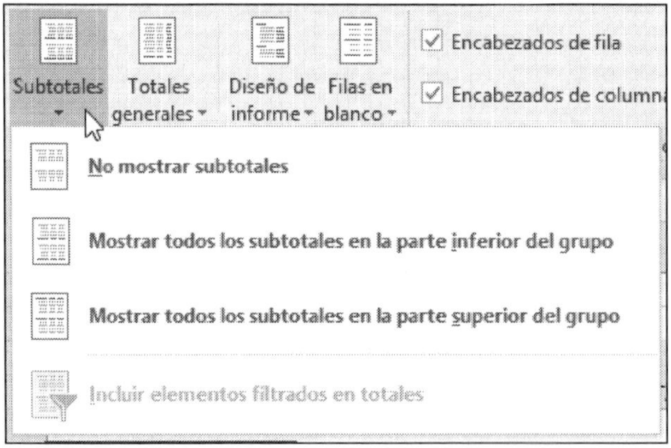

Filtrar una tabla dinámica

Para filtrar los datos de una tabla dinámica a partir de uno o varios campos, puede utilizar un filtro normal, que se puede aplicar desde una lista desplegable, o bien utilizar los filtros de segmentación, que proporcionan una representación visual de los datos filtrados.

El campo utilizado para filtrar forma parte de la tabla

- Haga clic en el botón , situado a la derecha de **Etiquetas de fila** o **Etiquetas de columna**.

  Se abre un menú y en él se muestra la lista de los valores del campo. Todos los valores están marcados y, por lo tanto, aparecen en la tabla.

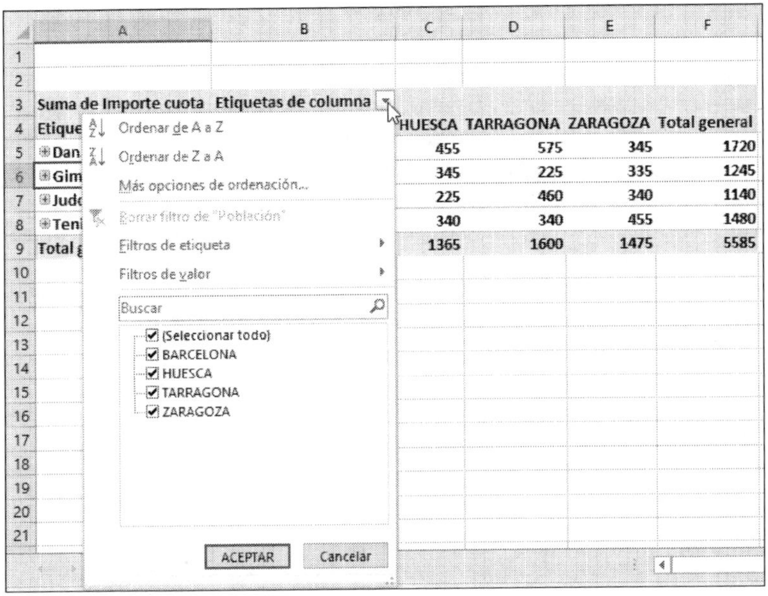

- Para quitar uno o varios valores de la tabla, desmarque la opción correspondiente. Para conservar un solo valor, desmarque la opción (**Seleccionar todo**) y luego marque el valor que desee mostrar.
- Haga clic en **ACEPTAR**.

  *En este ejemplo, la columna **BARCELONA** ya no se ve en la tabla. El botón , que aparece a la derecha de **Etiquetas de columna**, indica que se ha aplicado un filtro a este campo. Este símbolo también aparece en la lista de los campos de la tabla dinámica.*

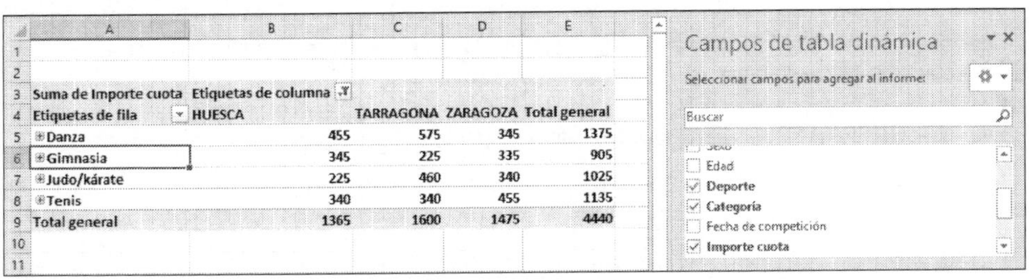

- Para cancelar este filtro, haga clic en el botón o en el símbolo que aparece en la lista de los campos y luego en la opción **Borrar filtro de «campo»**.

- Para filtrar en función de los valores de la tabla dinámica, haga clic en el botón y luego en la opción **Filtros de valor**:

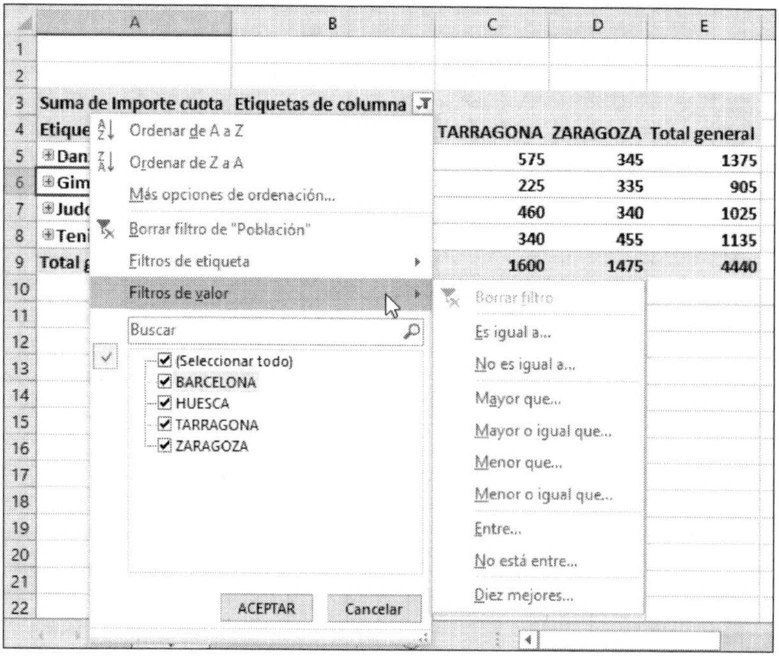

Haga clic entonces en la opción que le permita definir el intervalo de valores que se emplearán en el filtro. Por ejemplo, para filtrar los valores comprendidos entre 1.000 y 1.500, haga clic en **Entre**, precise los extremos del intervalo y haga clic en **Aceptar**.

La opción **Filtros de etiqueta** permite, siguiendo el mismo principio, filtrar en función de un intervalo definido sobre los datos de las etiquetas de fila o de columna. Si los datos son fechas, también puede filtrar según un periodo dado; si se trata de texto, puede filtrar los datos que **Comienza por**, **Termina con**...

El campo utilizado para filtrar no forma parte de la tabla

- Arrastre el campo correspondiente desde la lista de campos hasta la zona **Filtro de informe** de la sección de **FILTROS**.

  *El elemento correspondiente aparece encima de la tabla dinámica (en nuestro ejemplo, hemos utilizado el campo **Categoría**).*

- Haga clic en el botón asociado a este campo.

Aparece la lista de valores del campo.

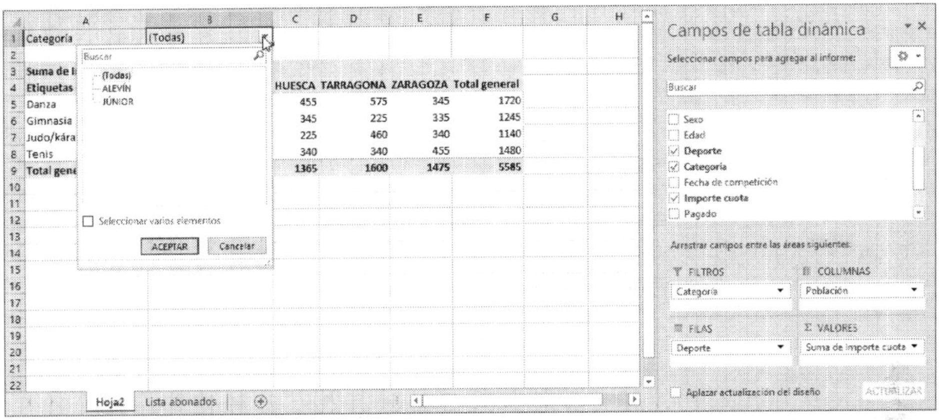

- Marque el valor en función del cual desea aplicar el filtro y desmarque los demás. La opción **Seleccionar varios elementos** hace que aparezcan las casillas de verificación que permiten seleccionar varios valores.
- Haga clic en **ACEPTAR**.

Se modifica el contenido de la tabla dinámica; aparece el botón en lugar del botón en la lista de campos.

- Para modificar este filtro, haga clic de nuevo en . Para quitar este campo de filtro, haga clic en el nombre del campo que se muestra en la zona **FILTROS** de informe y luego en la opción **Quitar campo** o desmárquelo en la lista de los campos.

Filtrar una tabla dinámica usando un filtro de segmentación

Para filtrar los datos de una tabla dinámica, también puede segmentar los datos. En contraposición con el método tradicional de filtrado, la segmentación de datos presenta la ventaja de su facilidad de acceso, ya que incorpora un conjunto de botones de filtrado y proporciona una visión más clara de los datos filtrados.

- Para crear una segmentación de datos en una tabla dinámica, haga clic en dicha tabla y luego en el botón **Insertar Segmentación de datos** del grupo **Filtrar** de la pestaña **Herramientas de tabla dinámica - Analizar**.

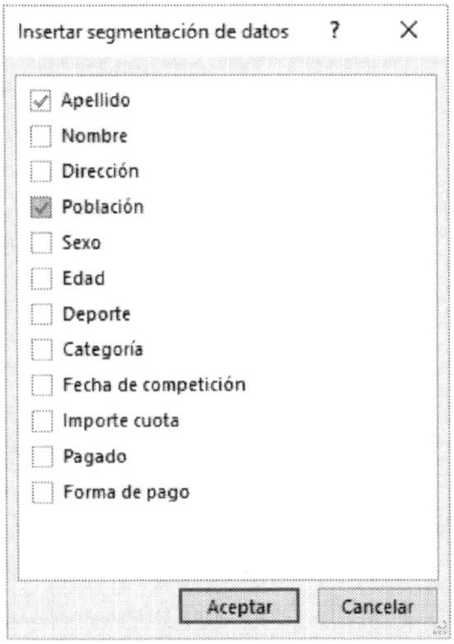

- Marque el campo o los campos de la tabla dinámica a los que desea aplicar un filtro por segmentación.
- Haga clic en **Aceptar** para confirmar.

  Se muestra un filtro de segmentación de datos para cada campo seleccionado; cada filtro contiene los valores del campo representados en forma de botones.

  En este ejemplo, se superponen dos filtros de segmentación. Puede mover estos paneles arrastrando su barra de título y cambiar su tamaño arrastrando uno de sus ángulos.

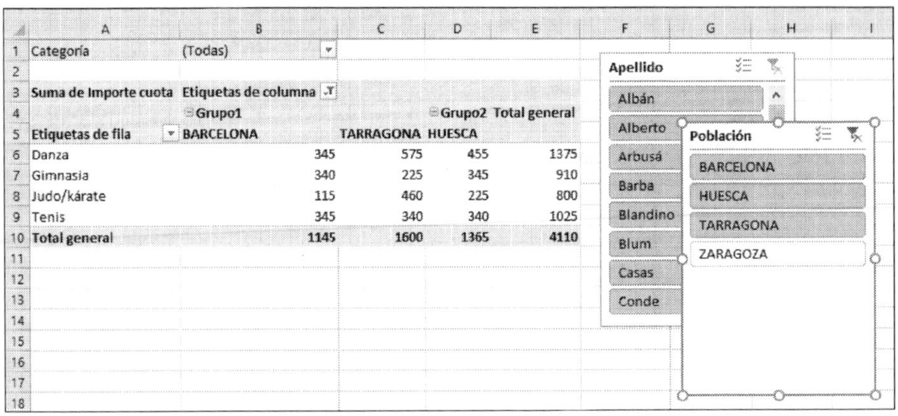

- Para filtrar los datos de la tabla dinámica, haga clic en uno de los botones del filtro de segmentación (mantenga pulsada la tecla Ctrl para filtrar según varios datos).

  Los cambios se reflejan automáticamente en la tabla dinámica.

- Para cancelar un filtro, haga clic con el botón derecho en el panel correspondiente y luego haga clic en la opción **Borrar filtro de «nombre de campo»**.

  Por defecto, el estilo del filtro de segmentación retoma el estilo de la tabla dinámica a la que se aplica. Observe no obstante que las modificaciones efectuadas en la tabla dinámica tras la creación del filtro de segmentación no serán tomadas en cuenta por dicho filtro.

- Para cambiar el formato de un filtro de segmentación, haga clic en el filtro en cuestión y seleccione el estilo que prefiera en el grupo **Estilos de Segmentación de datos** de la pestaña **Herramientas de segmentación de datos - Opciones**.

- Para compartir un filtro de segmentación con otra tabla dinámica, puede conectarlo a esa tabla. Para ello, haga clic en el filtro de segmentación y luego en el botón **Conexiones de informe** del grupo **Segmentación de datos** de la pestaña **Herramientas de segmentación de datos - Opciones**.

  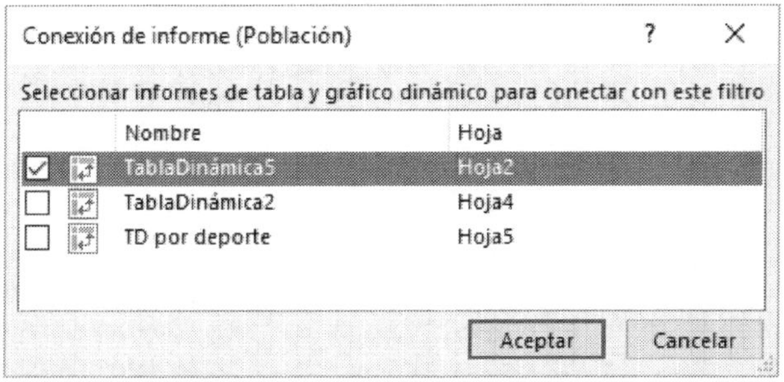

  Marque el nombre de las tablas dinámicas en las que desea utilizar el filtro de segmentación y confirme mediante **Aceptar**.

  *Para utilizar el filtro de segmentación que acaba de definir como compartido, la tabla dinámica «conectada» deberá utilizar la opción **Conexiones de filtro** (pestaña **Herramientas de tabla dinámica - Analizar** - grupo **Filtrar**).*

- Si un filtro de segmentación ya no le resulta útil, en vez de eliminarlo puede «desconectarlo» de la tabla dinámica. Para ello, haga clic en cualquier lugar de la tabla dinámica y luego haga clic en la flecha asociada al botón **Conexiones de filtro** del grupo **Filtrar** de la pestaña **Herramientas de tabla dinámica - Analizar**.

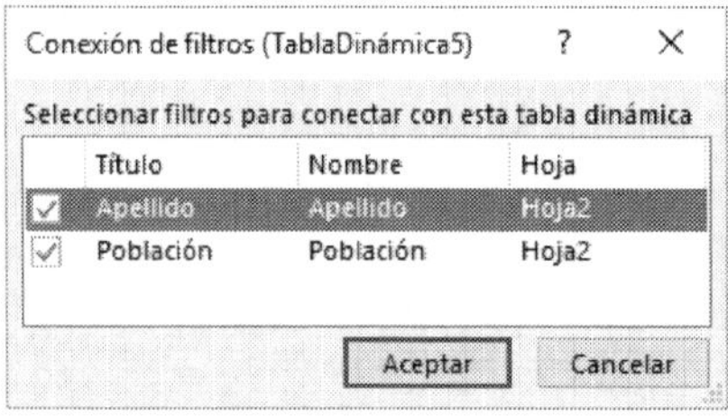

Desmarque el campo o los campos de la tabla dinámica en los que ya no desea utilizar el filtro de segmentación (y al revés, marque los campos para activar de nuevo la conexión al filtro de segmentación correspondiente). Confirme mediante **Aceptar**.

Los filtros de segmentación desconectados permanecen visibles, pero ya no están vinculados a la tabla dinámica.

Para eliminar un filtro de segmentación, haga clic en su barra de título y luego pulse Supr.

*También puede hacer clic con el botón derecho en el panel y luego escoger la opción **Quitar «nombre del filtro»**.*

Agrupar los datos de una tabla dinámica

Esta función le permite agrupar valores de uno o varios campos por criterios de selección o por campo.

*Tomemos el ejemplo de una tabla dinámica presentada por **Deporte** y **Fecha de competición**.*

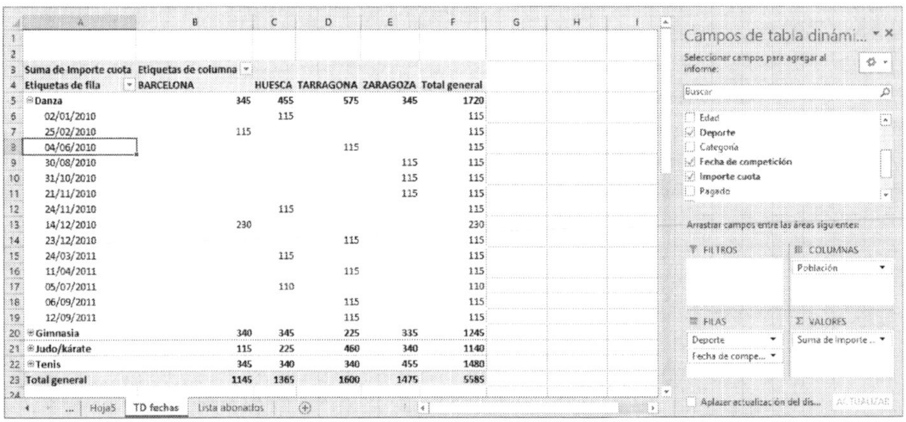

Suma de Importe cuota	Etiquetas de columna				
Etiquetas de fila	BARCELONA	HUESCA	TARRAGONA	ZARAGOZA	Total general
Danza	345	455	575	345	1720
02/01/2010		115			115
25/02/2010	115				115
04/06/2010			115		115
30/08/2010				115	115
31/10/2010				115	115
21/11/2010				115	115
24/11/2010		115			115
14/12/2010	230				230
23/12/2010			115		115
24/03/2011		115			115
11/04/2011			115		115
05/07/2011		110			110
06/09/2011			115		115
12/09/2011			115		115
Gimnasia	340	345	225	335	1245
Judo/kárate	115	225	460	340	1140
Tenis	345	340	340	455	1480
Total general	1145	1365	1600	1475	5585

Agrupar por campo

- Para resumir elementos de tipo numérico o de fecha en el informe, haga clic en una de las etiquetas de fila o de columna correspondientes al campo de la tabla dinámica que desea agrupar.

  *En nuestro ejemplo, vamos a agrupar el campo **Fecha de competición** por año.*

- Active si es preciso la pestaña **Herramientas de tabla dinámica** - **Analizar** y haga clic en el botón **Agrupar**.

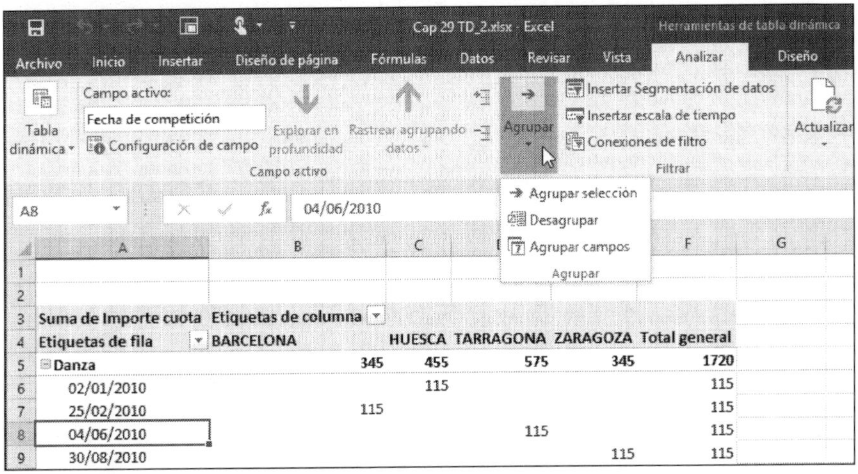

Haga clic en la opción **Agrupar campos.**

*La opción **Agrupar campos** aparecerá en gris (inaccesible) si el elemento seleccionado no es un número, una fecha o una hora.*

- En el cuadro de diálogo **Agrupar**, modifique si es preciso el primer valor que debe integrarse en la agrupación (número, fecha u hora) en la zona **Comenzar en**, y la última, en la zona **Terminar en**.

Los valores propuestos por defecto corresponden a los valores mínimo y máximo del campo.

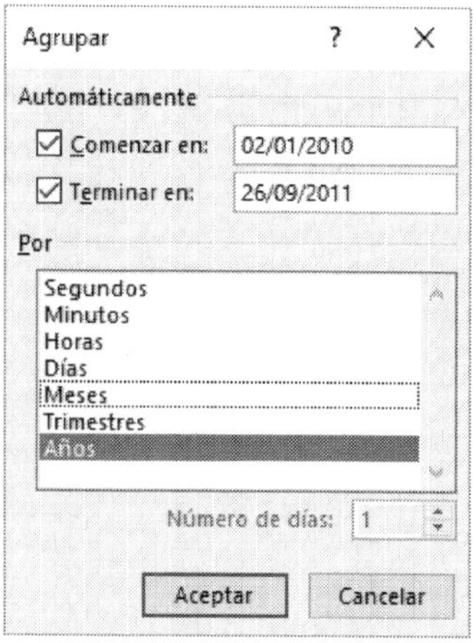

- En la zona **Por**, y en función del tipo de agrupamiento, lleve a cabo una de las siguientes operaciones:
  - Para agrupar datos numéricos, escriba el valor que representa el intervalo de cada grupo.
  - Para agrupar fechas u horas, haga clic en la unidad o las unidades de tiempo que deben aplicarse a los grupos (para desactivar una de las unidades seleccionadas, haga clic de nuevo en su nombre).

  En nuestro ejemplo, las columnas de la tabla dinámica se agruparán por años entre el 02/01/2010 y el 26/09/2011.
- Haga clic en el botón **Aceptar**.

Suma de Importe cuota	Etiquetas de columna				
Etiquetas de fila	BARCELONA	HUESCA	TARRAGONA	ZARAGOZA	Total general
Danza	**345**	**455**	**575**	**345**	**1720**
2010	345	230	230	345	1150
2011		225	345		570
Gimnasia	**340**	**345**	**225**	**335**	**1245**
2010	225	345	115	225	910
2011	115		110	110	335
Judo/kárate	**115**	**225**	**460**	**340**	**1140**
2010	115	115	345	340	915
2011		110	115		225
Tenis	**345**	**340**	**340**	**455**	**1480**
2010	345	225	115	345	1030
2011		115	225	110	450
Total general	**1145**	**1365**	**1600**	**1475**	**5585**

Para cancelar el agrupamiento, desagrupe los elementos: haga clic en uno de los valores del grupo y luego en el botón **Agrupar** y en la opción **Desagrupar**.

Agrupar por selección

Esta función permite crear un conjunto a partir de elementos seleccionados en el informe a fin de poder mostrar el total de los elementos que lo constituyen o, por el contrario, de mostrar cada valor.

Seleccione, haciendo clic y arrastrando o bien haciendo clic con la tecla Ctrl pulsada, la etiqueta o las etiquetas de los campos que desea agrupar.

*Para ilustrar esta función, vamos a crear un primer grupo con **BARCELONA** y **TARRAGONA**.*

Suma de Importe cuota	Etiquetas de columna				
Etiquetas de fila	BARCELONA	HUESCA	TARRAGONA	ZARAGOZA	Total general
Danza	**345**	**455**	**575**	**345**	**1720**
2010	345	230	230	345	1150
2011		225	345		570
Gimnasia	**340**	**345**	**225**	**335**	**1245**
2010	225	345	115	225	910
2011	115		110	110	335

Haga clic en el botón **Agrupar** y luego en la opción **Agrupar selección**.

*También puede hacer clic con el botón derecho en la selección y escoger la opción **Agrupar** del menú contextual.*

- Repita esta operación con cada grupo que desea formar.

  En este caso, se ha creado un nuevo nivel de agrupamiento que contiene los dos grupos: ***Grupo2*** *para las capitales aragonesas* ***HUESCA*** *y* ***ZARAGOZA****) y* ***Grupo1*** *para las catalanas (****BARCELONA*** *y* ***TARRAGONA****).*

	A	B	C	D	E	F
3	Suma de Importe cuota	Etiquetas de columna				
4		⊟Grupo1		⊟Grupo2		Total general
5	Etiquetas de fila	BARCELONA	TARRAGONA	HUESCA	ZARAGOZA	
6	⊟Danza	345	575	455	345	1720
7	2010	345	230	230	345	1150
8	2011		345	225		570
9	⊟Gimnasia	340	225	345	335	1245
10	2010	225	115	345	225	910
11	2011	115	110		110	335
12	⊟Judo/kárate	115	460	225	340	1140
13	2010	115	345	115	340	915
14	2011		115	110		225
15	⊟Tenis	345	340	340	455	1480
16	2010	345	115	225	345	1030
17	2011		225	115	110	450
18	Total general	1145	1600	1365	1475	5585

- Para contraer la vista del grupo, haga clic en el signo - (menos) correspondiente, y para desarrollar el grupo con el fin de mostrar cada valor por separado, haga clic en el signo + (más).

Para cancelar el agrupamiento, desagrupe los elementos: haga clic en el nombre del grupo y en el botón **Agrupar**, luego en la opción **Desagrupar**, o haga clic con el botón derecho en el nombre del grupo y luego escoja la opción **Desagrupar** del menú contextual.

Filtrar las fechas de forma interactiva (filtro de escala de tiempo)

Es posible utilizar una escala de tiempo para mostrar los datos correspondientes a diferentes periodos.

- Haga clic en la tabla dinámica.
- Haga clic en el botón **Insertar escala de tiempo** del grupo **Filtrar** de la pestaña **Herramientas de tabla dinámica - Analizar**.
- En el cuadro de diálogo **Introducir escalas de tiempo**, marque el campo o los campos de tipo fecha que quiere utilizar para aplicar el filtro cronológico y confirme pulsando **Aceptar**.

*En este ejemplo, hemos aplicado un filtro de escala de tiempo basándonos en el campo **Fecha de competición**.*

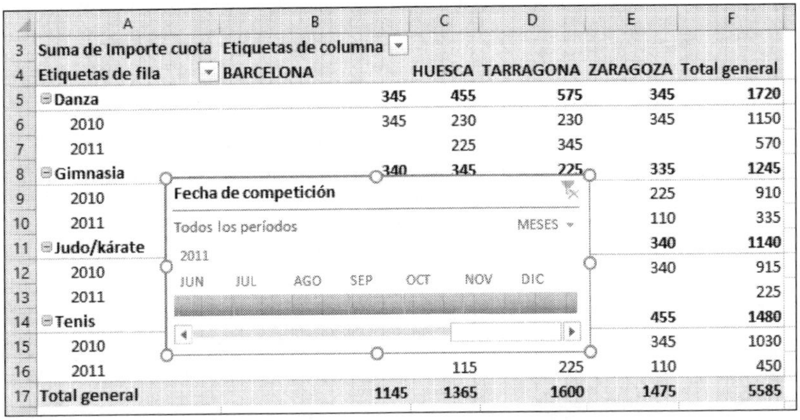

	A	B	C	D	E	F
3	Suma de Importe cuota	Etiquetas de columna				
4	Etiquetas de fila	BARCELONA	HUESCA	TARRAGONA	ZARAGOZA	Total general
5	⊟Danza	345	455	575	345	1720
6	2010	345	230	230	345	1150
7	2011		225	345		570
8	⊟Gimnasia	340	345	225	335	1245
9	2010				225	910
10	2011				110	335
11	⊟Judo/kárate				340	1140
12	2010				340	915
13	2011					225
14	⊟Tenis				455	1480
15	2010				345	1030
16	2011		115	225	110	450
17	Total general	1145	1365	1600	1475	5585

- Para cambiar el período aplicado a este filtro, abra la lista de la periodicidad actual (**MESES** en nuestro ejemplo), y seleccione la opción **AÑOS**, **TRIMESTRES**, **MESES** o **DÍAS**.
- Para moverse por la línea de tiempo, puede utilizar la barra de desplazamiento horizontal situada en la parte inferior de la ventana, o bien arrastrar el cursor por la barra temporal (entre las dos flechas).

  Si la barra de desplazamiento no incluye ningún cursor, puede señalar el extremo de la barra central (azul) y arrastrarlo hasta el periodo deseado.

  *En este ejemplo, la tabla dinámica muestra únicamente los valores cuya **Fecha de competición** está comprendida entre el 1 y el 30 de septiembre de 2011.*

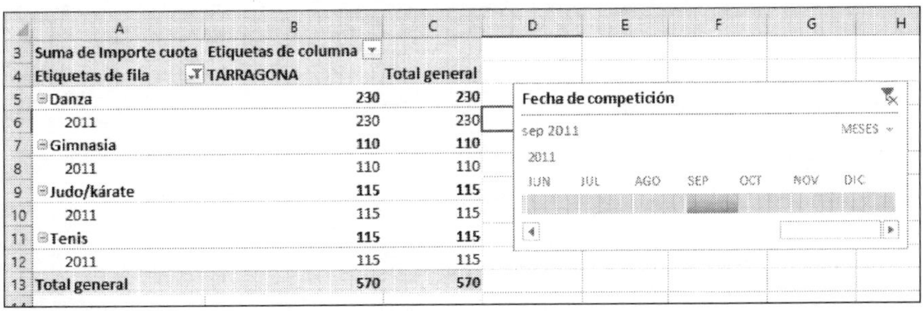

	A	B	C
3	Suma de Importe cuota	Etiquetas de columna	
4	Etiquetas de fila	TARRAGONA	Total general
5	⊟Danza	230	230
6	2011	230	230
7	⊟Gimnasia	110	110
8	2011	110	110
9	⊟Judo/kárate	115	115
10	2011	115	115
11	⊟Tenis	115	115
12	2011	115	115
13	Total general	570	570

El filtro de línea de tiempo se administra como un filtro de segmentación (véase Filtrar una tabla dinámica - Filtrar una tabla dinámica usando un filtro de segmentación).

Cambiar el diseño y la presentación de una tabla dinámica

Cambiar el formato de la tabla dinámica

- Para cambiar el formato de la tabla dinámica, active la pestaña **Herramientas de tabla dinámica** - **Diseño** y haga clic en el botón **Diseño de informe** del grupo **Diseño**; active la opción:
  - **Mostrar en forma compacta** para mantener los campos de la izquierda en una columna aplicándoles una sangría a fin de mostrar la relación de anidación entre los datos conectados (forma activada por defecto).
  - **Mostrar en forma de esquema** para presentar los datos según el estilo habitual de una tabla dinámica.
  - **Mostrar en formato tabular** para presentar los datos en un formato de tabla tradicional.

Cambiar el formato de un campo de fila

- Para cambiar el formato de un campo de fila, selecciónelo y haga clic en el botón **Configuración de campo** del grupo **Campo activo** de la pestaña **Herramientas de tabla dinámica** - **Analizar.**

  También puede hacer doble clic en el campo de fila correspondiente en modo esquema o tabular.
- Active la pestaña **Diseño e impresión.**

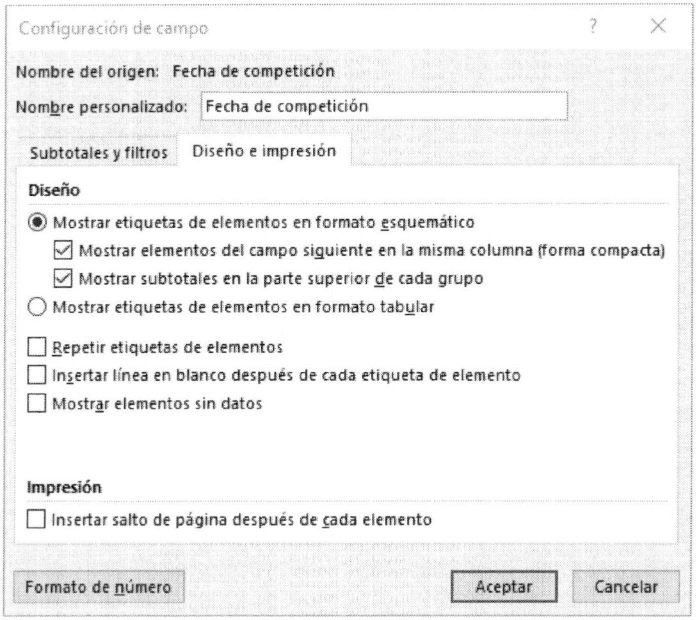

- Para mostrar los elementos del campo de forma jerárquica, active la opción **Mostrar etiquetas de elementos en formato esquemático**. A continuación puede pedir que se muestren (u oculten) las etiquetas del campo siguiente en la misma columna de forma compacta marcando la opción **Mostrar elementos del campo siguiente en la misma columna (forma compacta)**.
- Para mostrar los elementos del campo en formato tabular, active la opción **Mostrar etiquetas de elementos en formato tabular**.
- Para integrar un salto de página a la hora de imprimir, marque la opción **Insertar salto de página después de cada elemento.**
- Haga clic en el botón **Aceptar** para confirmar la **Configuración de campo**.

Cambiar la disposición y el formato de la tabla

- Para cambiar la disposición y el formato de la tabla, haga clic en el botón **Opciones de tabla dinámica** (pestaña **Herramientas de tabla dinámica - Analizar**) con objeto de mostrar el cuadro de diálogo del mismo nombre.

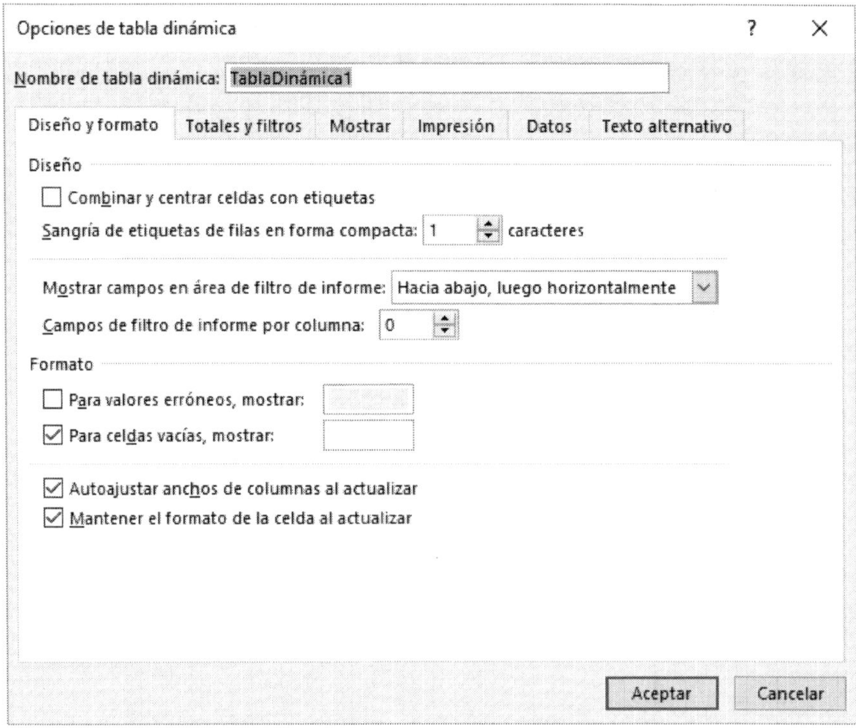

- Active la pestaña **Diseño y formato** y luego defina el **Diseño** de las celdas, así como el **Formato** de los valores de error o de las celdas vacías. Así, por ejemplo, para reemplazar las celdas vacías por ceros, puede marcar la opción **Para celdas vacías, mostrar** y luego teclear **0** en el campo asociado.
- Confirme las modificaciones haciendo clic en **Aceptar**.

Cambiar el estilo de la tabla dinámica

- Muestre las **Opciones de estilo de tabla dinámica** activando la pestaña **Herramientas de tabla dinámica** - **Diseño** y marque la opción o las opciones que prefiera:

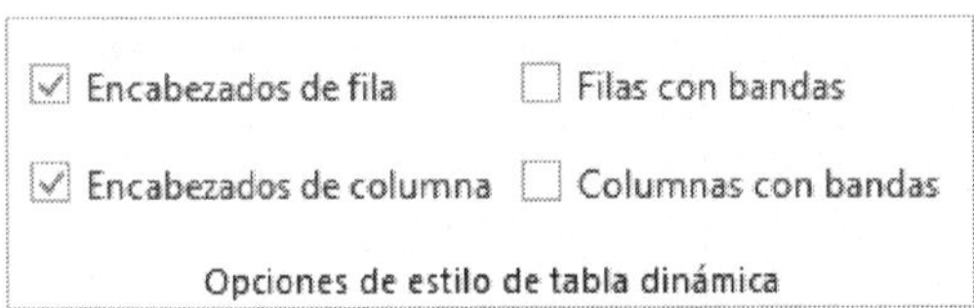

- **Filas con bandas** o **Columnas con bandas** para aplicar alternativamente un color claro y luego un color oscuro a las filas o a las columnas.
- **Encabezados de fila** o **Encabezados de columna** para incluir los encabezados de fila o de columna en los estilos de las bandas.

- Para insertar una línea en blanco después de cada elemento de la tabla dinámica, haga clic en el botón **Filas en blanco** (pestaña **Herramientas de tabla dinámica - Diseño**) y luego en la opción **Insertar línea en blanco después de cada elemento.** En caso contrario, para suprimirla, haga clic de nuevo en el botón **Filas en blanco** y luego en la opción **Quitar línea en blanco después de cada elemento.**
- Para aplicar o modificar el estilo de tabla, selecciónelo en el grupo **Estilos de tabla dinámica** (ficha **Herramientas de tabla dinámica - Diseño**).

Volver a calcular una tabla dinámica

Cuando el rango de celdas de origen de la tabla dinámica se modifica, estos cambios no se reflejan automáticamente en la tabla: es preciso actualizarla.

- Haga clic si es preciso en la tabla dinámica.
- Active la pestaña **Herramientas de tabla dinámica - Analizar** y haga clic en la parte inferior del botón **Actualizar** del grupo **Datos.**
- Haga clic en la opción **Actualizar** para actualizar la información del libro que provenga del origen de datos o en la opción **Actualizar todo** para actualizar toda la información que provenga de la fuente datos.

*También puede utilizar la opción **Actualizar** del menú contextual de la tabla dinámica.*

Eliminar una tabla dinámica

- Haga clic dentro de la tabla dinámica.
- Active si es preciso la pestaña **Herramientas de tabla dinámica - Analizar.**
- Haga clic en el botón **Borrar** del grupo **Acciones** y luego en la opción **Borrar todo.**

Elegir un gráfico dinámico recomendado

Los gráficos dinámicos facilitan una representación gráfica de los datos contenidos en una tabla dinámica o en una hoja de cálculo compleja. El gráfico incorpora controles de filtrado interactivos que permiten analizar rápidamente un subconjunto de datos.

Además, Excel 2016 sugiere algunos gráficos dinámicos particularmente adaptados a los datos, lo que resulta de gran ayuda a la hora de sintetizarlos y analizarlos.

- Haga clic en la tabla de datos.
- Active el botón **Gráficos recomendados** de la pestaña **Insertar**.

*Se abre la ventana **Insertar gráfico**.*

- Si es preciso, active la pestaña **Gráficos recomendados**.

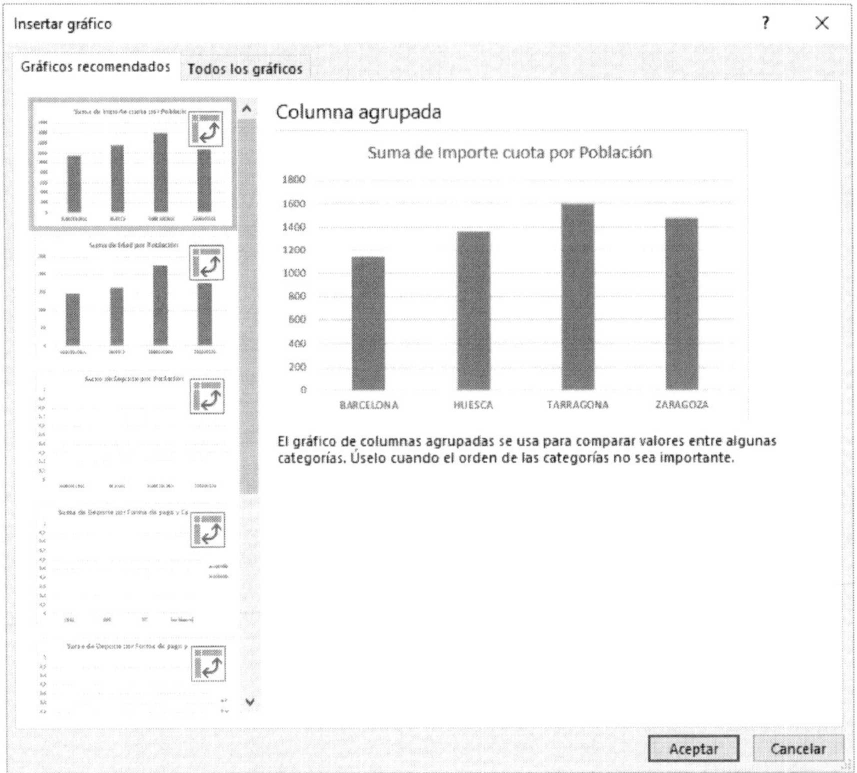

En el panel izquierdo de la ventana, seleccione un gráfico que incluya el icono del gráfico dinámico  *en la esquina superior derecha de su viñeta.*

En la parte derecha de la ventana ***Insertar gráfico*** *se muestra una vista previa del gráfico seleccionado.*

- Si el gráfico presentado cumple sus expectativas, haga clic en el botón **Aceptar** para crearlo.

  Si no le convence ninguno de los gráficos que se le presentan, diríjase al apartado Crear un gráfico dinámico.

  La nueva hoja de cálculo (con el nombre ***Hojax****) creada para albergar este gráfico dinámico muestra también el panel* ***Campos de gráfico dinámico****, que podrá usar para modificar dicho gráfico dinámico.*

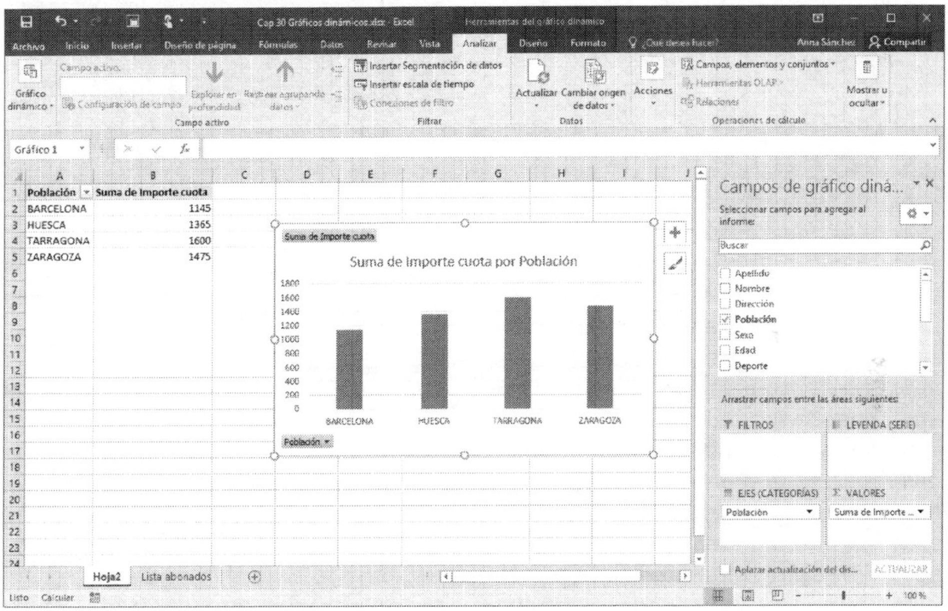

- Para efectuar cambios en la arquitectura del gráfico dinámico usando el panel, proceda como lo haría con una tabla dinámica (véase el capítulo Tablas dinámicas).

Para crear un gráfico dinámico a partir de una tabla dinámica que ya existe, haga clic en la tabla dinámica, active la pestaña **Herramientas de tabla dinámica - Analizar** y haga clic en el botón **Gráfico dinámico** del grupo **Herramientas** antes de seleccionar el tipo de gráfico que desea obtener.

Crear un gráfico dinámico

Recordemos que los gráficos dinámicos facilitan una representación gráfica de los datos contenidos en una tabla dinámica o en una hoja de cálculo compleja. El gráfico incorpora controles de filtrado interactivos que permiten analizar rápidamente un subconjunto de datos.

Además, Excel 2016 puede sugerir algunos gráficos dinámicos particularmente adaptados a los datos (véase Elegir un gráfico dinámico recomendado), aunque, obviamente, también puede crearlo usted mismo.

- Si el rango de celdas que sirven de base para el gráfico dinámico contiene encabezados de columna o ya está organizado en una tabla de datos, haga clic en una de las celdas. De lo contrario, seleccione el rango de celdas que desea tratar en la tabla dinámica.
- Active la pestaña **Insertar** y haga clic en la parte superior del botón **Gráfico dinámico.**

  Se abre un cuadro de diálogo similar al que sirve para crear tablas dinámicas.
- Compruebe que el cuadro **Seleccione una tabla o rango** contiene los datos que desea analizar. Si no es así, use el botón  para seleccionarlos.
- Elija la ubicación del gráfico dinámico: en una nueva hoja de cálculo (opción **Nueva hoja de cálculo**) o en una hoja ya creada (opción **Hoja de cálculo existente**). Si ha optado por esta última opción, use el botón  para activar la primera celda destinataria del gráfico.
- Haga clic en **Aceptar**.

*Un gráfico dinámico vacío aparece en la ubicación indicada y justo al lado vemos una tabla dinámica, también vacía. Al igual que cuando se crean tablas dinámicas solas, a la derecha de la ventana se abre el panel **Campos de tabla dinámica**. La sección **LEYENDA (SERIE)** sustituye a la sección **COLUMNA** y la sección **EJE (CATEGORÍAS)** sustituye a la sección **FILAS**.*

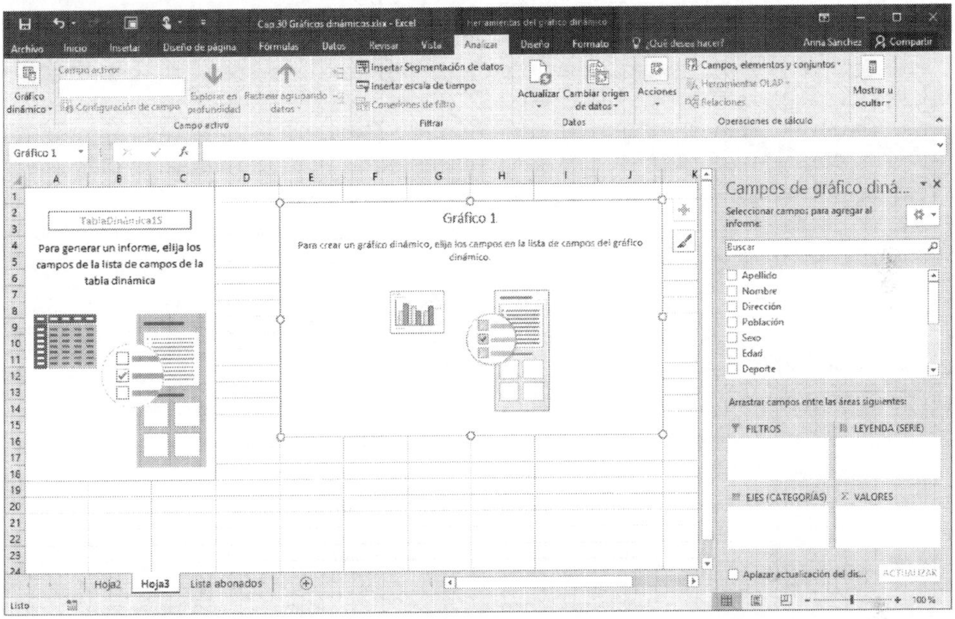

*Aparecen también las pestañas **Herramientas del gráfico dinámico - Analizar - Diseño** y **Formato**.*

Construya el gráfico dinámico igual que si se tratase de una tabla dinámica (véase el capítulo Tablas dinámicas).

Para crear un gráfico dinámico a partir de una tabla dinámica existente, haga clic en la tabla dinámica, active la pestaña **Herramientas de tabla dinámica - Analizar** y, en el grupo **Herramientas**, haga clic en el botón **Gráfico dinámico** para seleccionar el tipo de gráfico que necesita.

Eliminar un gráfico dinámico

- Haga clic dentro del gráfico dinámico.
- Active, si es preciso, la pestaña **Herramientas del gráfico dinámico - Analizar**, haga clic en el botón **Acciones**, luego en **Borrar** y finalmente en **Borrar todo** para suprimir el gráfico y la posible tabla dinámica asociada.
- Para eliminar únicamente el gráfico dinámico, haga clic en uno de sus bordes exteriores con objeto de seleccionar la zona de gráfico y luego pulse la tecla [Supr].

Filtrar un gráfico dinámico

- Haga clic dentro del gráfico dinámico.
- Abra la lista desplegable asociada a cada campo y marque el elemento o los elementos que es preciso filtrar y luego confirme pulsando **Aceptar**.
- También puede usar los filtros por segmentación. Para ello, active si es preciso la pestaña **Herramientas del gráfico dinámico - Analizar** y haga clic en el botón **Insertar Segmentación de datos** del grupo **Filtrar**.
- Marque el campo o los campos del gráfico dinámico en los que desea aplicar un filtro por segmentación y haga clic en **Aceptar** para confirmar.

  Se muestra un filtro por segmentación para cada campo seleccionado.

  En este ejemplo, se ha añadido un filtro por segmentación.

Los filtros del gráfico dinámico se administran del mismo modo que en una tabla dinámica. Para saber más acerca de los filtros normales o por segmentación, vaya el apartado Filtrar una tabla dinámica.

Para aplicar un filtro de escala de tiempo a los datos del gráfico dinámico activo, haga clic en el botón **Insertar escala de tiempo** de la pestaña **Herramientas de tabla dinámica - Analizar** (grupo **Filtrar**) y marque, en el cuadro de diálogo **Introducir escalas de tiempo**, el campo o los campos de tipo fecha con los que desea aplicar el filtro cronológico. Confirme haciendo clic en **Aceptar**.

El filtro de escala del tiempo se administra como un filtro de segmentación (véase Filtrar una tabla dinámica - Filtrar una tabla dinámica usando un filtro de segmentación, en el capítulo Tablas dinámicas).

Proteger un libro con una contraseña

Para que solo algunos usuarios puedan ver y modificar los datos, los libros pueden protegerse con contraseñas.

- Abra el libro que desea proteger y entre en el cuadro de diálogo **Guardar como** (pestaña **Archivo** - opción **Guardar como** - botón **Examinar**).
- Haga clic en el botón **Herramientas** y luego en **Opciones generales** del cuadro de diálogo **Guardar como**.
- Para proteger la lectura de un libro, es decir, para solicitar al usuario una contraseña cuando este quiera abrirlo, introduzca una contraseña en el cuadro **Contraseña de apertura**.

  Esta función usa de forma predeterminada el cifrado avanzado. Se trata de un método estándar usado para proteger archivos.
- Para proteger la escritura del libro, es decir, para solicitar al usuario una contraseña al abrir el libro que permita guardar las modificaciones que se efectúen en él, introduzca una contraseña en el cuadro **Contraseña de escritura**.

  En este caso no se trata de una función de seguridad propiamente dicha, sino de una simple protección, ya que el contenido del libro no se encripta. Esta contraseña permite que el usuario abra el libro en modo lectura. No podrá modificar el contenido del libro original, pero sí podrá, pese a todo, introducir cambios y guardar el documento con otro nombre.

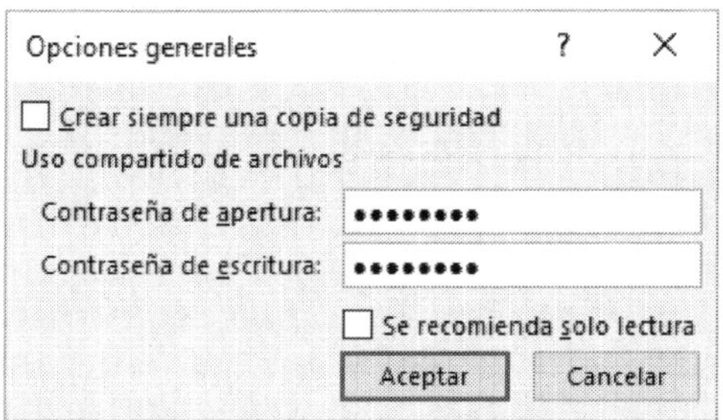

Aconsejamos el uso de contraseñas «seguras», que combinen letras mayúsculas y minúsculas, números y símbolos. Las contraseñas deben contener al menos ocho caracteres.

- Para reforzar la protección, marque la opción **Se recomienda solo lectura**. De esta forma, al abrir el libro se preguntará a los usuarios si desean abrir el archivo en modo solo lectura.

*Esta opción puede combinarse con la solicitud de una contraseña de escritura. Si se solicita esta última, el procedimiento de apertura del libro se modificará ligeramente: incluso conociendo la contraseña, Excel propondrá que se abra el libro en modo solo lectura (en esos casos, deberá hacer clic en el botón **Sí** para abrirlo en modo solo lectura y en **No** en caso contrario).*

- Haga clic en **Aceptar**.
- Cuando se le requiera, introduzca de nuevo las contraseñas para confirmarlas y haga clic en **Aceptar**.
- Haga clic en el botón **Guardar**.
- Si es preciso, haga clic en el botón **Sí** para reemplazar el libro existente.

Cuidado: no olvide las contraseñas porque no será posible recuperarlas. Anótelas en algún lugar seguro, lejos de la información que protegen.

Para eliminar una contraseña, seleccione el contenido de los cuadros **Contraseña de apertura** y **Contraseña de escritura** haciendo clic y arrastrando y pulse la tecla Supr.

Proteger los elementos de un libro

Se trata de proteger los cambios relativos a la estructura de las hojas de cálculo, así como el tamaño y posición de estas.

- Active la pestaña **Revisar** y haga clic en el botón **Proteger libro** del grupo **Cambios**.
- Para impedir que los usuarios puedan ver las hojas de cálculo ocultas, desplazar, eliminar, ocultar o cambiar el nombre de las hojas de cálculo e insertar nuevas hojas de cálculo, marque la opción **Estructura**.
- Para impedir que los usuarios modifiquen el tamaño o la posición de las hojas de cálculo, marque la opción **Ventanas**.
- Para impedir que usuarios no autorizados eliminen la protección del libro, introduzca una contraseña en el cuadro **Contraseña (opcional)**.

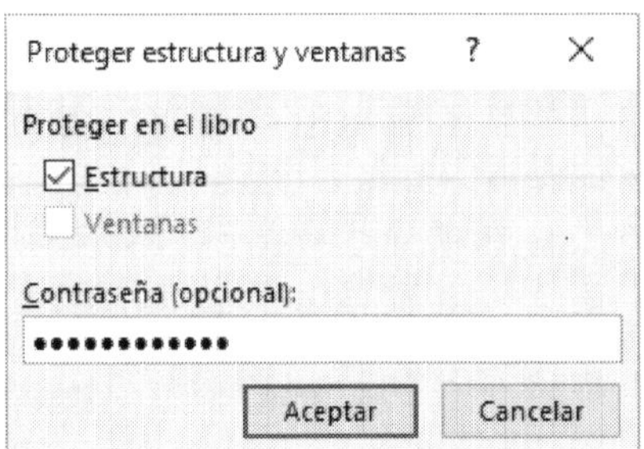

- Haga clic en el botón **Aceptar**.
- Si es preciso, introduzca de nuevo la contraseña para confirmarla y acepte.

Para eliminar la protección del libro, haga clic de nuevo en el botón **Proteger libro** del grupo **Cambios** (pestaña **Revisar**). Si la protección está vinculada a una contraseña, escríbala en el cuadro de diálogo **Desproteger libro** y confirme con **Aceptar**. En caso contrario, desmarque la opción **Estructura** del cuadro de diálogo **Proteger estructura y ventanas** y confirme con **Aceptar**.

Proteger las celdas de una hoja de cálculo

Si desea autorizar la introducción de datos solo en algunas celdas de la hoja de cálculo, deberá cancelar previamente la protección de las celdas (estado activo de forma predeterminada) y luego proteger toda la hoja.

Desbloquear un rango de celdas

- Seleccione las celdas en las que se autorizará la introducción de datos.
- Active la pestaña **Inicio** y haga clic en el botón **Formato** del grupo **Celdas** y en la opción **Formato de celdas** (o Ctrl **1**).
- En el cuadro de diálogo **Formato de celdas** que aparece, active la pestaña **Proteger**.
- Desactive la opción **Bloqueada**.
- Haga clic en **Aceptar**.

Activar el estado de protección de la hoja

- Active la pestaña **Revisar** y haga clic en el botón **Proteger hoja** del grupo **Cambios.**
- Compruebe que está marcada la opción **Proteger hoja y contenido de celdas bloqueadas.**
- Marque (o desmarque) las opciones correspondientes a las acciones que los usuarios podrán llevar a cabo en la lista **Permitir a los usuarios de esta hoja de cálculo.**

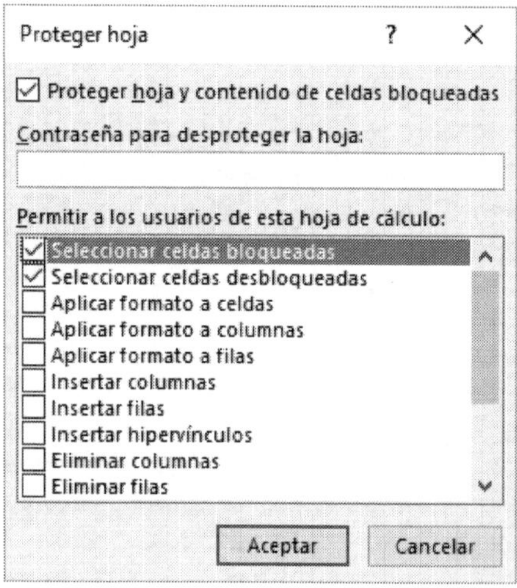

- Para que los usuarios autorizados puedan desactivar la protección de la hoja, introduzca una contraseña en el cuadro **Contraseña para desproteger la hoja**.
- Haga clic en **Aceptar**.
- Si es preciso, introduzca de nuevo la contraseña para confirmarla y haga clic en **Aceptar**.

Si intenta introducir un dato en una celda protegida, aparece el siguiente mensaje de advertencia:

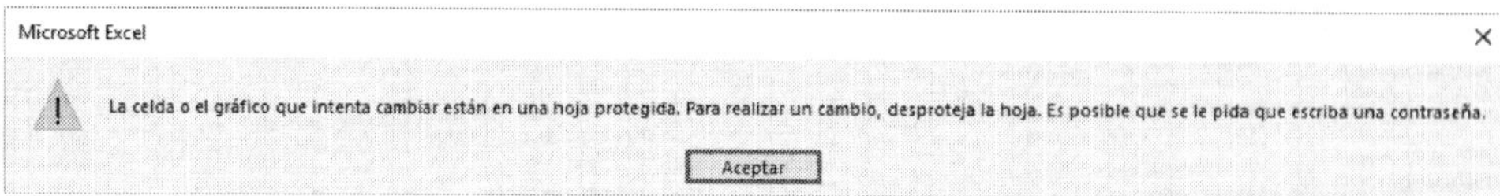

Haga clic en **Aceptar** para cerrar el cuadro de diálogo.

Según los permisos acordados a los usuarios, algunas opciones de las diferentes fichas no estarán disponibles en la hoja protegida (los botones correspondientes aparecen en gris).

Para cancelar la protección de la hoja, haga clic en el botón **Desproteger hoja** del grupo **Cambios** (pestaña **Revisar**). Si es preciso, introduzca la contraseña y confirme.

Permitir a algunos usuarios el acceso a las celdas

Esta técnica permite proteger las celdas de una hoja y autorizar el acceso a diferentes rangos de celdas, ya sea a través de contraseñas diferentes, ya sea seleccionando nombres de usuario (en ese caso su PC deberá formar parte de una red de empresa organizada en dominios).

- Active la pestaña **Revisar** y haga clic en el botón **Permitir que los usuarios modifiquen rangos** del grupo **Cambios**.
- Haga clic en el botón **Nuevo**.

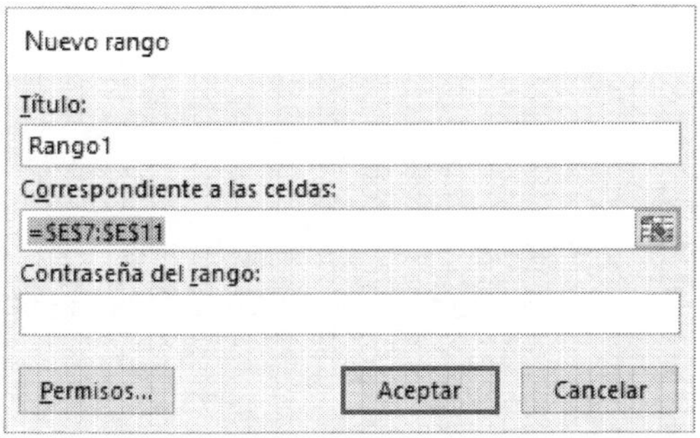

- Si es preciso, modifique el **Título** asociado al rango para el que se van a otorgar los permisos de acceso.
- Haga clic en el botón del cuadro **Correspondiente a las celdas**, seleccione en la hoja el rango de celdas y haga clic en para volver al cuadro de diálogo **Nuevo rango**.

  Puede usar la tecla Ctrl para seleccionar rangos de celdas discontinuos.
- En el cuadro **Contraseña del rango**, escriba la contraseña que los usuarios deberán introducir para modificar el rango, pulse ↵ y, para confirmar, introduzca por segunda vez la contraseña y acepte.

  Si no se define una contraseña, todos los usuarios podrán modificar las celdas.
- Para definir la lista de usuarios a los que se van a conceder derechos de acceso, haga clic en el botón **Permisos** del cuadro de diálogo **Nuevo rango** o, si ha introducido y confirmado una contraseña, haga clic en el botón **Permisos** del cuadro de diálogo **Permitir a usuarios modificar rangos**. En el cuadro de diálogo **Permisos de «Nombre del rango»** que aparece a continuación, haga clic en el botón **Agregar**.

- Introduzca los nombres de los usuarios, los ordenadores o los grupos a los que desea otorgar derechos, separándolos con punto y coma (;).

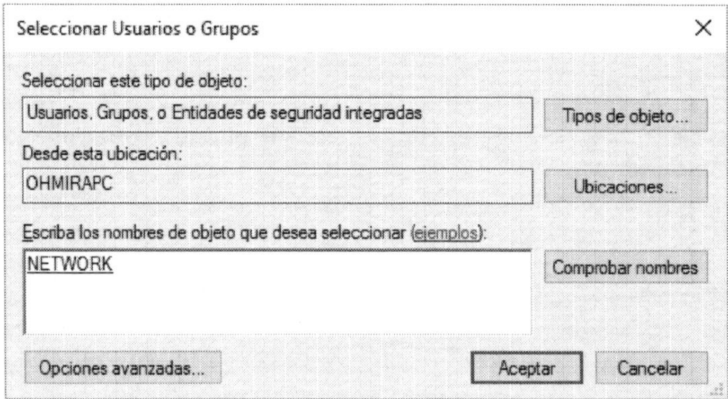

*El vínculo **ejemplos** presenta diferentes posibilidades de sintaxis.*

- Haga clic en el botón **Comprobar nombres** para que las señas introducidas se identifiquen correctamente.
- Cuando haya introducido y comprobado todos los nombres, haga clic una primera vez en el botón **Aceptar** para salir del cuadro de diálogo **Seleccionar Usuarios o Grupos** y una segunda para salir del cuadro **Permisos de «Nombre del rango»**.
- Si necesita definir otro rango de celdas asociado a otras contraseñas, haga clic una vez más en el botón **Nuevo** del cuadro de diálogo **Permitir a usuarios modicar rangos** y lleve a cabo las operaciones descritas antes.

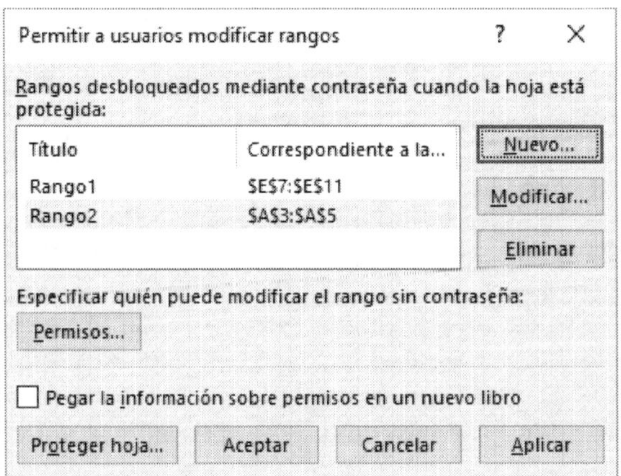

*La opción **Pegar la información sobre permisos en un nuevo libro** permite resumir las autorizaciones en un libro nuevo.*

- Haga clic en el botón **Proteger hoja** y compruebe que está marcada la opción **Proteger hoja y contenido de celdas bloqueadas.** Introduzca una contraseña en el campo **Contraseña que se requerirá para desproteger la hoja** y, si es preciso, marque o desmarque las opciones en la lista **Permitir a los usuarios de esta hoja de cálculo**.
- Haga clic en **Aceptar**.
- Si es preciso, introduzca de nuevo la contraseña de protección de la hoja de cálculo para confirmarla.
- Haga clic en el botón **Aceptar**.

Si intenta escribir en una celda perteneciente a un rango cuya autorización de cambios está protegida mediante una contraseña, Excel le solicitará que introduzca la contraseña.

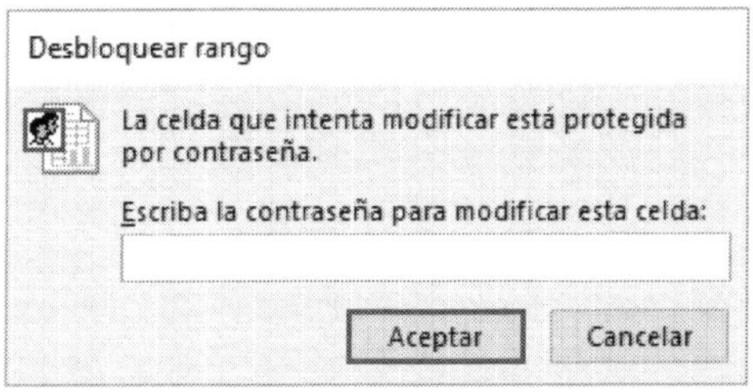

- Introduzca la contraseña y haga clic en **Aceptar**.

Crear y utilizar una firma digital

*La **firma digital** es un «sello de identificación electrónico», encriptado y protegido, que asegura que el archivo proviene del firmante y que no se ha modificado tras su firma.*

Para usar una firma digital con garantías, es preciso obtener un certificado digital emitido por una autoridad de certificación o por una entidad oficialmente designada por Microsoft. El nivel de seguridad puede variar de un certificado a otro.

Crear una firma digital

- Si no ha creado ninguna firma digital, active la pestaña **Archivo** y, si es preciso, la opción **Información**.

- En el panel central, haga clic en el botón **Proteger libro** y escoja la opción **Agregar una firma digital**.

  Aparece el siguiente mensaje:

- Si su firma digital debe considerarse «autentificada» por una autoridad de certificación, active **Sí** para obtener una identificación digital de una entidad asociada a Microsoft. Esta opción requiere conexión a Internet.
- Haga clic en el botón **Aceptar**.

Insertar una firma digital

- Haga clic en la pestaña **Archivo** y, si es preciso, en la opción **Información.**
- En el panel central, haga clic en el botón **Proteger libro** y escoja **Agregar una firma digital.**

  Se abre el siguiente cuadro de diálogo:

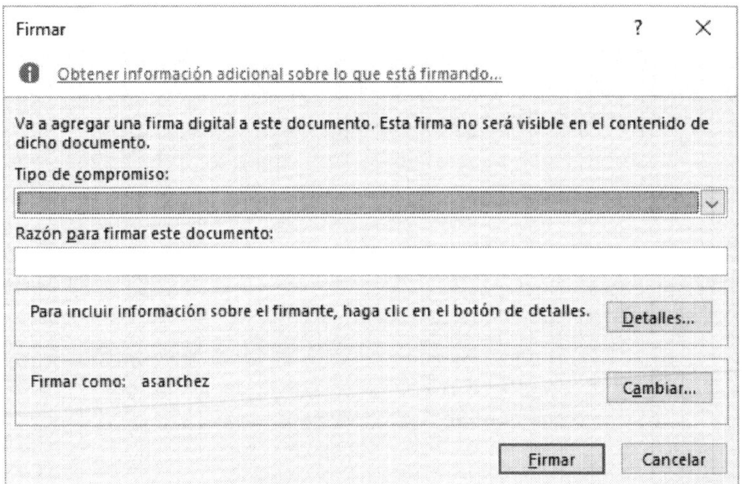

- En la lista **Tipo de compromiso**, elija una de las opciones propuestas: **Creó y aprobó este documento**, **Aprobó este documento**, **Creó este documento** o **Ninguno.**

- En la zona **Razón para firmar este documento**, escriba el motivo de firmar el libro.
- A continuación, haga clic en el botón **Firmar**.
- En el mensaje de confirmación que aparece, haga clic en **Aceptar**.

  *Se ha añadido la opción **Ver firmas** a las opciones de información; el libro está en modo de solo lectura.*

  El icono en la barra de estado indica que el libro está firmado digitalmente.

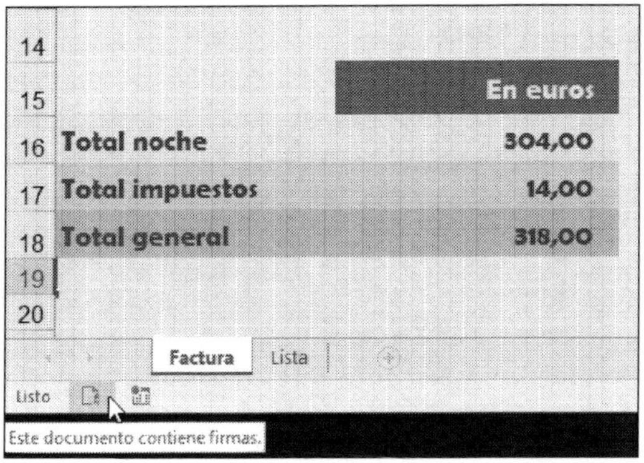

Para que se muestre este icono, debe estar activada la opción **Firmas** en el menú contextual de la barra de estado.

Mostrar la información de una firma digital

- Para mostrar el nombre del firmante, haga clic en el icono de la barra de estado.

*El panel **Firmas** se abre y se muestra a la derecha de la pantalla.*

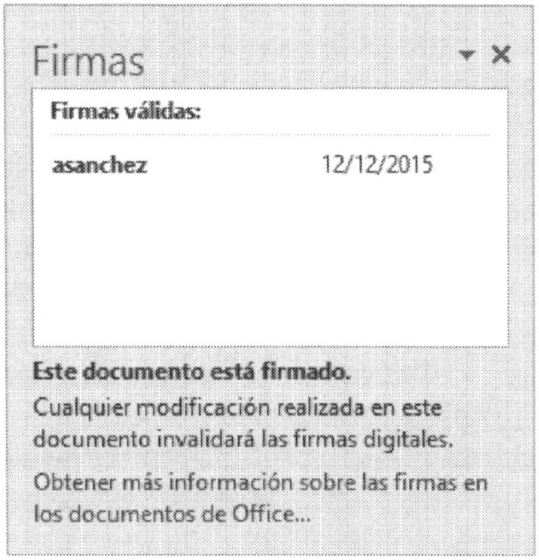

- Para mostrar más información acerca de la firma, abra la lista de esta y escoja la opción **Detalles de la firma**.
- A continuación, haga clic en el botón **Ver** para mostrar la información relativa al certificado.

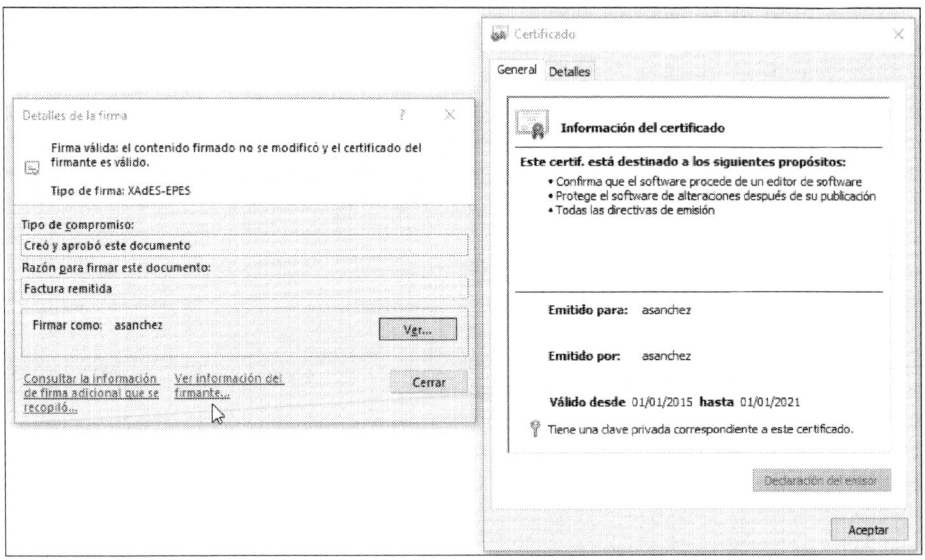

- Para cerrar la ventana, haga clic en el botón **Aceptar** y luego en **Cerrar**.

Revalidar una firma digital

*Cuando un libro está firmado, la barra de información indica que dicho libro está marcado como «versión final» y muestra el botón **Editar de todos modos**.*

- Haga clic en este botón para editar el libro y, a continuación, en **Sí** y en **Aceptar**.

  La firma se elimina.
- Efectúe las modificaciones que desee.
- Para revalidar la firma, active la pestaña **Archivo** y, si es preciso, haga clic en la opción **Información**. En el panel central, haga clic en el botón **Proteger libro** y escoja la opción **Agregar una firma digital**.

  Haga clic en el botón **Aceptar** del mensaje que aparece.
- Firme de nuevo el libro tal y como hemos visto en los apartados anteriores.

Eliminar una firma digital de un libro

- Haga clic en el icono  que aparece en la barra de estado.
- Abra la lista de la firma y escoja la opción **Quitar firma**.
- Haga clic en el botón **Sí** para confirmar.
- Haga clic en el botón **Aceptar**.

Introducción

Excel dispone de dos funcionalidades que permiten el trabajo de grupo. La primera consiste en ubicar un libro en un espacio compartido (espacio de almacenamiento o carpeta compartida en red) y **activar el libro como recurso compartido** con el fin de que otros usuarios puedan editar su contenido. En ese caso, mediante el **Control de cambios**, podrá observar las modificaciones efectuadas por los demás usuarios una vez que estos las hayan guardado, aceptar o rechazar el cambio de un usuario concreto e incluso combinar todas estas modificaciones en el libro original o en un nuevo libro: si algunos cambios entran en conflicto (por ejemplo, dos usuarios que editan la misma celda), usted puede indicar qué modificación debe conservarse.

La segunda funcionalidad es la **coedición**: se ubica el libro en un espacio de almacenamiento en línea (OneDrive o biblioteca SharePoint de Office 365) y se comparte con otros usuarios; mientras trabajan en el libro, los demás usuarios y usted mismo pueden ver en tiempo real los cambios que introduce cada uno de los coeditores.

Compartir y proteger un libro

Al definir un libro como recurso compartido, se permite a varios usuarios efectuar modificaciones en dicho libro. Antes de compartirlo, el libro debe estar guardado en una carpeta compartida de la red a la que puedan acceder los usuarios autorizados o bien en un espacio de almacenamiento en línea (por ejemplo, OneDrive o una biblioteca SharePoint).

Compartir un libro

- Guarde el libro en una ubicación de red o en un espacio de almacenamiento en línea (por ejemplo, OneDrive), en una carpeta compartida.
- Active la pestaña **Revisar** y haga clic en el botón **Compartir libro** del grupo **Cambios**.
- Marque la opción **Permitir la modificación por varios usuarios a la vez**.

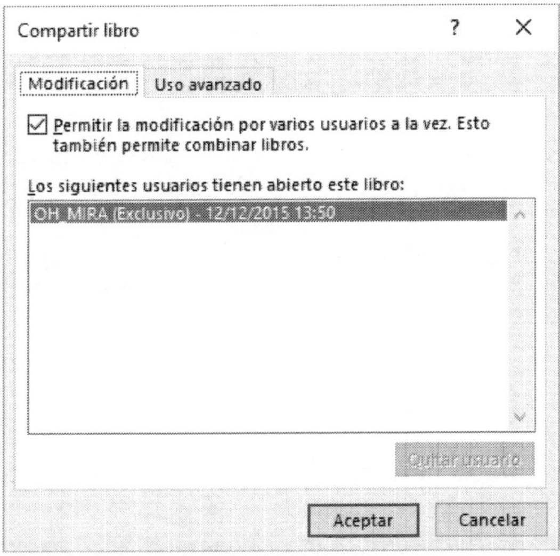

⊡ Haga clic en la pestaña **Uso avanzado.**

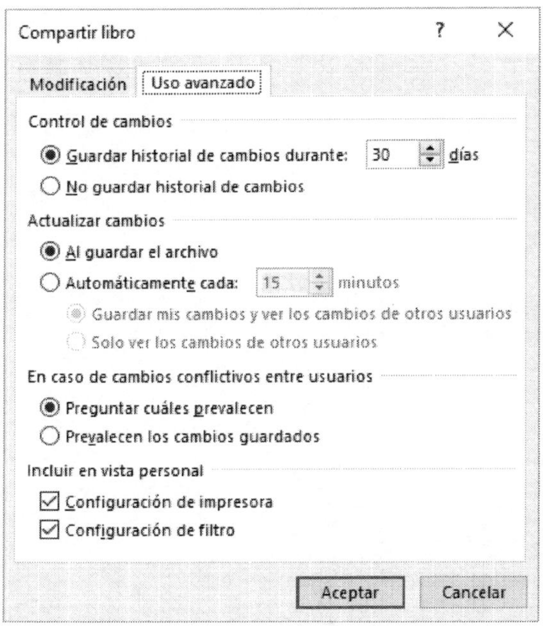

- Seleccione las opciones que desea usar para controlar y actualizar las modificaciones.

  Control de cambios: especifique el tiempo que deben conservarse las modificaciones o active la opción **No guardar historial de cambios** si no desea hacer un seguimiento de las modificaciones.

  Actualizar cambios: especifique si las actualizaciones deben efectuarse cada vez que se guarda el libro (**Al guardar el archivo**) o periódicamente (**Automáticamente cada**) y especifique la frecuencia.

  En caso de cambios conflictivos entre usuarios: active la opción **Prevalecen los cambios guardados** si no desea ver el cuadro de diálogo **Resolución de conflictos** y conservar la prioridad en caso de conflicto.

  Incluir en vista personal: deje activas las opciones **Configuración de impresora** y **Configuración de filtro** si desea usar ambas configuraciones.
- Haga clic en **Aceptar**.
- Haga clic de nuevo en el botón **Aceptar** del mensaje en que se propone guardar el libro.

  El nombre del libro, seguido del término ***[Compartido]****, aparece en la barra de título.*

Compartir y proteger un libro mediante una contraseña

- Si es preciso, active la pestaña **Revisar** y haga clic en el botón **Proteger y compartir libro** del grupo **Cambios**.
- Active la opción **Compartir con control de cambios** e introduzca una contraseña en la zona correspondiente.

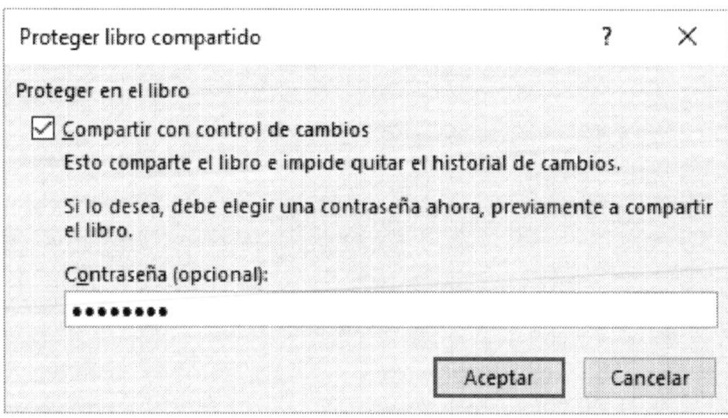

- Haga clic en **Aceptar**.
- Introduzca de nuevo la contraseña y haga clic en **Aceptar**.

- A continuación, haga clic en el botón **Aceptar** del mensaje en el que se le propone guardar el libro.

Proteger el libro compartido

Todos los usuarios con acceso a la carpeta compartida en la red tienen total acceso al libro compartido, excepto si se bloquean celdas o si se protege la hoja de cálculo. Se recomienda, por tanto, proteger el libro compartido.

- Active, si es preciso, la pestaña **Revisar** y haga clic en el botón **Proteger libro compartido** del grupo **Cambios**.
- Marque la opción **Compartir con control de cambios.**
- Haga clic en **Aceptar**.

Para eliminar la protección de un libro compartido, haga clic en el botón **Desproteger libro compartido** del grupo **Cambios** (pestaña **Revisar**).

También puede accederse a las opciones de protección desde la pestaña **Archivo** - opción **Información** - botón **Proteger libro.**

Modificar un libro compartido

Después de abrir el libro compartido puede entrar y modificar los datos igual que en cualquier otro libro estándar.

- Antes de efectuar cambios en un libro compartido, los usuarios deben verificar su nombre: active la pestaña **Archivo** y haga clic en **Opciones**. En la categoría **General**, zona **Nombre de usuario** del apartado **Personalizar la copia de Microsoft Office**, especifique su nombre de usuario para que se identifiquen las modificaciones que va a introducir en el libro:

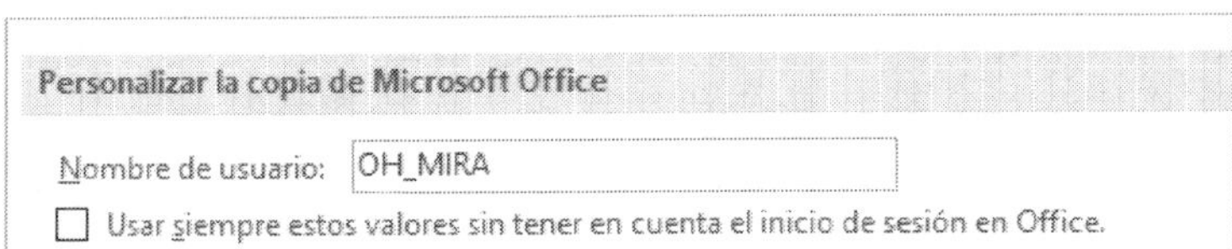

- Haga clic en **Aceptar**.
- Introduzca y modifique los datos de acuerdo con el procedimiento habitual.

Guarde las modificaciones introducidas en el libro usando la técnica habitual: haga clic en la herramienta **Guardar** de la barra de herramientas de **acceso rápido** o pulse Ctrl **G**.

Si aparece el cuadro de diálogo ***Resolución de conflictos****, resuelva los conflictos existentes (véase el apartado siguiente).*

Puede ver a las demás personas que han abierto el libro en la ficha **Modificación** del cuadro de diálogo **Compartir libro** (pestaña **Revisar**, grupo **Cambios**, botón **Compartir libro**).

También puede optar por obtener periódicamente actualizaciones automáticas de las modificaciones de los demás usuarios, con o sin guardado previo, en el apartado **Actualizar cambios** de la ficha **Uso avanzado** del cuadro de diálogo **Compartir libro** (pestaña **Revisar**, grupo **Cambios**, botón **Compartir libro**).

Resolver los conflictos de cambios

Cuando guarde un libro compartido tras modificar las mismas celdas que otro usuario, los cambios entran en conflicto. Excel muestra entonces un cuadro de diálogo que permite escoger los cambios que se van a conservar.

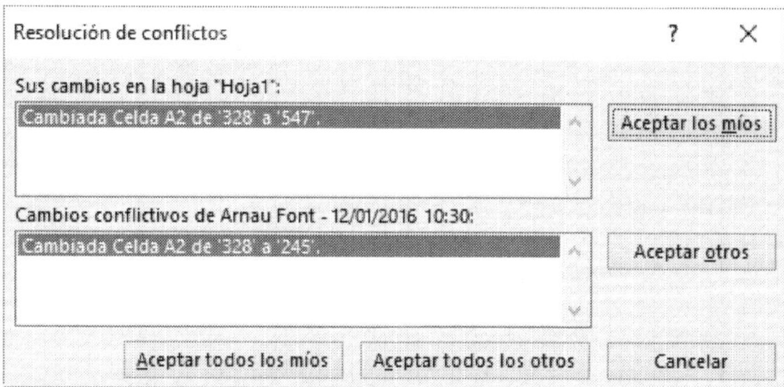

- Para tratar los conflictos de cambio uno a uno, haga clic en el botón **Aceptar los míos** o en **Aceptar otros** para aceptar respectivamente sus cambios o los del otro usuario y pasar luego al siguiente cambio contradictorio.
- Para aceptar todos sus cambios o todos los de los demás usuarios, haga clic respectivamente en los botones **Aceptar todos los míos** o **Aceptar todos los otros**.

  Excel indica que se ha efectuado la actualización.
- Haga clic en **Aceptar**.

Si desea dar prioridad a sus cambios sobre los de los demás usuarios y que no vuelva a aparecer el cuadro de diálogo **Resolución de conflictos**, haga clic en el botón **Compartir libro** del grupo **Cambios** (pestaña **Revisar**) y active la opción **Prevalecen los cambios guardados** en la ficha **Uso avanzado**.

Efectuar el seguimiento de los cambios

Es posible conocer las modificaciones efectuadas por usuarios concretos.

- Abra el libro compartido en el que se han introducido las modificaciones.
- Active, si es preciso, la pestaña **Revisar**, haga clic en el botón **Control de cambios** del grupo **Cambios** y seleccione en la opción **Resaltar cambios**.

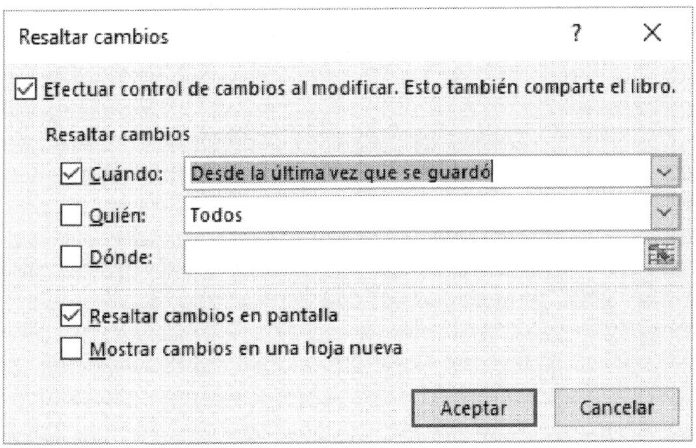

- Para ver los cambios aportados durante un intervalo de tiempo concreto, marque la opción **Cuándo** y seleccione el intervalo en la lista que sigue:

Desde la última vez que se guardó	Resalta solo las modificaciones introducidas desde la última vez que se guardó el libro.
Todos	Resalta todas las modificaciones introducidas en el libro.
Sin revisar	Resalta las modificaciones que no han sido aceptadas o rechazadas.
Desde la fecha...	Resalta las modificaciones introducidas después de la fecha del cuadro **Cuándo**.

- Para resaltar las modificaciones introducidas por un usuario concreto, marque la opción **Quién** y seleccione el usuario en la lista que sigue.
- Marque, si es preciso, la opción **Dónde** y seleccione el rango de celdas cuyas modificaciones desea ver.

  *Si no está activa ninguna de las tres opciones del cuadro **Resaltar cambios**, Excel resalta todas las modificaciones introducidas en el libro compartido (las suyas y las de los demás usuarios).*
- Marque la opción **Resaltar cambios en pantalla** para ver las modificaciones destacadas directamente en las celdas.

  Al activar esta opción, Excel muestra un triángulo, de color diferente para cada usuario, en la esquina superior izquierda de la celda modificada. Al señalar esos triángulos con el puntero del ratón, los detalles de la modificación y el nombre del usuario que la ha realizado aparecen en una etiqueta informativa.
- Marque la opción **Mostrar cambios en una hoja nueva** para ver las modificaciones en una hoja llamada **Historial**.

  *Esta hoja muestra todas las modificaciones en columna, en forma de lista. La lista puede filtrarse. Las modificaciones conflictivas conservadas finalmente se señalan como **Prevalece** en la columna **Tipo de acción**. Los números de fila mostrados en la columna **Cambio perdedor** identifican las filas con informaciones relativas a modificaciones contradictorias que no se han conservado, incluyendo los datos eliminados.*
- Haga clic en **Aceptar**.

  Los cambios se resaltan mediante un marco de color. El color varía dependiendo del usuario que los haya realizado. Aparece en una etiqueta informativa el nombre del autor, la fecha y el cambio realizado.

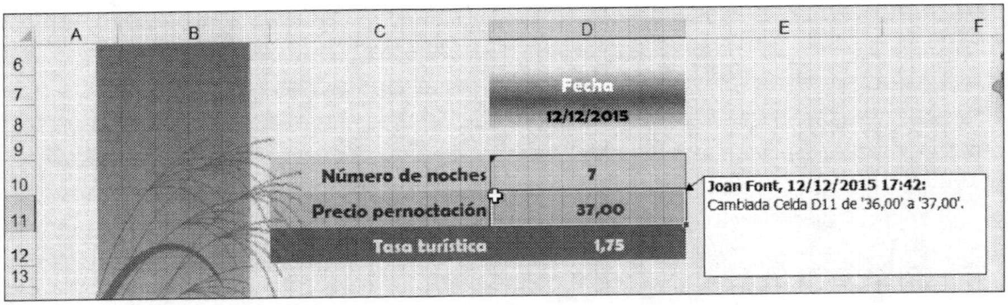

De forma predeterminada, el historial del control de cambios se conserva durante 30 días. Para modificar ese valor, haga clic en el botón **Compartir libro** del grupo **Cambios** (pestaña **Revisar**) y modifique el número de días en el cuadro **Guardar historial de cambios durante**.

Aceptar o rechazar los cambios

- Abra el libro compartido en el que se han introducido las modificaciones.
- Active, si es preciso, la pestaña **Revisar**, haga clic en el botón **Control de cambios** y en la opción **Aceptar o rechazar cambios.**
- Modifique si es preciso el intervalo de tiempo en la lista **Cuándo.**

Sin revisar	Seleccione los cambios que no ha revisado todavía.
Desde la fecha...	Revise los cambios introducidos en el libro después de la fecha del cuadro **Cuándo.**

- Marque la opción **Quién** para revisar los cambios introducidos en el libro por el usuario o usuarios seleccionados en la lista asociada a esta opción.
- Marque la opción **Dónde** y seleccione el rango de celdas en el que deben revisarse los cambios.

  Si no se marca ninguna de las tres opciones, se revisarán todos los cambios introducidos en el libro compartido.
- Haga clic en **Aceptar**.

*Aparece el cuadro de diálogo **Aceptar o rechazar cambios**. En él se ofrecen los detalles de los diferentes cambios; el primero de ellos se resalta en el libro.*

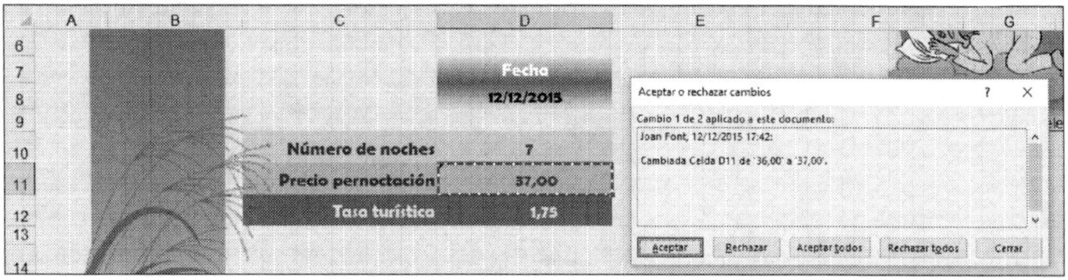

- Para controlar cada modificación por separado, elija **Aceptar** o **Rechazar** la modificación en curso pulsando el botón correspondiente.

  Excel muestra automáticamente la modificación siguiente.

  Si se han llevado a cabo varios cambios en una misma celda, Excel propone escoger su valor. En esos casos, haga clic en el valor deseado y luego en el botón **Aceptar**.
- Para aceptar o rechazar todas las modificaciones de una sola vez, haga clic en el botón **Aceptar todos** en el primer caso o en el botón **Rechazar todos** en el segundo.

Quitar a un usuario de un libro compartido

Si es preciso, puede «desconectar» a determinados usuarios de un libro compartido. De este modo, se asegura de que estos han terminado su trabajo. Si quita a un usuario activo, el trabajo que no se haya guardado se perderá.

- En la pestaña **Revisar**, haga clic en el botón **Compartir libro** del grupo **Cambios**.
- Active la pestaña **Modificación** y, en la lista **Los siguientes usuarios tienen abierto este libro**, seleccione el nombre del usuario al que quiera desconectar.
- Haga clic en el botón **Quitar usuario**.
- Para eliminar los parámetros de vista personales del usuario quitado, active la pestaña **Vista** y haga clic en el botón **Vistas personalizadas** del grupo **Vistas de libro**; en la lista **Vistas**, seleccione la vista del usuario correspondiente y haga clic en el botón **Eliminar**.

Dejar de compartir un libro

- Antes de cancelar el atributo de recurso compartido en un libro, compruebe que usted es el único usuario: active la pestaña **Revisar** y haga clic en el botón **Compartir libro**.

  *Únicamente debería figurar su nombre en la lista **Los siguientes usuarios tienen abierto este libro**:*

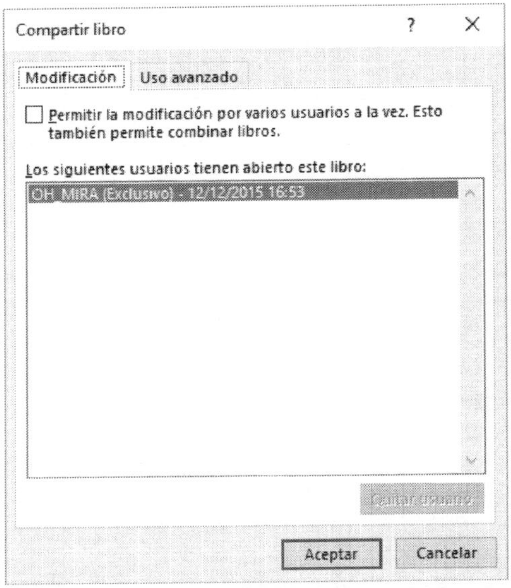

- Desactive la opción **Permitir la modificación por varios usuarios a la vez.**
- Haga clic en el botón **Aceptar** y en el botón **Sí** del mensaje que se muestra.

Coeditar en tiempo real el mismo libro

Excel 2016 permite que varios usuarios trabajen al mismo tiempo en el mismo libro, de forma que cada uno de ellos puede ver en tiempo real las modificaciones de los otros usuarios.

Como paso previo, el propietario del archivo debe guardar el libro en una ubicación compartida en línea (en la nube), con el fin de que el libro pueda ser abierto por los demás usuarios; puede tratarse, por ejemplo, de una biblioteca de documentos en un sitio de SharePoint o la carpeta Público de OneDrive.

Para usar esta funcionalidad, debe estar conectado con su cuenta de Microsoft.

Enviar las invitaciones para compartir el recurso

- Abra el libro que desea compartir.
- Haga clic en el botón 

que se muestra a la derecha del nombre del usuario conectado, en la parte superior de la ventana.

  *Se muestra el panel **Compartir** a la derecha de la ventana.*

  Si el archivo que se quiere compartir no se ha guardado en un espacio de almacenamiento en línea, Excel muestra este mensaje:

En ese caso, haga clic en el botón **Guardar en la nube** y escoja la carpeta en línea en la que desea guardar el archivo.

*Una vez establecida la conexión, se actualiza el panel **Compartir**:*

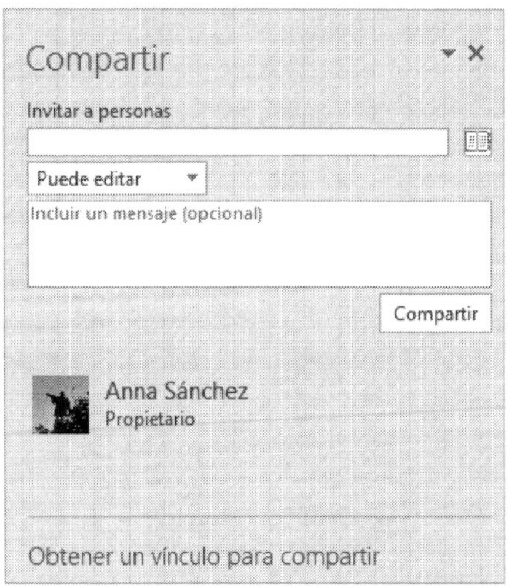

- En la zona **Invitar a personas**, escriba las direcciones de correo de los contactos con los que desea compartir el libro, separándolos por punto y coma o, si estos contactos forman parte de su organización (en caso de que el archivo esté guardado en una biblioteca de un sitio SharePoint), introduzca su nombre.

  Puede utilizar la herramienta para seleccionar los contactos en su agenda de direcciones.
- En la lista situada debajo de la zona **Invitar a personas**, seleccione la opción **Puede editar** si desea que el contacto o los contactos puedan modificar el archivo, o bien seleccione **Puede visualizar** en caso contrario.
- En la zona de escritura siguiente, introduzca, si es preciso, un mensaje para sus contactos.
- Haga clic en el botón **Compartir**.

  Excel envía el vínculo del libro por e-mail a los contactos especificados.

  *La lista de los contactos con los que se comparte el libro puede verse en el panel **Compartir**. En este ejemplo, dos contactos comparten el libro y tienen autorización para modificarlo.*

Administrar la lista de los usuarios

*En el momento en que lo necesite, puede añadir nuevos usuarios a la lista del panel **Compartir**, eliminar usuarios existentes o modificar el tipo de acceso al archivo (modificar o solo ver).*

- Si es preciso, muestre el panel **Compartir** haciendo clic en el botón 

que se muestra a la derecha del nombre del usuario conectado, en la parte superior de la ventana.
- Para cambiar el tipo de acceso, haga un clic derecho en el nombre del usuario y seleccione la opción **Cambiar permiso a: puede ver** o la opción **Cambiar permiso a: puede modificar**, según el caso.
- Para quitar a un usuario, haga un clic derecho en su nombre y escoja la opción **Quitar usuario**.
- Para añadir a un nuevo usuario, introduzca su nombre o su dirección de correo electrónico en la zona **Invitar a personas** y escoja, en la lista siguiente, la opción **Puede editar** o la opción **Puede visualizar**. En la zona siguiente, escriba si es preciso un mensaje y haga clic en el botón **Compartir**.

Enviar un vínculo para compartir un archivo

Este procedimiento permite obtener el vínculo de un libro guardado en una ubicación remota con el fin de que sea accesible a través de un navegador de Internet. A continuación, puede enviar este vínculo por correo electrónico a los destinatarios que elija o bien difundirlo publicándolo en un sitio en Internet o en un blog, por ejemplo.

- Abra el libro correspondiente.
- Haga clic en el botón 

que se muestra a la derecha del nombre del usuario conectado, en la parte superior de la ventana, para que se muestre el panel **Compartir**.
- En la parte inferior del panel **Compartir**, haga clic en el vínculo **Obtener un vínculo para compartir**.

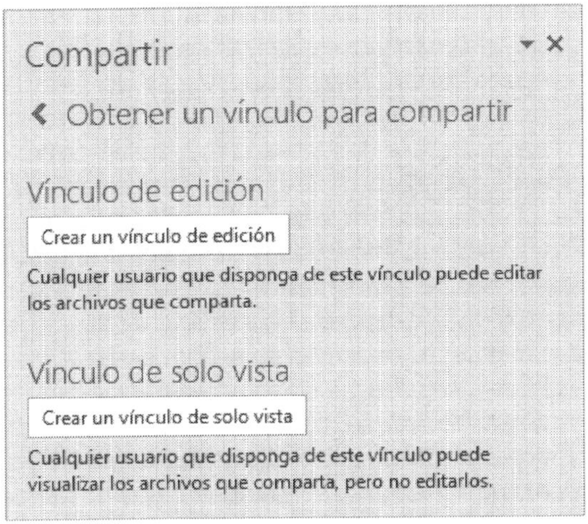

En el panel **Compartir**, haga clic en el botón **Crear un vínculo de edición** para obtener el vínculo que permitirá a los usuarios modificar el archivo, o haga clic en el botón **Crear un vínculo de solo vista** para obtener el vínculo que les permita únicamente consultar el contenido del libro.

*El vínculo aparece debajo de la opción **Vínculo de edición** o **Vínculo de solo vista**, dependiendo de lo que haya elegido. En este ejemplo, se han activado los dos tipos de vínculo:*

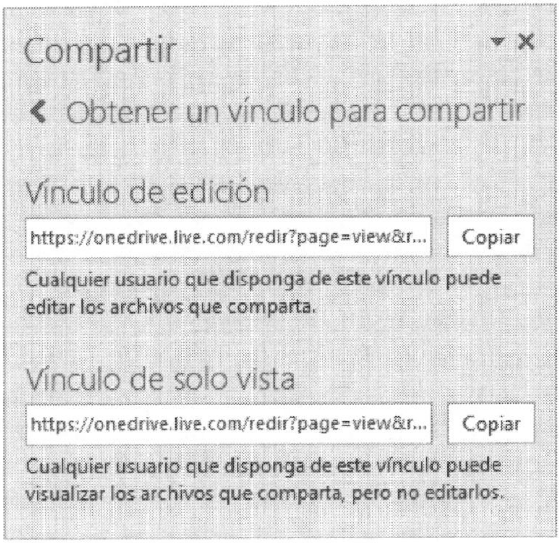

- Para copiar el vínculo, haga clic en el botón **Copiar** correspondiente.
- A continuación, pegue el vínculo copiado en el lugar desde el que desee difundirlo (mensaje de correo electrónico, blog, página de un sitio en Internet, etc.).
- Para que el vínculo, ya sea de edición o de visualización, deje de estar disponible, muestre el panel **Compartir** (botón 

).

Los vínculos para compartir se muestran en la parte inferior del panel ***Compartir:***

Muestre el menú contextual del vínculo y escoja la opción **Deshabilitar vínculo.**

Trabajar varios usuarios en el mismo archivo

Cuando un libro se ha compartido con otros usuarios, quienes dispongan del derecho de edición podrán abrirlo y trabajar simultáneamente con él.

El usuario que ha recibido el vínculo de un libro compartido por e-mail debe hacer clic en ese vínculo o en el nombre del libro para abrirlo en su navegador de Internet.

*Si el libro se ha enviado a la dirección de correo electrónico de la cuenta de Microsoft del usuario, este último puede acceder al libro mediante la lista **Compartido** de su espacio de almacenamiento OneDrive. El botón **Ver en OneDrive** que aparece en el mensaje de la invitación permite acceder a él rápidamente.*

*Tras hacer clic en el vínculo con el nombre del libro, este último se abre en la aplicación en línea **Excel Online** en modo de lectura. Una vez conectado a su cuenta de Microsoft (botón **Iniciar sesión**) y si el usuario dispone de autorización para editar el libro, aparecerá en la barra de comandos el botón **Editar libro**, en la parte superior de la pantalla.*

*Si el usuario no dispone de una cuenta de Microsoft, se mostrará el botón **Editar en el explorador** en lugar de **Editar libro**; entonces podrá realizar los cambios utilizando la aplicación Excel Online.*

- Para editar el libro, haga clic en el botón **Editar libro** y seleccione la opción **Modificar en Excel** con objeto de usar la aplicación Excel si esta última está instalada en el ordenador, o elija la opción **Cambiar en Excel Online** para editarlo directamente en el navegador de Internet (no todas las funcionalidades de Excel están disponibles en la aplicación en línea).

  *Si ha abierto el libro en la aplicación Excel, el nombre de usuarios en línea que están trabajando en ese libro está indicado encima del botón **Compartir**.*

- Haga clic en el botón **Compartir** para mostrar la lista de usuarios.

Excel y el Web

Introducción

Las páginas web son archivos en formato HTML (*HyperText Markup Language*) habilitados para los navegadores web, cosa que permite a otros usuarios acceder a ellas. Excel 2016 posee herramientas elaboradas (Servicios Excel) que permiten publicar los libros en un servidor Microsoft Office SharePoint Server 2016. Pero, aunque no tenga acceso a esos servicios, podrá crear igualmente páginas web para usuarios de la red o la intranet a la que pertenece.

Guardar un libro como página web

- Abra el libro que desea transformar en página web. Si no desea guardar todo el libro, seleccione las celdas que quiera guardar.
- Haga clic en la pestaña **Archivo**, luego en la opción **Guardar como** y, en el panel central, en la opción **Examinar**.
- Seleccione la ubicación, así como la carpeta de archivo.
- Si es preciso, cambie el nombre del libro en el cuadro **Nombre de archivo**.
- Abra la lista **Tipo** y escoja el tipo de página web que se ha de crear:

  Página web de un solo archivo: para guardar el libro en un solo archivo de página web que integre toda la información de la presentación, incluidas las imágenes y demás archivos. Este formato crea archivos de extensión .mht o .mhtml.

  Página web: para guardar el libro en una página web, de extensión **.htm** o **.html**, y crear una carpeta asociada con los archivos de configuración tales como los formatos de las hojas, los objetos gráficos, etc. Esa carpeta se creará en la misma carpeta de clasificación que la página web.

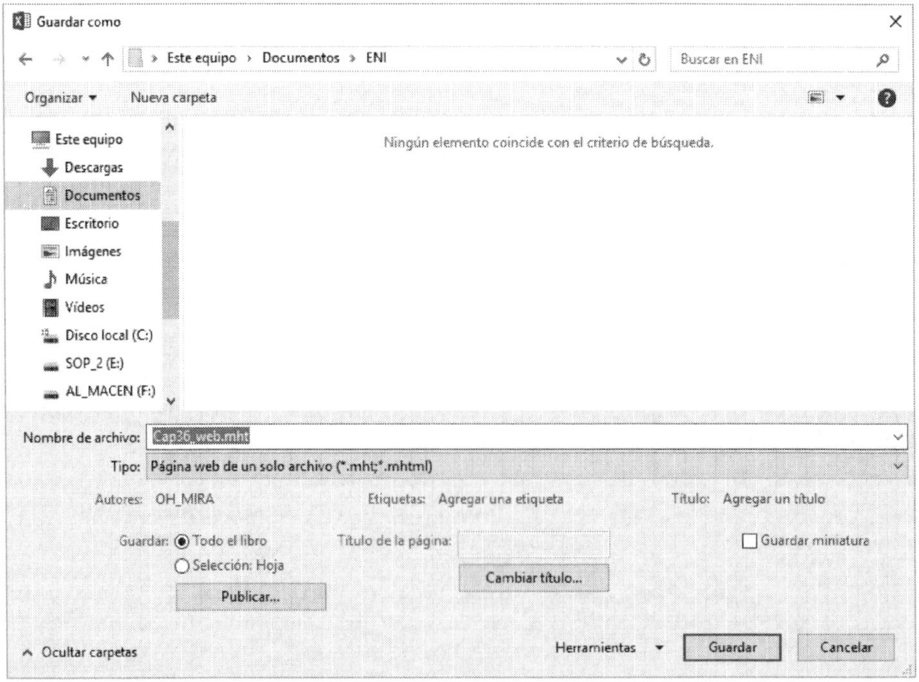

- Haga clic en el botón **Cambiar título** si desea modificar el texto que aparecerá en la barra de título del navegador y haga clic en el botón **Aceptar**.

  Si no modifica el título, el texto que aparece de forma predeterminada es el nombre completo (con la ruta de acceso) del archivo de página web.

- Haga clic en la opción **Todo el libro** de la zona **Guardar** para guardar todo el libro o en la opción **Selección: Hoja** para guardar solo la selección de celdas.
- Haga clic en **Guardar**.

Excel muestra un mensaje en el que se indica que algunas funciones pueden perderse:

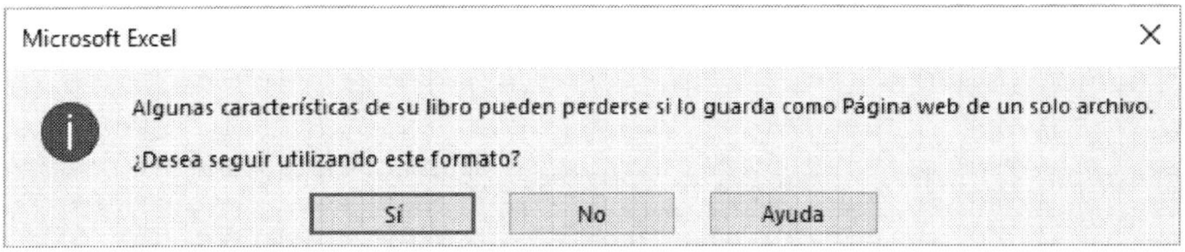

- Haga clic en el botón **Sí** para continuar guardando.

  La página web aparece en la ventana de Excel.

Si el libro de origen ha sido modificado, deberá guardarlo de nuevo en forma de página web para actualizar los cambios en la página web.

Para ver una página web en un navegador, entre en el navegador y especifique la dirección completa de la página en su barra **Dirección** o entre en el Explorador de Windows y luego en la carpeta de archivo de la página y haga doble clic sobre su nombre.

Publicar un libro

Esta técnica permite hacer una copia del libro en formato HTML (HyperText Markup Language) con el fin de que el libro esté disponible para otros usuarios, pero también para permitir la actualización de la página web después de modificar el libro de origen.

Crear la página web

- Abra el libro que desea publicar; si no desea publicarlo todo, seleccione las celdas que corresponda.
- Haga clic en la pestaña **Archivo**, luego en la opción **Guardar como** y, en el panel central, en **Examinar**.
- Seleccione la ubicación, así como la carpeta de almacenamiento.
- Si es preciso, modifique el nombre del libro en el cuadro **Nombre de archivo.**
- Abra la lista **Tipo** y escoja el tipo de página web: **Página web de un solo archivo** o **Página web.**
- Si es preciso, haga clic en el botón **Cambiar título**, introduzca el texto que aparecerá en la barra de título del navegador y haga clic en el botón **Aceptar**.

- Haga clic en el botón **Publicar**.
- En el cuadro de diálogo **Publicar como página web** que aparece, abra la lista **Elegir** y seleccione lo que desea publicar. Seleccione si lo desea el rango de celdas usando el botón .
- Haga clic en el botón **Cambiar** para cambiar el texto que aparecerá en la barra de título de su navegador y haga clic en **Aceptar**.
- En el cuadro **Nombre de archivo**, seleccione la ubicación para publicar la página web. Si desea atribuir otro nombre a la copia publicada, diferente del nombre del archivo de origen, especifíquelo al final del cuadro de texto.

  *Puede usar el botón **Examinar** para seleccionar la ubicación, que puede ser un servidor web u otro ordenador.*
- Active la opción **Volver a publicar automáticamente cada vez que se guarde el libro** si desea que la página web se actualice después de guardar cambios en el libro.
- Active la opción **Abrir la página en el explorador web** para ver la página cuando esta se publique.

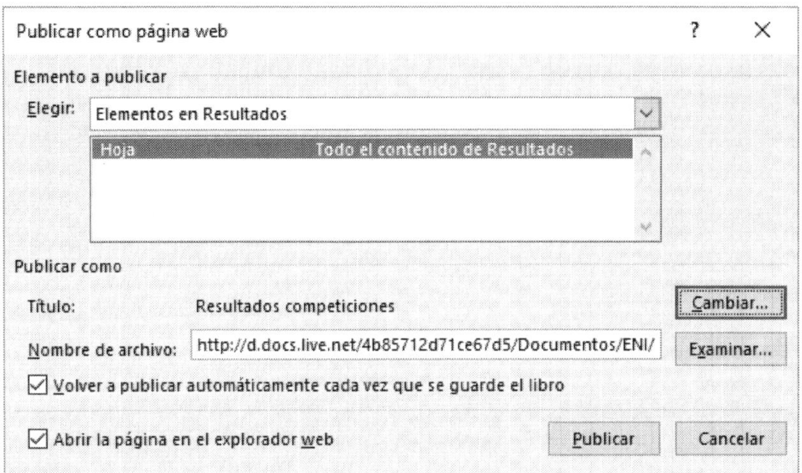

- Haga clic en el botón **Publicar**.

  Si ha pedido abrir la página en un explorador web cuando se publique, se abrirá una ventana del navegador que haya definido por defecto.

  Según en qué ubicación guarde el archivo, se le puede pedir que se identifique (por ejemplo: Sharepoint) mediante su nombre de usuario y contraseña.

Actualizar una página web publicada

- Lleve a cabo los cambios necesarios en el libro de Excel y guárdelos haciendo clic en la herramienta  .

  *Si ha marcado la opción **Volver a publicar automáticamente cada vez que se guarde el libro** en el momento de crear la página web, aparecerá el cuadro de diálogo siguiente:*

- Si desea desactivar la publicación automática de la página web, conserve activa la primera opción; si desea conservar la funcionalidad, active la opción **Habilitar Volver a publicar automáticamente** y, en caso necesario, marque la opción **No mostrar de nuevo este mensaje**.
- Haga clic en **Aceptar**.
- Si la página web continúa viéndose igual en el navegador tras guardar los cambios del libro, actualice la vista de la página web.

Si no ha activado la función de volver a publicar automáticamente al crear la página web, para actualizar los cambios introducidos en el libro deberá publicarlo de nuevo.

Configurar Excel para usar macros

*Para crear macros con el grabador de macros, puede usar los comandos de la pestaña **Desarrollador** que, de forma predeterminada, no está visible en la cinta de opciones.*

Mostrar la pestaña Desarrollador

- Haga clic en la pestaña **Archivo** y luego en **Opciones.**
- Active la categoría **Personalizar cinta de opciones** y luego la casilla de verificación **Desarrollador** de la lista **Personalizar la cinta de opciones - Pestañas principales.**
- Haga clic en **Aceptar**.

Definir el nivel de seguridad de las macros

Para guardar las macros, se aconseja definir temporalmente el nivel de seguridad de manera que se activen todas las macros. Para ejecutar una macro, deberá llevar a cabo esa operación antes incluso de abrir el libro que contiene las macros que se van a ejecutar.

- Active la pestaña **Desarrollador** y haga clic en el botón **Seguridad de macros** del grupo **Código.**
- En la categoría **Configuración de macros**, haga clic en la opción **Habilitar todas las macros (no recomendado; puede ejecutarse un código posiblemente peligroso).**

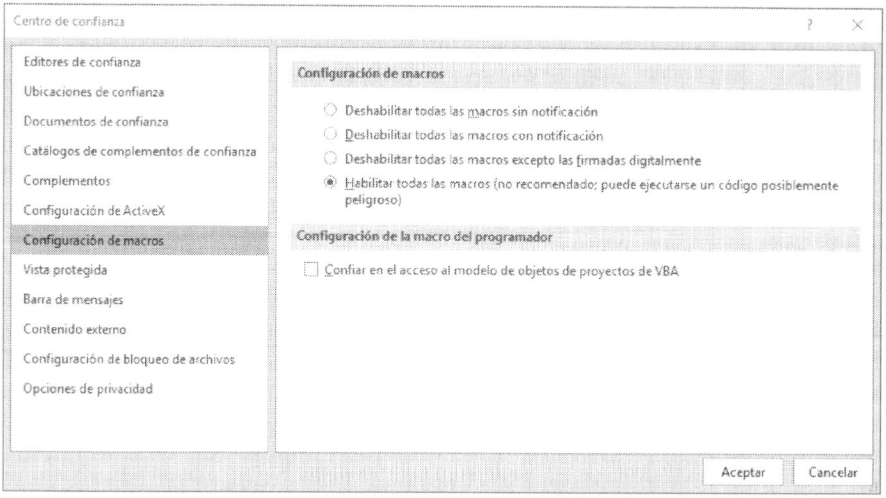

- Haga clic en **Aceptar**.

Cuando haya terminado de usar las macros, recomendamos encarecidamente que recupere la configuración que desactiva todas las macros, es decir, que acceda al cuadro de diálogo **Centro de confianza** y active la opción **Deshabilitar todas las macros con notificación**.

Grabar una macro

Los comandos macro permiten automatizar una serie de comandos y funciones realizadas con frecuencia. Precisamente, una manera de automatizar esas tareas repetitivas es grabar una macro. Microsoft Excel usa para ello el lenguaje de programación Visual Basic para Aplicaciones (VBA).

Observe que Office no tiene disponible esta función si los ordenadores trabajan en el entorno Windows RT.

- Empiece por especificar si desea grabar la macro con referencias relativas o no: active la pestaña **Desarrollador** y haga clic en el botón **Usar referencias relativas** del grupo **Código** para activarlo.

  Si el botón está activado, Excel graba los desplazamientos en una macro con respecto a la posición inicial: cuando la macro se ejecuta, actuará sobre las celdas en función de la celda activa en el momento de la ejecución; de lo contrario, trabajará con referencias absolutas: sea cual sea la posición inicial en el momento de ejecutar la macro, actuará sobre las celdas grabadas en la macro.
- Active la pestaña **Desarrollador** y haga clic en el botón **Grabar macro** del grupo **Código** o haga clic en el botón , situado a la izquierda de la barra de estado.
- Introduzca el nombre que desea atribuir a la macro en el cuadro **Nombre de la macro**.

  No está permitido usar espacios y el primer carácter del nombre debe ser una letra. Los demás caracteres pueden ser letras, números o líneas de subrayado. Evite los nombres similares a las referencias de celda.
- Para asignar un método abreviado (que permitirá ejecutar la macro) usando la tecla Ctrl, introduzca la letra deseada en la zona **Tecla de método abreviado**.
- Abra la lista **Guardar macro en** para seleccionar el libro en el que esta se guardará:

Libro nuevo	Para almacenar la macro en un nuevo libro.
Este libro	Para almacenar la macro en el libro activo.

Libro de macros personal Para hacer que la macro esté disponible cada vez que usa Excel. En ese caso, la macro se guarda en un libro de macros personales, llamado PERSONAL.XLSB, que se carga cada vez que se inicia Excel, pero que permanece oculto.
En Microsoft Windows 10, este libro se guarda en C:\Users\nombre de usuario\AppData\Roaming\Microsoft\Excel\XLStart.

- Para incluir una descripción de la macro, teclee el texto deseado en el cuadro **Descripción**.

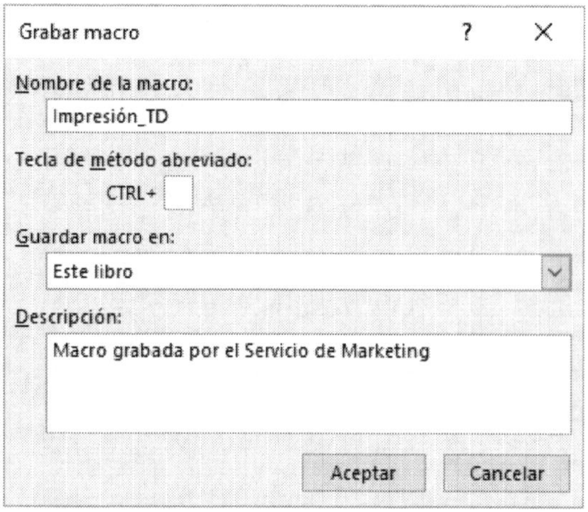

- Haga clic en **Aceptar** para empezar la grabación.
- Efectúe las operaciones que desea automatizar.

  Puede usar la grabadora de macros para guardar las modificaciones efectuadas en el formato de los gráficos y otros objetos.
- Cuando haya terminado todas las operaciones, haga clic en el botón **Detener grabación** del grupo **Código** de la pestaña **Desarrollador** o haga clic en el botón ■, situado a la izquierda en la barra de estado.

Ejecutar una macro

- Si la macro se ha creado en un libro diferente al libro de macros personales, ábralo.
- Active la pestaña **Desarrollador** y haga clic en el botón **Macros** del grupo **Código** o pulse Alt F8.

- Indique dónde se encuentra la macro que desea ejecutar usando la lista **Macros en**.
- Haga doble clic en la macro.

> Si ha atribuido un método abreviado a la macro en el momento de su creación, también puede teclear el método abreviado.

Asignar una macro a un objeto gráfico

Gracias a esta técnica es posible ejecutar la macro haciendo clic sobre un objeto gráfico.

- Haga un clic derecho en el objeto gráfico al que desea asignar una macro existente y elija la opción **Asignar macro**.
- En el cuadro de diálogo que aparece, seleccione la macro en el cuadro **Nombre de la macro.**

  *En este ejemplo, un clic en el objeto gráfico (**impresora**) permitirá abrir la macro llamada **Impresión_TD**.*

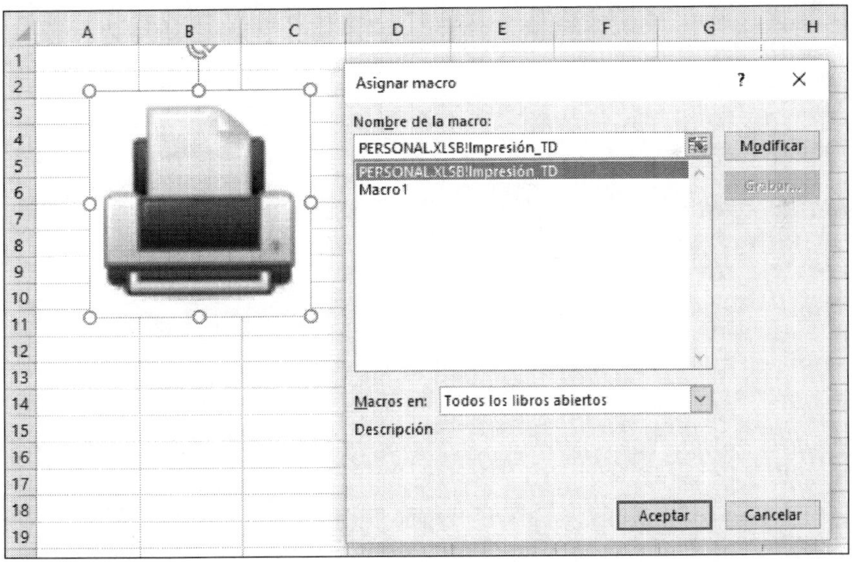

- Haga clic en **Aceptar**.

Para seleccionar el objeto gráfico sin activar la macro, haga un Ctrl-clic en el objeto correspondiente.

Modificar una macro

- Active la pestaña **Desarrollador** y haga clic en el botón **Macros** del grupo **Código** o pulse Alt F8.
- Abra, si es preciso, la lista **Macros en** para seleccionar el libro que contiene la macro que hay que modificar.
- Seleccione la macro y haga clic en el botón **Modificar**.

*Los códigos de instrucción de la macro aparecen en una ventana de **Microsoft Visual Basic para Aplicaciones**. El código de apertura de una macro es siempre **Sub** seguido del nombre de la macro, mientras que el código de cierre es **End Sub**.*

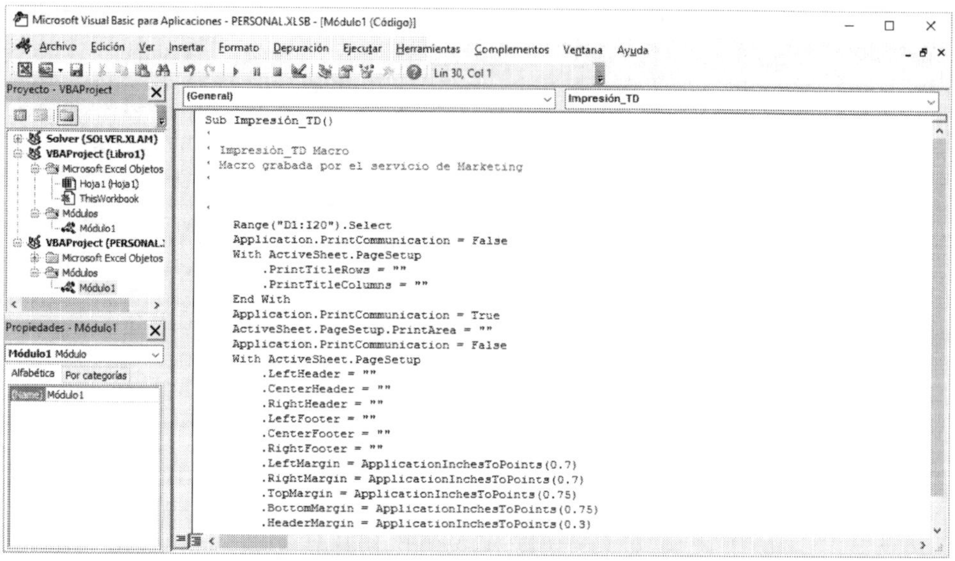

Aunque no conozca el lenguaje de programación Visual Basic, podrá efectuar algunas modificaciones simples dentro de la macro.

- Para modificar referencias de celdas, proceda como es habitual: vaya al lugar deseado e introduzca las referencias, use las teclas Supr, ←...
- Para seleccionar instrucciones, use la técnica de hacer clic y arrastrar.

- Para copiar o mover instrucciones, use los comandos **Edición** - **Copiar** o **Edición** - **Cortar** y **Edición** - **Pegar**.
- Cuando haya terminado las modificaciones, cierre la ventana **Microsoft Visual Basic para Aplicaciones** haciendo clic en su botón de cierre (✕).

Eliminar una macro

- Active la pestaña **Desarrollador** y haga clic en el botón **Macros** del grupo **Código** o pulse Alt F8.
- Abra, si es preciso, la lista **Macros en** para seleccionar el libro que contiene la macro que desea eliminar.
- Seleccione la macro y haga clic en el botón **Eliminar**.
- Haga clic en el botón **Sí** para confirmar la eliminación de la macro.

Guardar un libro con macros

Si desea volver a usar más adelante las macros en el libro, deberá guardarlo en un formato especial que soporte las macros, con extensión .xlsm.

- Active el libro.
- Haga clic en la pestaña **Archivo**, luego en la opción **Guardar como** y en la opción **Examinar** del panel central.
- En el cuadro de diálogo **Guardar como** que aparece, modifique la carpeta de almacenamiento y el nombre del archivo, si es preciso.
- Abra la lista **Tipo** y haga clic en la opción **Libro de Excel habilitado para macros (*.xlsm)**.
- Haga clic en **Guardar**.

Habilitar las macros del libro activo

Al abrir un archivo que contiene macros (archivo de tipo .xlsm), aparece debajo de la barra de fórmulas un mensaje de ***Advertencia de seguridad*** *si las macros no se han habilitado.*

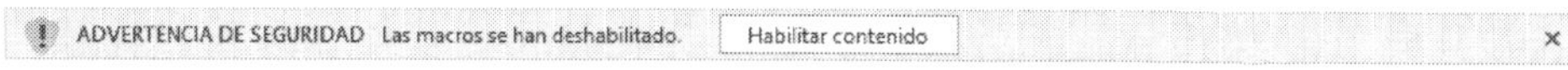

En ese caso, para activar las macros, haga clic en el botón **Habilitar contenido** o active la pestaña **Archivo** y haga clic en la opción **Información**.

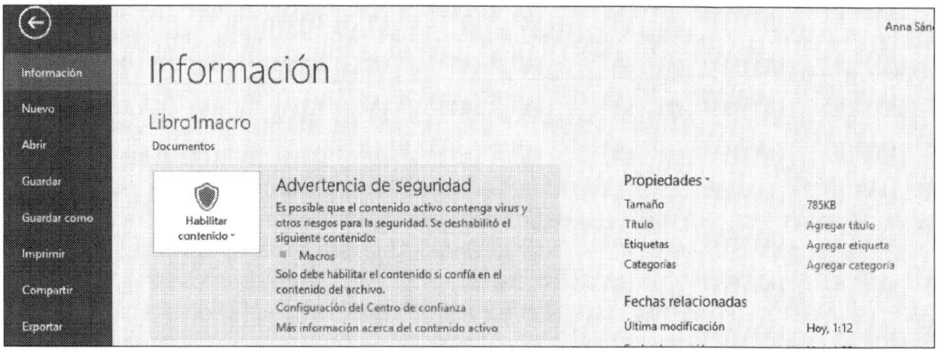

Haga clic en el botón **Habilitar contenido** de la **Advertencia de seguridad** y haga clic en la opción **Habilitar todo el contenido** para que esté siempre activo el contenido de este libro, o bien en la opción **Opciones avanzadas** para activar las macros únicamente para esta sesión (en ese caso, active a continuación la opción **Habilitar contenido para esta sesión** y confirme mediante **Aceptar**).

Mover la barra de herramientas de acceso rápido

- Haga clic en la herramienta **Personalizar barra de herramientas de acceso rápido**, situada a la derecha de la barra de herramientas de acceso rápido, y haga clic en la opción **Mostrar debajo de la cinta de opciones.**

Para colocar de nuevo la barra de herramientas de acceso rápido encima de la cinta de opciones, haga clic en la herramienta **Personalizar barra de herramientas de acceso rápido** y active la opción **Mostrar encima de la cinta de opciones.**

Personalizar la barra de herramientas de acceso rápido

- Haga clic en la herramienta **Personalizar barra de herramientas de acceso rápido**, y luego en la opción **Más comandos.**

  Se abre el cuadro de diálogo ***Opciones de Excel*** *y se activa la categoría* ***Barra de herramientas de acceso rápido.***

- Elija si la personalización afecta a todos los libros de Excel o solamente al libro activo; para ello, abra la lista **Personalizar barra de herramientas de acceso rápido** y active la opción **Para todos los documentos (predeterminado)** o la opción **Para Nombre del libro activo.**
- Efectúe sus cambios (véase los apartados siguientes) y, cuando todas las modificaciones estén hechas, haga clic en el botón **Aceptar** del cuadro de diálogo **Opciones de Excel.**

Agregar un comando a la barra de herramientas de acceso rápido

- Abra la lista **Comandos disponibles en** y haga clic en la categoría de comandos que contenga el que quiera ejecutar.
- En la lista de comandos de la categoría seleccionada, haga clic en el comando que quiera añadir.
- Haga clic en el botón **Agregar.**

*En este ejemplo, hemos añadido la herramienta **Insertar nueva ecuación**, de la categoría **Todos los comandos**, a la barra de herramientas de **acceso rápido**.*

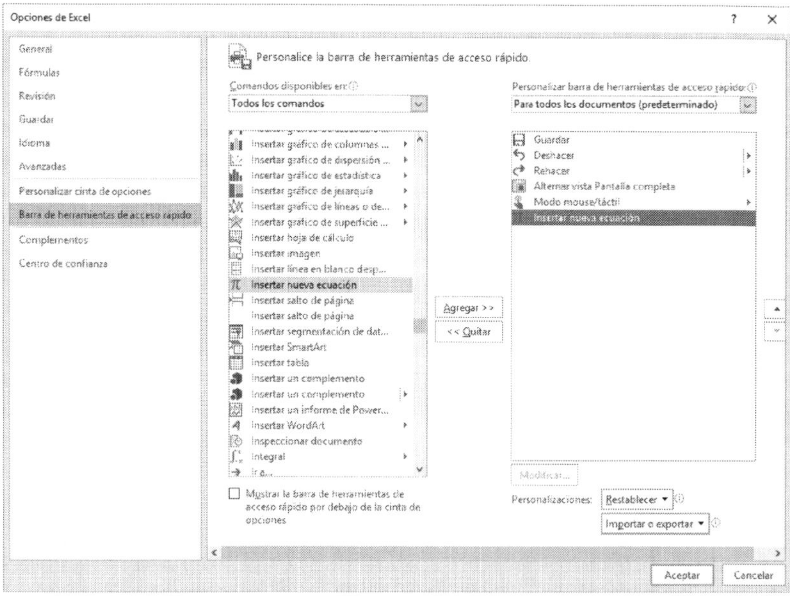

Si la herramienta que debe añadirse a la barra está disponible en la cinta de opciones, también puede hacer clic con el botón derecho en ese comando y luego escoger **Agregar a la barra de herramientas de acceso rápido** en el menú contextual.

Eliminar un comando de la barra de herramientas de acceso rápido

- En la lista de los comandos de la barra de herramientas de **acceso rápido**, situada a la derecha del cuadro de diálogo, haga clic en el comando que quiera quitar.
- Haga clic en el botón **Quitar**.

También puede hacer clic con el botón derecho en el comando que desea quitar de la barra de herramientas y escoger (botón izquierdo) la opción **Eliminar de la barra de herramientas de acceso rápido.**

Cambiar el orden de los comandos de la barra de herramientas de acceso rápido

- En la lista de comandos de la barra de herramientas de **acceso rápido**, situada a la derecha del cuadro de diálogo, haga clic en el comando que quiera mover.

- Haga clic en el botón ▲ o en el botón ▼, en función del desplazamiento que desee.

Para restablecer la barra de herramientas de **acceso rápido**, haga clic en el botón **Restablecer** del cuadro de diálogo **Opciones de Excel** y luego en la opción **Restablecer únicamente la barra de herramientas de acceso rápido.** Confirme haciendo clic en el botón **Sí** del mensaje que se muestra.

Mostrar y ocultar las etiquetas informativas

Por defecto, cuando señala un comando de la cinta de opciones, se muestra un texto descriptivo del comando en cuestión en una etiqueta informativa. Es posible establecer que no se muestren estas etiquetas o incluso que solo se muestre el nombre del comando, sin su descripción.

A continuación puede ver la descripción del comando ***Ajustar texto*** *en una etiqueta informativa.*

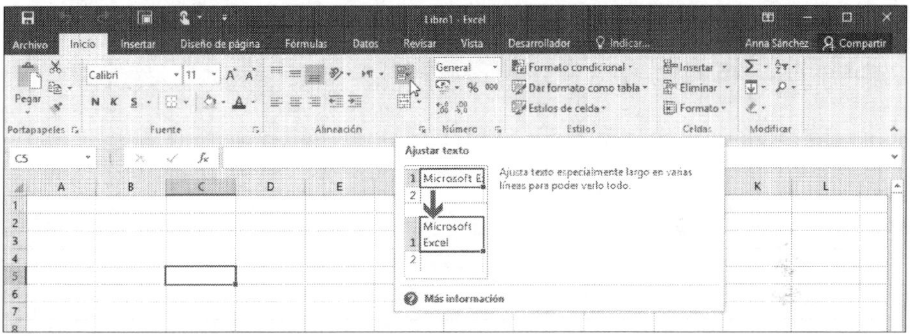

- Haga clic en la pestaña **Archivo** y luego en **Opciones.**
- En la parte izquierda del cuadro de diálogo, seleccione la categoría **General.**
- Abra la lista **Estilo de información en pantalla** del cuadro **Opciones de interfaz de usuario** y haga clic en una de las opciones siguientes:

Mostrar descripciones de características en información en pantalla: esta opción activa las «etiquetas informativas avanzadas»: se muestra en la ventana de la etiqueta informativa el nombre del comando en cuestión, seguido de un texto descriptivo. Si existe un método abreviado de teclado para ese comando, dicho método aparece entre paréntesis a la derecha del nombre del comando.

No mostrar descripciones de características en información en pantalla: esta opción desactiva las «etiquetas informativas avanzadas»: solo se muestran en la ventana de la etiqueta el nombre del comando señalado y el método abreviado de teclado si existe.

No mostrar información en pantalla: esta opción desactiva las etiquetas informativas. Cuando se señala el comando, no aparece ninguna información.

- Haga clic en el botón **Aceptar**.

Si ha elegido activar las etiquetas informativas con la descripción de características, cuando señale determinados comandos visualizará el vínculo **Más información** para obtener ayuda. En ese caso, basta con que haga clic en ese vínculo para que se abra el apartado de ayuda que corresponda al comando señalado.

Personalizar la barra de estado

Los indicadores que aparecen en la barra de estado pueden mostrarse o no.

- Haga clic con el botón derecho del ratón en la barra de estado.

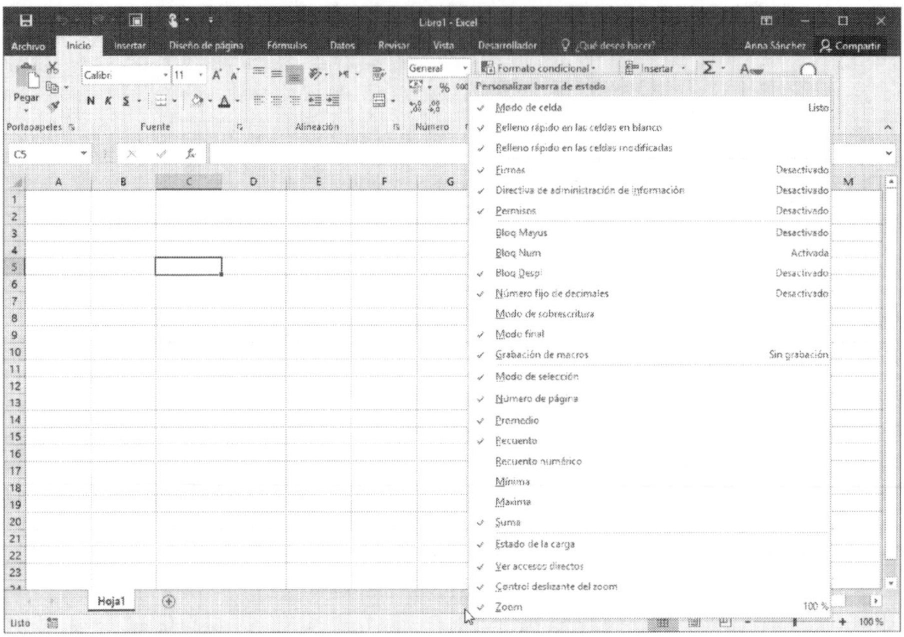

Las opciones marcadas corresponden a los indicadores que pueden aparecer en función de las operaciones que lleve a cabo.

- Haga clic en las opciones que desee para mostrar u ocultar los indicadores correspondientes.
- Cuando haya terminado, haga clic fuera de la barra de estado para confirmar.

Personalizar la cinta de opciones

- Haga clic en la pestaña **Archivo** y luego en **Opciones**.
- Seleccione la categoría **Personalizar cinta de opciones**, situada en el panel izquierdo.

*Las pestañas precedidas por una marca en la columna **Personalizar la cinta de opciones** son las que se muestran de forma predeterminada en la cinta de opciones.*

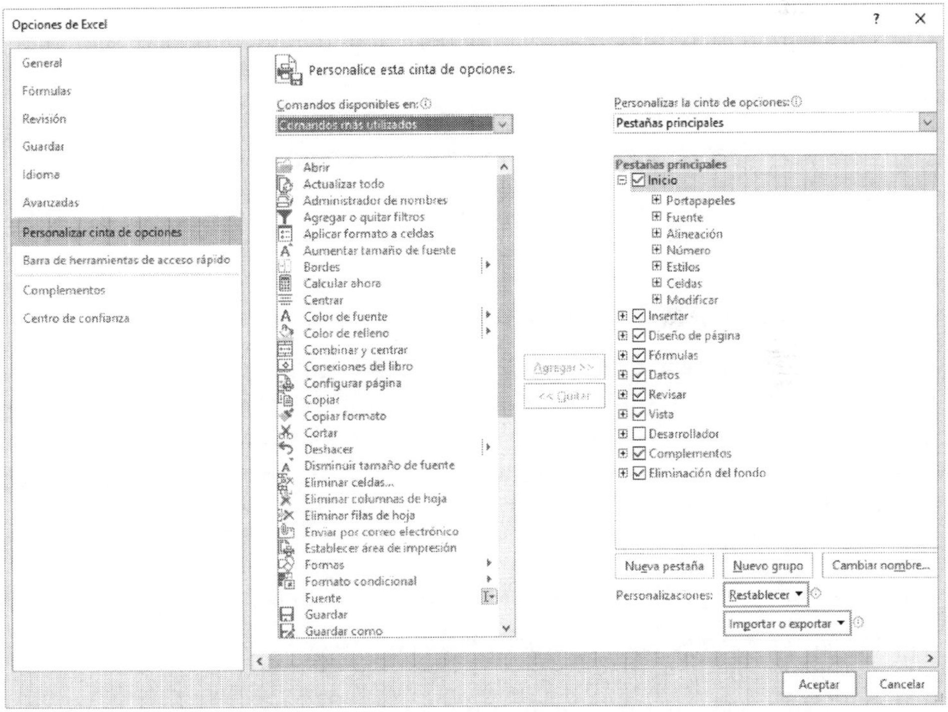

- Haga clic en el pequeño signo + asociado al nombre de una pestaña para mostrar la lista de grupos que contiene.

Añadir una pestaña y un grupo personalizados

- Haga clic en el botón **Nueva pestaña**.

  *Observe que se ha integrado un **Nuevo grupo (personalizada)** automáticamente a la **Nueva pestaña (personalizada)**.*

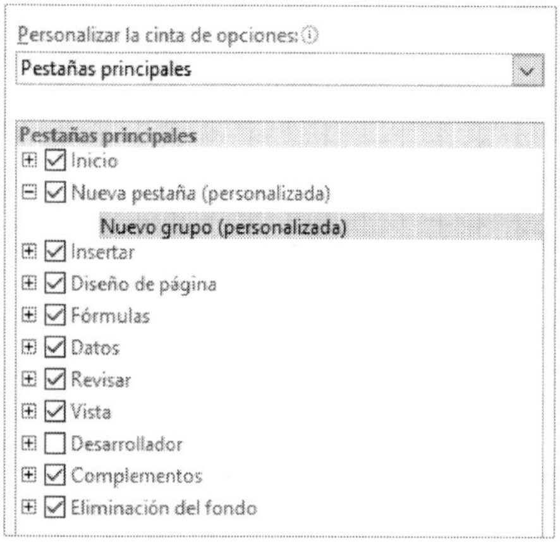

- Para añadir un nuevo grupo personalizado a una pestaña, haga clic en el nombre de la pestaña en la que desea agregar el nuevo grupo y a continuación haga clic en el botón **Nuevo grupo**.

Cambiar el nombre a una pestaña o un grupo

- Haga clic en la pestaña o en el grupo cuyo nombre quiere cambiar, situado en la columna **Personalizar la cinta de opciones**, para seleccionarlo.
- Haga clic en el botón **Cambiar nombre** e introduzca el nuevo nombre.
- Si se trata de un grupo, también podrá asociarle un **Símbolo** haciendo clic en el icono que desee.
- Haga clic en el botón **Aceptar** para confirmar.

Añadir comandos a un grupo personalizado

Puede añadir un comando a un grupo personalizado que se encuentre en una pestaña (personalizada o predeterminada); en cambio, es imposible añadir un comando a un grupo de los proporcionados por defecto.

- Haga clic, en la lista **Personalizar la cinta de opciones**, sobre el grupo en el que desea añadir un comando.

- Haga clic, en la lista **Comandos disponibles en**, sobre el comando deseado y haga clic en el botón **Agregar**.
- Repita esta última operación con cada comando que quiera insertar.

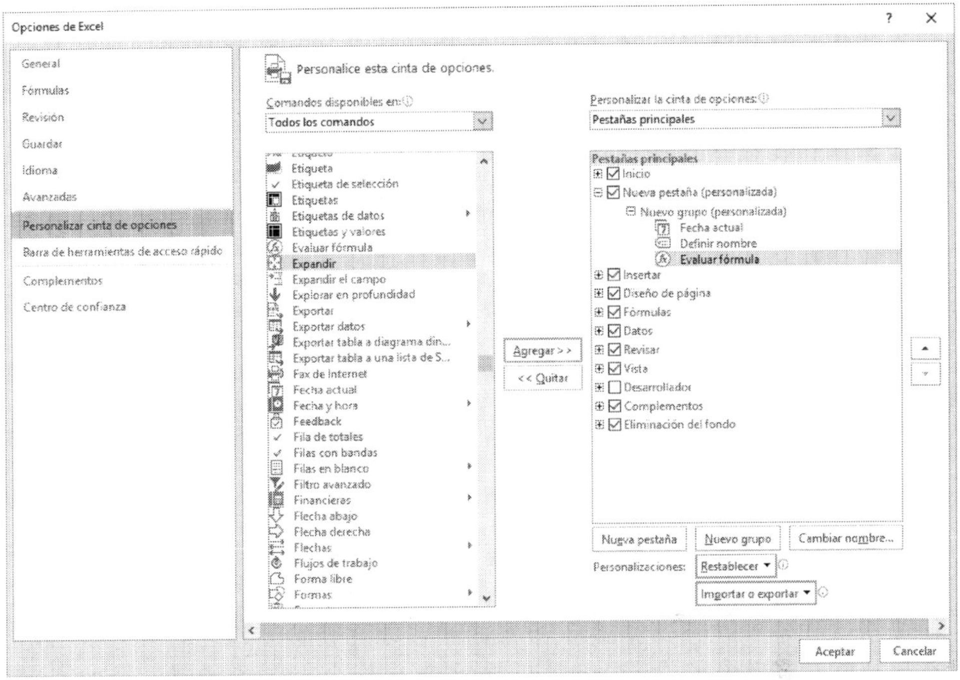

Eliminar una pestaña, un grupo personalizado o un comando

- En la columna **Personalizar la cinta de opciones**, haga clic en el elemento correspondiente para seleccionarlo y luego haga clic en el botón **Quitar**.
- Para confirmar la operación (de creación, modificación o eliminación), haga clic en el botón **Aceptar**.

> Para cambiar el nombre o quitar una pestaña o un grupo personalizado, también puede hacer clic con el botón derecho en el elemento correspondiente y escoger la opción **Cambiar nombre** o **Quitar** del menú contextual.

Exportar e importar una cinta de opciones personalizada

Exportar los elementos personalizados de la cinta de opciones y de la barra de herramientas de acceso rápido en un archivo permite importarlos a otro ordenador.

Exportar los elementos personalizados de la cinta de opciones y de la barra de herramientas de acceso rápido

- Para exportar una cinta de opciones personalizada, abra la ventana **Opciones de Excel** (pestaña **Archivo - Opciones** - categoría **Personalizar cinta de opciones**).
- Haga clic en el botón **Importar o exportar**, situado en la parte inferior derecha de la ventana.
- Haga clic en la opción **Exportar todas las personalizaciones.**
- Cambie si es preciso el **Nombre de archivo**, así como su ubicación de almacenamiento.

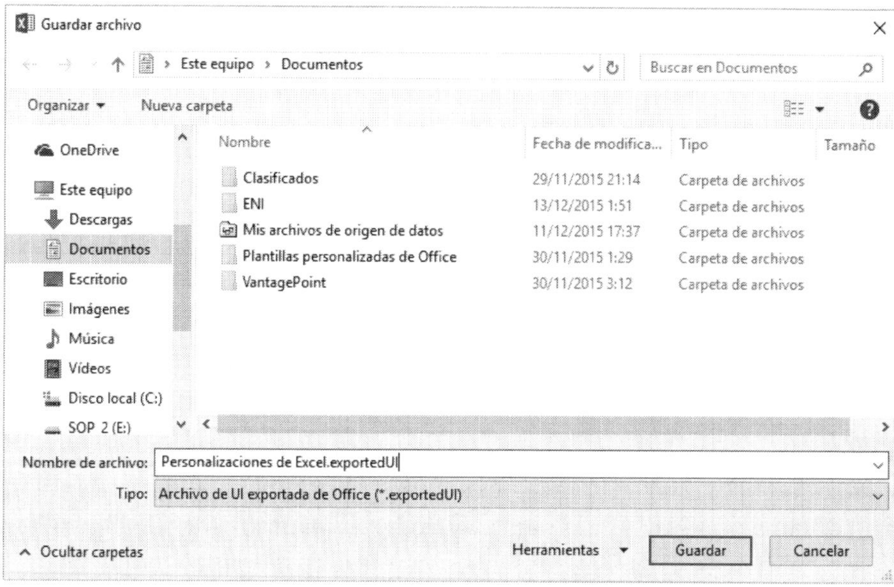

Observe que el archivo lleva por defecto la extensión ***.exportedUI****.*

- Haga clic en el botón **Guardar**.
- Haga clic en el botón **Aceptar** de la ventana **Opciones de Excel**.

Importar los elementos personalizados de la cinta de opciones y de la barra de herramientas de acceso rápido

Observe que la importación de un archivo de personalización de la cinta de opciones tiene por efecto suprimir las personalizaciones actuales de la cinta de opciones y de la barra de herramientas de acceso rápido. Antes de importar los nuevos objetos personalizados, le aconsejamos que exporte los objetos personalizados actuales como medida de seguridad, con el fin de poder importarlos de nuevo si es necesario.

- Abra la ventana **Opciones de Excel** (pestaña **Archivo - Opciones** - categoría **Personalizar cinta de opciones**).
- Haga clic en el botón **Importar o exportar**, situado en la parte inferior derecha de la ventana.
- Haga clic en la opción **Importar archivo de personalización**.
- Busque y seleccione el archivo con la personalización (extensión .exportedUI).
- Haga clic en el botón **Abrir**.

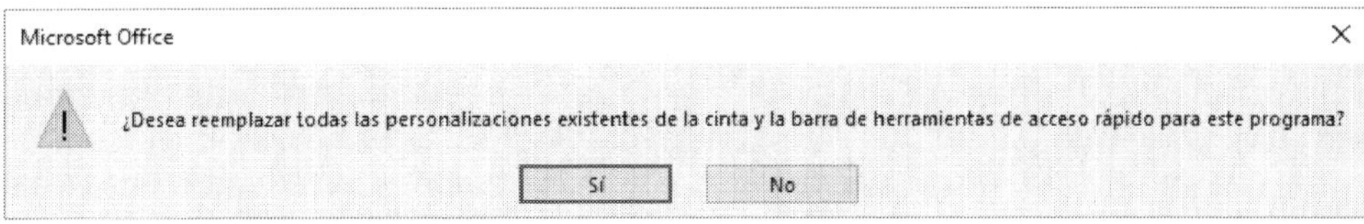

- Haga clic en el botón **Sí** cuando se le pida confirmación.
- Haga clic en el botón **Aceptar** de la ventana **Opciones de Excel** para confirmar los cambios y cerrar esta ventana.

Cuestiones generales sobre las cuentas de usuario

Windows es un sistema operativo multiusuario, lo que significa que varias personas pueden trabajar en un mismo ordenador. Cuando pone en marcha el ordenador, debe identificarse indicando su dirección de correo electrónico y la contraseña asociadas a su cuenta de Microsoft; la dirección de correo generalmente es una dirección de Hotmail (por ejemplo: perez@hotmail.es), Outlook.com (por ejemplo: perez@outlook.com), Messenger, Xbox Live, etc.

Para utilizar los servicios de Microsoft, como OneDrive (espacio de almacenamiento en línea) o la Tienda de Windows (sitio de descarga de aplicaciones), debe disponer de una cuenta de Microsoft; entonces podrá sacar partido de todos estos servicios desde cualquier terminal. Por ejemplo, podrá acceder a los archivos almacenados en OneDrive desde el ordenador del trabajo, desde una tableta o incluso desde su teléfono móvil; de igual modo, también dispondrá de todos sus contactos y de su agenda, sea cual sea el terminal que utilice.

Por supuesto, puede disponer de varias cuentas de usuario (una cuenta personal y una profesional, por ejemplo) y activar una cuenta u otra en función de lo que le interese.

Añadir una cuenta o abrir sesión con ella

- Haga clic en la pestaña **Archivo** y luego en la opción **Cuenta**.
- En el panel central, haga clic en el botón **Iniciar sesión** si no se ha conectado con una cuenta de Microsoft; en caso contrario, haga clic en el vínculo **Cambiar de cuenta**.

  *Si existen varias cuentas, en la ventana **Cuentas**, Excel recuerda el nombre de la que está activa (**Cuenta actual**) y muestra también las otras cuentas que están conectadas (**Otras cuentas**).*

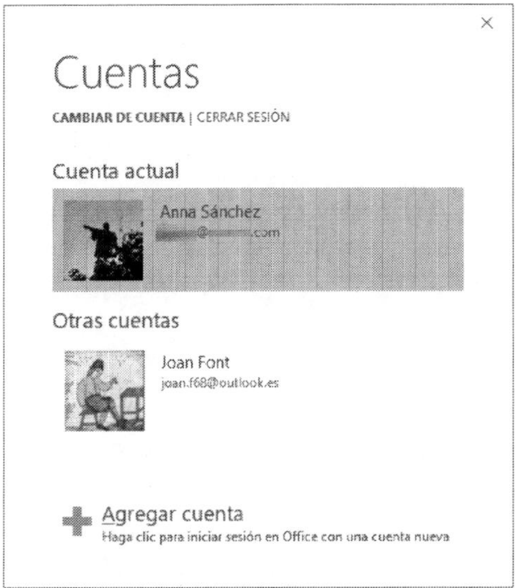

En este caso, por ejemplo, existen dos usuarios definidos, cada uno con su propia cuenta de Microsoft; según la cuenta activa, se accederá al espacio de almacenamiento de OneDrive de Anna Sánchez o de Joan Font.

Haga clic en el botón **Agregar cuenta**.

- Introduzca la dirección de correo asociada a la cuenta de Microsoft que desea utilizar y haga clic en **Siguiente**.
- En la ventana siguiente, introduzca la **Contraseña** en la zona correspondiente y haga clic en el botón **Iniciar sesión**.

  Cada cuenta dispone de su propia configuración.
- Cambie si es preciso a la configuración de la cuenta activa (foto, fondo, servicios ...). Para ello, vea los apartados siguientes.
- Para eliminar una cuenta de conexión y su configuración, puede utilizar el vínculo **Cerrar sesión** y confirmar con el botón **Sí**.

Activar una cuenta

Si dispone de varias cuentas (véase Añadir una cuenta o abrir sesión con ella), puede pasar de una a otra.

Cada cuenta dispone de sus propios accesos y características. Por ejemplo, la cuenta de conexión de Office 365 permite acceder a los datos almacenados en SharePoint; la cuenta de conexión de Windows da acceso a las cuentas de redes sociales Facebook, Flickr, etc., del usuario.

- Haga clic en la pestaña **Archivo** y a continuación en la opción **Cuenta**.
- Haga clic en el vínculo **Cambiar de cuenta** que aparece en el panel central.

  *También puede hacer clic en el nombre de la cuenta activa situada en la esquina superior derecha de la pantalla de Excel y escoger la opción **Cambiar de perfil**:*

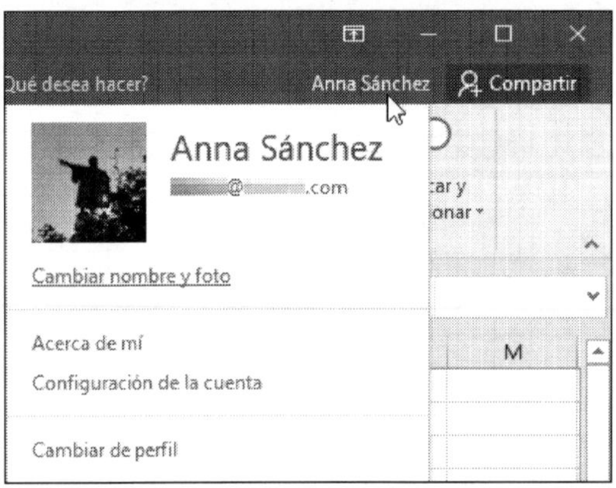

Administración de las cuentas

*En la ventana **Cuentas**, Excel recuerda el nombre de la cuenta activa (**Cuenta actual**) y muestra las otras cuentas con las que se puede conectar (**Otras cuentas**):*

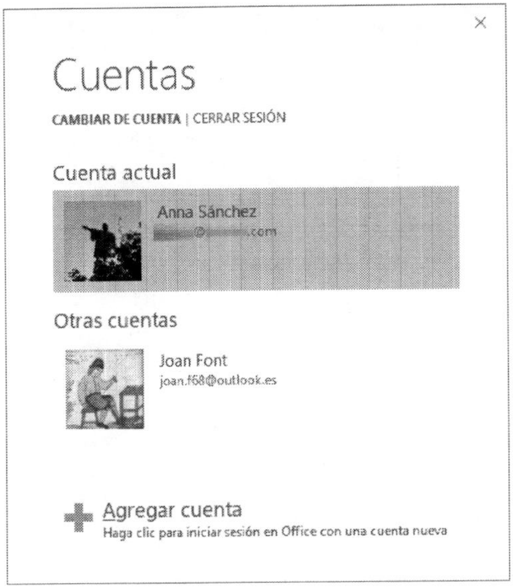

- Haga clic en la cuenta que desee activar.

Personalizar una cuenta

Cada cuenta dispone de sus propios parámetros de visualización (foto, fondo...).

- Conecte y active la cuenta de conexión correspondiente.
- Haga clic en el nombre de la cuenta activa (se halla en la esquina superior derecha de la pantalla de Excel) y seleccione en la opción **Configuración de la cuenta** para abrir la ventana **Cuenta.**

  *También puede hacer clic en la pestaña **Archivo** y luego en la opción **Cuenta**.*

Cambiar la información personal

- Haga clic en el vínculo **Acerca de mí.**
- Si es preciso, introduzca la dirección de correo y la contraseña asociadas a esta cuenta y haga clic en **Iniciar sesión.**

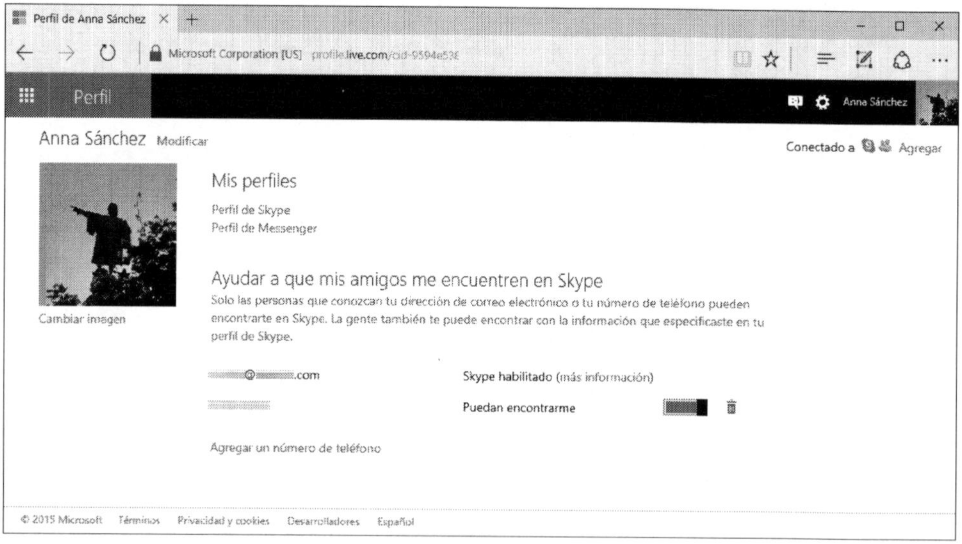

El navegador establecido como predeterminado en Windows abre una nueva ventana con una página segura de un sitio de Microsoft.

- Para cambiar el nombre asociado a la cuenta, haga clic en el vínculo **Modificar** que aparece a la derecha del nombre. Especifique el nuevo nombre y apellidos y haga clic en **Guardar**.
- Para cambiar la imagen vinculada a la cuenta, haga clic en el vínculo **Cambiar imagen** y luego, en el botón **Examinar**, seleccione el archivo de imagen y haga clic en **Abrir**. Si es preciso, reencuadre la imagen moviendo el marco y haga clic en **Guardar**.
- Cierre la ventana del navegador.

Modificar el fondo y el tema de Office

- Abra la lista **Fondo de Office** y señale (sin hacer clic) uno de los modelos propuestos para que se muestre de forma instantánea el efecto que produce en la barra de título de Excel.

  *En este ejemplo, se ha personalizado la barra de título de Excel de este usuario con el **Fondo marino**.*

- Haga clic en el modelo que prefiera.
- Para cambiar el color de la interfaz de Excel, abra la lista **Tema para Office** y haga clic en **Multicolor**, **Gris oscuro** o **Blanco**.
- Para visualizar el resultado, cierre la pestaña **Archivo** haciendo clic en el botón de la flecha  situado en la parte superior del panel de opciones.

  Recordemos que el fondo está vinculado a la cuenta de usuario activa.

Añadir o eliminar un servicio

Este procedimiento consiste en asociar a la cuenta activa las cuentas de redes sociales (Twitter, LinkedIn, Flickr, Facebook, YouTube) u otras cuentas de almacenamiento en línea (Office 365 SharePoint o OneDrive) con el fin de acceder a los datos de esas cuentas en las aplicaciones de Office. Por ejemplo, si conecta el servicio de Facebook con la cuenta de Microsoft, podrá disponer de las fotos de su cuenta de Facebook en Microsoft Word, Excel...

- Active la cuenta a la que desea añadir un servicio.

- Haga clic en la pestaña **Archivo** y luego en la opción **Cuenta.**

  *El servicio o los servicios a los que está conectado el usuario actual aparecen en la lista **Servicios conectados**.*

- Active el botón **Agregar un servicio** y señale el nombre del servicio que desee.

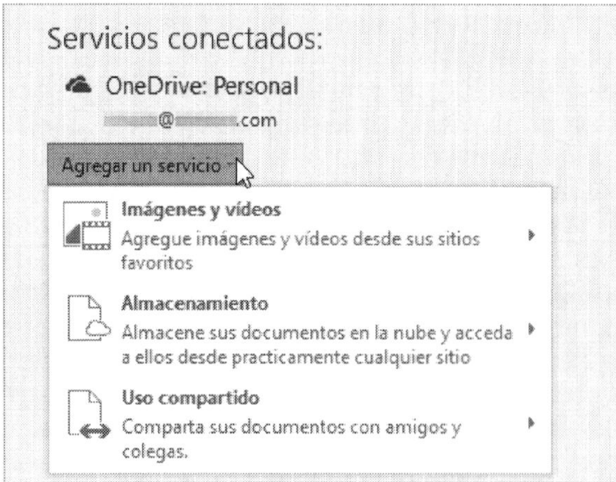

La lista de los servicios disponibles varía dependiendo de los servicios que ya se utilizan y del tipo de cuenta activa.

Según las opciones propuestas, puede disponer de estos servicios:

- **Imágenes y vídeos** para acceder a las fotos de su cuenta de **Flickr**, vídeos del sitio **YouTube** en Office (PowerPoint, Word...) o a las imágenes y vídeos de su cuenta de **Facebook**.
- **Almacenamiento** para guardar los datos en la nube mediante **Office 365 SharePoint** y **OneDrive**.
- **Uso compartido** para acceder a sus cuentas de **Linkedln** o **Twitter**.

- Prosiga con el proceso de agregación del servicio completando las posibles pantallas intermedias (por ejemplo: identificación y contraseña).

  *Los servicios añadidos aparecen inmediatamente en la lista **Servicios conectados**.*

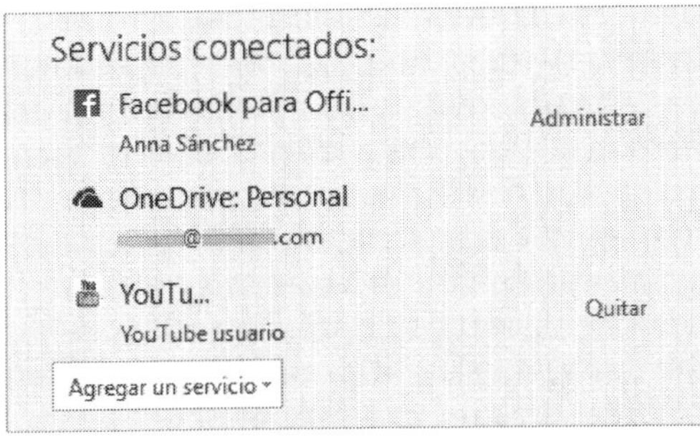

En este ejemplo, disponemos de un acceso a nuestro espacio de almacenamiento OneDrive, a nuestra cuenta de FaceBook y al sitio de YouTube.

Cuando utilicemos el comando ***Insertar - Imágenes en línea****, dispondremos de la opción* ***Facebook****, que nos permitirá acceder a las fotos de nuestra cuenta de Facebook para integrarlas en un documento de Word o Excel.*

- Para eliminar uno de los servicios conectados, haga clic en el vínculo **Quitar** situado junto al servicio al que afecta la eliminación y confirme haciendo clic en el botón **Sí**.

Administrar las actualizaciones de los programas de Office

Cuando abra por primera vez uno de los programas del pack Office 2016, aparecerá un mensaje en el que se le propondrá aceptar las actualizaciones automáticas de los programas de esta suite.

El procedimiento que describimos aquí le permitirá activar las actualizaciones -si en aquel primer mensaje las rechazó-, desactivarlas y, en ese caso, iniciar las actualizaciones cuando lo desee.

- Active la pestaña **Archivo** y a continuación la opción **Cuenta**.

- En el panel derecho, haga clic en el botón **Opciones de actualización**.

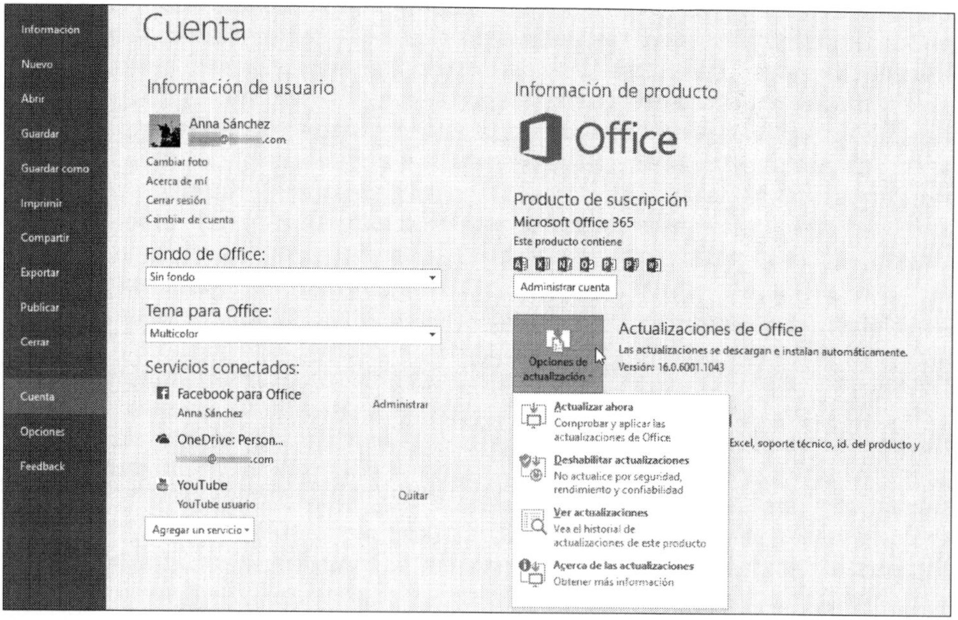

- Elija una de las opciones disponibles.

Métodos abreviados

En Microsoft Excel 2016, la tecla Alt *permite mostrar las KeyTips de la cinta de opciones, pero tenga en cuenta que la mayor parte de los métodos abreviados de teclado que usaban* Alt *aún funcionan bien, aunque no aparezcan anotados en pantalla.*

Buscar/Reemplazar

Mayús F4	Buscar Siguiente
Ctrl Mayús F4	Buscar Anterior
Ctrl **L**	Buscar y Reemplazar
F5 o Ctrl **I**	Ir a
Alt-clic	Panel de tareas Referencia

Insertar

Ctrl **+**	Celda, Fila, Columna
Mayús F11	Hoja de cálculo
F11	Gráfico como nueva hoja
Ctrl F3	Definir un nombre
F3	Pegar un nombre
Ctrl Mayús F3	Crear un nombre
Mayús F2	Comentario
Ctrl Alt **K**	Hipervínculo

Vista fila/columna

Ctrl **9**	Ocultar fila
Ctrl **0**	Ocultar columna

Macro

Alt F8	Macros
Alt F11	Visual Basic Editor

Cálculo y fórmula

F9	Calcular documento
Mayús F9	Calcular hoja de cálculo activa
Alt `	Mostrar fórmulas

Caracteres especiales

AltGr **E**	Símbolo euro
Ctrl ,	Fecha del día
Ctrl Mayús **:**	Hora
Ctrl Mayús "	Valor de la celda de encima
Alt Mayús =	Fórmula suma automática
Supr	Borrar fórmulas y datos
Alt ↓	Mostrar la lista de la función autocompletar
Ctrl ⇥	Tabulación en un cuadro de texto

Barra de fórmulas

F2	Acceso al modo de edición
=	Inicio de una fórmula
Ctrl Supr	Eliminación a partir del punto de inserción hasta el final de la línea
Alt ↵	Salto de línea
esc	Anulación de los elementos introducidos
↵	Validación
Ctrl ↵	Inserta el contenido de la celda activa en las celdas seleccionadas
Ctrl Mayús ↵	Valida una fórmula matricial
F4	Referencias absolutas/relativas
Ctrl **E**	Después de introducir un nombre de función muestra el cuadro de diálogo Argumentos de función
Ctrl Mayús **A**	Después de introducir un nombre de función inserta los paréntesis y nombres de argumento

Métodos abreviados

Formato de celda

Ctrl Mayús _	Sin borde
Ctrl **N**	Negrita
Ctrl **K**	Cursiva
Ctrl **S**	Subrayado
Alt '	Estilo
Ctrl **1**	Formato de celdas
F7	Ortografía
Ctrl **Q**	Herramienta Análisis rápido

Formato de los números y las fechas

Ctrl Mayús **!**	Formato millares de dos decimales (0,00)
Ctrl Mayús **$**	Formato monetario de dos decimales (# ##0,00 €)
Ctrl Mayús ^	Formato numérico exponencial de dos decimales (0,00E + 00)
Ctrl Mayús **#**	Formato fecha (dd-mmm-aa)

Desplazamientos

Inicio	Principio de línea
Ctrl Inicio	Principio de la hoja: A1
Ctrl Fin	Celda correspondiente a la intersección de la última columna de la derecha usada y la última fila de la parte inferior usada.
Ctrl F6 o Ctrl ⭾	Ventana del libro siguiente
Ctrl Mayús F6 o Ctrl Mayús ⭾	Ventana del libro anterior
Ctrl AvPág	Hoja siguiente en el libro
Ctrl RePág	Hoja anterior en el libro
F6	Panel siguiente
Mayús F6	Panel anterior

Selecciones

Ctrl Mayús Espacio	Toda la hoja
Ctrl Espacio	Columna
Mayús Espacio	Fila
F8	Activa y desactiva el modo Ampliar selección
Mayús F8	Activa y desactiva el modo Agregar a la selección
Ctrl Mayús **O**	Celdas que contienen comentarios
Ctrl Mayús *	Rango rectangular de celdas en torno a la celda activa.
Ctrl /	Totalidad de la matriz a la que pertenece la celda activa.

Modo Esquema

Alt Mayús ←	Desasocia una fila o una columna de un grupo
Alt Mayús →	Asocia una fila o una columna a un grupo
Ctrl **8**	Muestra/oculta los símbolos del esquema

Índice

Índice

Índice

Índice

Índice